Barbara Rütting
Ich bin alt und das ist gut so

Barbara Rütting

Ich bin alt und das ist gut so

*Meine Mutmacher aus
acht gelebten Jahrzehnten*

Mit 42 Abbildungen und
65 Illustrationen

nymphenburger

Die Ratschläge in diesem Buch sind von Autorin und Verlag sorgfältig geprüft, dennoch kann eine Garantie nicht übernommen werden. Eine Haftung der Autorin bzw. des Verlags und seiner Beauftragten für Personen-, Sach- und Vermögensschäden ist ausgeschlossen.

In einigen seltenen Fällen waren besonders bei sehr alten Fotos die möglichen Rechteinhaber nicht mehr ausfindig zu machen. Wir bitten, etwaige Ansprüche dem Verlag mitzuteilen.

Bildnachweis:
S. 13, 36, 64, 101, 124 (Selbstporträt), 147, 185, 192, 196, 248, 277: aus dem Privatarchiv der Autorin; S. 16, 119 © Isolde Ohlbaum;
S. 18 Aus dem Buch »Verwehte Spuren. Wietstock. Perle des Teltow. Märkische Dorfgeschichte und -geschichten« von Gerhard Birk;
S. 20 © REAL/NF-Gabriele; S. 25 Eva-Maria Schalk; S. 29 Frank Seidel;
S. 33 Ludmila -Rialto/Europa/Wachter; S. 38 Herbert Mayer;
S. 42 © Foto Fischer, A-8010 Graz; S. 50 Denis Cameron; S. 56 Hans Ludwig, Berlin-Wilmersdorf; S. 72 © Wilkin Spitta, Mariaposching; S. 83 Rodolfo Loewenthal, Film-Management, München; S. 89 Neusser/Hoope-Film/Herzog-Film/Appelt; S. 93 Rauchmann, Berlin-Wilmersdorf; S. 101 Jana Wunderlich;
S. 111 Photo-Kuhnert; S. 130 © Ingeborg Weiler, München; S. 139 © hgm-press, Berlin; S. 156 Richard Fuchs; S. 164 © Erika Sulzer-Kleinemeier;
S. 173 © Manu Theobald; S. 181 Eva-Maria Schalk; S. 238 © Wilfried Rieffel;
S. 240 © Johann Barth,
A-Salzburg; S. 273 © pressefoto heinz hosch, A-Salzburg

© 2007 nymphenburger in der
F. A. Herbig Verlagsbuchhandlung GmbH, München.
Alle Rechte vorbehalten.
Schutzumschlag: Wolfgang Heinzel
Umschlagfoto: ndr, Hamburg
Zeichnungen: Mascha Greune, München
Lektorat: Gabriele Berding
Herstellung: Ina Hesse
Satz: Filmsatz Schröter, München
Gesetzt aus: 10,75/14,0 pt Sabon
Druck und Binden: fgb · freiburger graphische betriebe
Printed in Germany
ISBN 978-3-485-01114-3

www.nymphenburger-verlag.de

Lauwarm ist nicht genug.

Du musst kochen.

Nur dann kannst du verdampfen.

Osho

Schrittmacher d. Zukunft   1.5.08
Gehirn – Schlaganfallen
Bewegungsstörung   DOKU – Kanal

Inhalt

Dieses Buch will Mut machen – **ein Vorwort** 13

A

Das A und O der Gesundheit sind unsere **Abwehrkräfte** 17
Akupressur – wo drücke ich wann richtig? 19
Tipps für den **Alltag** 24
Alter – Ich bin alt und das ist gut so 26
Ärzte – wären wir gesünder ohne sie? 29
Richtiges **Atmen** – und was es bewirkt 30
Aufregung schlägt mir auf den Magen und aufs Herz –
   was tun? 31
Augenübungen – mit Ausdauer die Augen stärken 32
Ayurveda – die Wissenschaft vom langen Leben 33

B

Bachblüten für die wichtigsten Notfälle 35
Duftende **Badezusätze** 36
Berührungen trösten 38
10 Prozent **Bio** – das kann jeder! 38
Das Barbara-Rütting-**Brot** und seine Geschichte 41
Butter oder Margarine – was ist gesünder? 44

C

Calcium und Eiweiß – für Vegetarier doch kein Problem! 46
Cellulitis muss nicht sein! 49
Die **Chi-Maschine** hilft – auch bei noch so ramponierter
   Wirbelsäule 50
Ist die **Cholesterin**-Hysterie begründet? 51

D

Depressionen, Ängste und Sorgen – fast schon Alltagsleiden ... 52
DGHS → Humanes **Sterben**
Sinn und Unsinn sogenannter **Diäten** 54

E

Sind **Edelsteine** nur ein Schmuck? 56
Eifersucht ist eine Leidenschaft, die mit Eifer sucht,
    was Leiden schafft 59
Der **Einlauf** – eine Wohltat für Körper, Seele und Geist 61
Entschleunigen heißt die neue Zauberformel 63
Können **Erdstrahlen** krank machen? 65
Erkältungen müssen nicht sein 69
Ernährung – der Mensch ist, was er isst 72
Erschöpfung – ausgelaugt, ausgebrannt, fix und fertig? 74

F

Farbe bekennen in der Kleidung 75
Fasten – aber richtig 77
Fastenwanderung mit »meinem« Heilpraktiker 80
Macht **Fett** fett? 83
Das berühmte **Frischkorngericht** 84
Fußreflexzonenmassage – Zeig her deine Füße 85

G

Das lässt die **Gelenke** frohlocken........................ 87
Die sogenannten **Genussmittel** – machen sie krank? 87
Gesichtsstraffung ohne Skalpell – mit Benita Cantieni 91

H

Auf dem Weg zur königlichen **Haltung** heißt es: Kopf hoch! . . . 94
Hanfanbau – Chance für die Landwirtschaft und Hoffnung
   für schwerstkranke Patienten 95
Meine **Hausapotheke** 96
Heilerde – eines der ältesten Naturheilmittel 100
Herz-Kreislauf-Probleme begleiten mich seit meiner Kindheit. 101
Der **Hexenschuss** – das Kreuz mit dem Kreuz 102
Sanft und sicher heilen mit **Homöopathie** 104
Etwas schwarzer **Humor** gefällig? 109

I

Inkontinenz vorbeugen 110

J

Jogging oder Walking – das ist hier die Frage 111
Vom **Jugendwahn** zum Altenwahn 112

K

Klimaschutz – auch mit Messer und Gabel 114
Kneipp – das heißt nicht nur kaltes Wasser 117
Knoblauch → Verkalkung
Meine **Kochbücher** 120
Alle meine **Komplexe** 120
Was tun bei **Kopfschmerzen** und Migräne? 125
Krank durch **Kränkung** 126
Krefeld ... und das Baby aus der Obstkiste 129

L

Lachen ist die beste Medizin 130
Laune, schlechte → Übersäuerung

M

Masken machen müde Mienen munter 135
Meditation – wenn ja, warum? 136
Melancholisch? Dann sind Sie in guter Gesellschaft 140
Miniskusriss! Und Kreuzbandriss noch dazu! 144
Mystic Rose – die mystische Rose 144

N

Brauchen wir **Nahrungsergänzungsmittel?** 148
Die **Nasendusche** tut gut 148
Nervenkekse – und das Gipfeltreffen
    mit Werner Schmidbauer 149

O

Omega-3-Fettsäuren – Omega diesmal ohne Alpha 151
Osho in meiner Wohnung 152
Osteoporose – kein unvermeidliches Schicksal! 154

P

Mach mal **Pause** … Pause … Pause! 157
Das **Pareto**-Gesetz 157
Phytotherapie in der Küche 158
Aktiv in der **Politik** als Abgeordnete 164
Die Kraft des **positiven** Denkens 173

Q

Meine **Qi-Gong-Übungen** 178

R

Rheuma – Linderung durch gezielte Ernährung 180
Sich selbst den **Rücken** stärken 182

S

Die **Sauna** härtet ab 183
Schlafstörungen – wenn Körper und Seele
   keine Ruhe finden 184
Schönheit – Ich soll schön sein – ich? 190
Mit **Schüssler-Salzen** geht es besser 192
Humanes Leben, humanes **Sterben** 193

T

Tabak → **Genussmittel**
Taoistische Übungen 201
Tinnitus verhindern 209
Der **Tod** – Feind oder Freund? 211
Lust und Frust einer Gesundheitsberaterin auf dem
   Traumschiff 214
Trinken Sie genug? 222
Tröstung → **Berührungen trösten**

U

Übersäuerung 223

V

Die Leiden einer (nicht mehr ganz jungen)
   Möchtegern-**Veganerin** 225
Vegetarische Vollwertkost – was denn sonst? 226
Vegetarische Vollwertkost – wie sieht sie aus? 228
Vegetarische Ernährungsformen – wer ist ein Vegetarier? 229
Vegetarier, die sind lustig, Vegetarier, die sind froh 230
Vegetarisch leben zur Heilung der Erde 232
Vorschläge für genussvolles **vegetarisches** Essen 234
Keine **Verkalkung** – dank Knoblauch und Zitrone 238
Versuchung – Kann denn Essen Sünde sein? 242
Ein paar Tipps aus der **Volksheilkunde** 243

W

Wärmflasche – Trösterin in allen Lebenslagen 247
Lernziel **Waschbrettbauch**? 247
Wasser und Salz – die Bausteine des Lebens 247
Die **Wechseljahre** müssen keine Katastrophe sein 249

Y

(Über-)Lebenshilfe **Yoga** 252

Z

Zähne gut, alles gut. 272
Zappelphilipp oder »Restless legs« 274
Zitrone → **Verkalkung**
Der **Zungenschaber** – gut für die Mundhygiene 274

Blick zurück, Blick nach vorn – **ein Nachwort** 275
Literatur 278
Adressen 280
Register 284

Dieses Buch will Mut machen – ein Vorwort

Dieses Buch will Mut machen, Jungen wie Alten.
Junge wie Alte leiden – an der Angst, nicht geliebt, verlassen zu werden, – an Minderwertigkeitsgefühlen, weil sie nicht so funktionieren, wie »die Gesellschaft« es vorschreibt, – haben Liebeskummer und Suizidgedanken. Werther hat sich schließlich mit Anfang 20 das Leben genommen.
Ich war die Hälfte meines Daseins von Melancholie, Weltschmerz und Todessehnsucht geplagt. Das Leben schien mir unerträglich schwer. Ist es ja auch. Länger als 20 Jahre wollte ich es auf dieser Erde keinesfalls aushalten. Und nun wird das kleine Mädchen aus Wietstock an der Nuthe (!) 80, ist Abgeordnete der Grünen im Bayerischen Landtag und Alterspräsidentin, was nicht mehr bedeutet, als dass es eben die Älteste in diesem Landtag ist. Und sagt: Noch nie habe ich so gern gelebt wie heute und jetzt – trotz aller Höhen und Tiefen, aller Strapazen waren ausgerechnet die beiden letzten die glücklichsten Jahre meines Lebens. Weil ich immer mehr Mut aufbringe, ich selbst zu sein.
Hat es sich also doch gelohnt, durchzuhalten?

Das kleine Mädchen

Meine Erfahrungen können vielleicht auch Ihnen helfen, die Hürden und Querschläge des Lebens besser zu bewältigen. Man kriegt immer wieder eins vor den Bug, gerade wenn alles so prima zu laufen scheint. Da heißt es dann innehalten und herausfinden, welche Fehler in der Lebensführung wir gemacht, welche Signale wir überhört haben und was wir ändern sollen.

Als ich mein Buch »Lach dich gesund« schrieb, brach das kollektive Elend mit solcher Wucht über mich herein, dass ich weinend im Garten saß, nicht Sonnenschein, Blütenpracht noch glücklich schnurrendes Katerchen vermochten zu trösten. Und ausgerechnet während der Arbeit an diesem Buch hier machte mein Herz Sperenzchen.

Der Gerichtsprozess gegen einen Tierquäler bescherte ihm so großes (Herze-)Leid, dass ich ein paar Tage ins Krankenhaus musste – ich, die so stolz darauf war, in den vier Jahren Landtagsarbeit nicht einen Tag krank gewesen zu sein, alles ohne die chemische Keule, rein mit Naturheilmitteln »im Griff« zu haben meinte!

Peng!

Übrigens lautete der Spruch zum Tage: »An der Stelle, wo es gebrochen ist, kann unser Herz stark werden« (zitiert nach Jack Kornfield).

Was will mir das sagen? Vermutlich, dass Vollkornbrot und Melissentee zwar viel vermögen, man manchmal aber auch die Schulmedizin bemühen muss.

Sie soll also auf keinen Fall verteufelt werden. Ich möchte nur aufzeigen, was man alles vorbeugend für die Gesundheit tun kann.

Liebe Leserinnen und – falls es sie geben sollte – liebe Leser, geraten Sie nun nicht unter Leistungsdruck angesichts der Fülle von Empfehlungen. Bitte alles langsam und gelassen angehen! Ich führe auch nicht alle Übungen täglich durch, mal diese, mal jene, viele gehen allerdings allmählich in Fleisch und Blut über wie das Zähneputzen. Und noch etwas: Jeder von uns ist absolut einmalig. Stehen wir doch zu unserer Einzigartigkeit, genießen wir sie, statt uns mit anderen zu vergleichen. Andere sind immer schöner, klüger und was-weiß-ich-alles. Eine Bekannte bemerkte kürzlich über eine andere: Die sieht von hinten noch besser aus als ich von vorn!

Geben wir unsere Schwächen zu, unsere Verletzlichkeit, anstatt sie zu verbergen, wie es »gesellschaftlich« üblich ist. Ich bin weder perfekt noch topfit und will auch nicht perfekt und topfit sein müssen. Basta!

Auch wenn ich jetzt gegen das Antidiskriminisierungsgesetz verstoße: Dies ist ein Buch vor allem für Frauen. Oder kennen Sie einen Mann, der sich am Fußball-Fernsehabend auf einen Tennisball setzt, weil schöne Frauen der Weltgeschichte mit diesem Druck auf das Sakralchakra ihr Chi in die Höhe katapultierten und somit ihre sagenhafte Schönheit erlangt haben sollen?

Welcher Mann will denn auch schon aussehen wie Cleopatra!

Frauen dagegen tun für ihre Schönheit so gut wie alles. Neuester Trend, da die High Heels wieder in sind: Besonders die reichen New Yorkerinnen lassen sich in einer Art Massenhysterie ihre zu breiten Füße zurechtschnitzen, um in die trendigen neuen schmalen Schuhe zu passen. Kostenpunkt: 15 000 Dollar – pro Fuß!!!

Sehen ja auch hübsch aus, die langen High-Heels-Beine. Doch spätestens seit Simone de Beauvoir wissen wir, dass Männer sie unter anderem auch deshalb kreieren, damit frau nicht so schnell weglaufen kann. Und den Rücken ruinieren sie auch.

Wie harmlos und billig dagegen meine Überlebenstipps!

Obwohl von Natur aus alles andere als robust, geht es mir heute mit um die 80 besser als mit 30. Wenn ich mir aber meine Altersgenossinnen ansehe: Bandscheibenschäden, Bypässe, Depressionen, künstliche Hüften, Schrittmacher, Hörgeräte, Osteoporose. Das alles soll »altersbedingt« sein, gar »unabwendbares Schicksal«?

Ich behaupte, nein.

Was mir bisher geholfen hat, immer wieder auf die Füße zu kommen, kann vielleicht auch Ihnen helfen.

Meinen treuen Leserinnen wird einiges aus meinen früheren Büchern vertraut sein.

Die ewigen Wahrheiten kann man aber bekanntlich nicht oft genug wiederholen. So bin ich nach wie vor davon überzeugt, die vegetarische Vollwertkost ist die beste Ernährungsform; überzeugt, dass richtiges Atmen zum Gesundbleiben gehört, ebenso genügend

Bewegung in frischer Luft, Yoga, Phytotherapie in der Küche, Meditation, Freude ins Leben bringen, Lachen, für andere da sein.

Vieles ist neu hinzugekommen, auch bedingt durch meine Erfahrungen als Abgeordnete im Bayerischen Landtag, die zu den einschneidensten meines langen prallen Lebens gehören.

Naja, und sollte ich morgen trotz aller guten Ratschläge tot umfallen, ist das auch in Ordnung. Lieber mehr Leben in die Jahre gebracht als Jahre ins Leben, oder?

Und loslassen üben, loslassen üben. Auch zur Vorbereitung auf das Loslassen des Lebens.

Wie die Sänger Miten und Premal singen in »The strength of a rose«: »If you forgot, take it easy …«!

Das A und O der Gesundheit sind unsere
Abwehrkräfte

Manchmal ist späte Erkenntnis besser als gar keine, manche Erkenntnisse kommen jedoch zu spät. Mandeln und Blinddarm wurden mir – wie vielen anderen auch – zu einer Zeit entfernt, da man sie für entbehrlich hielt, ja sogar für ständige Störenfriede, in Unkenntnis der Tatsache, dass gerade die Mandeln uns vor ungebetenen Bakterien schützen. Mandeln und Blinddarm krieg ich nicht wieder – beide sind mir übrigens in einer Zeit abhandengekommen, als mein Speiseplan noch die üblichen Fleischportionen aufwies.
Umso wichtiger ist es, dass ich meine Abwehrkräfte stärke, weil ich weiß, was ein funktionierendes, stabiles Immunsystem bedeutet, nämlich den besten und einzigen Schutz gegen Bakterien und Viren. »Die Mikrobe ist nichts – das Terrain ist alles!«, soll Pasteur auf seinem Sterbebett gesagt haben.
Und dann gab es noch den berühmten Selbstversuch, den der Hygieniker Max von Pettenkofer im Jahr 1892 unternommen hat, um zu beweisen, dass sogar eine Seuche nicht ansteckend sein muss. Er ließ sich frische lebensfähige Choleravibrionen aus Hamburg schicken, wo gerade eine Cholera-Epidemie herrschte, und nahm von diesen Erregern so viele ein, dass es zum Ausbruch dieser Krankheit hätte kommen müssen. Außer leichtem Durchfall traten keinerlei Symptome auf. Einer seiner Schüler wiederholte den Versuch mit dem gleichen Resultat. Damit war bewiesen, dass der Kontakt mit

krank machenden Erregern allein noch nicht krankheitsauslösend ist, sondern dass noch andere Faktoren hinzukommen müssen. Ärzte berichten, dass sich am häufigsten die Krankenschwestern durch Patienten anstecken, die sich vor einer Krankheit fürchten oder Ekel empfinden. Womit die psychologischen Zusammenhänge bei der Entstehung einer Krankheit angesprochen sind.

Ich versuche also, meine Selbstheilungskräfte zu stärken – durch eine vitalstoffreiche Ernährung, genügend Bewegung in frischer Luft, Gymnastik (Yoga, Qi Gong), Phytotherapie in der Küche, die taoistischen Übungen und, und, und.

Die besten Garanten für Gesundheit sind eine flexible Wirbelsäule und ein gut funktionierender Verdauungstrakt.

Hier stärken Kinder ihre Abwehrkräfte.
B.R. mit jüngerem Bruder

Akupressur – wo drücke ich wann richtig?

Bei der Akupressur werden die Akupunkturpunkte nicht mit Nadeln gestochen, sondern mit den Fingerkuppen bzw. dem Daumen oder einem Akupunkturstab gedrückt. Das kann jeder bei sich oder dem Partner tun, auch vorbeugend. In China üben die Kinder Akupressur bereits in der Schule.

Selbstakupressur und auch Akupressur am Partner kann man in Kursen lernen, die von vielen Yogazentren und auch von einigen Volkshochschulen angeboten werden.

Auf den folgenden Seiten finden Sie einige der wichtigsten Akupressurpunkte, die Sie drücken müssen, wenn Sie Herzbeschwerden, Kopfschmerzen, Migräne oder Angstzustände haben, an Nervosität oder an Schlaflosigkeit leiden; ferner die Akupressurpunkte für Notfälle.

Eine wichtige Akupressur-Übung, um die Kontaktfreudigkeit zu den Mitmenschen zu verbessern: mit dem Daumen der einen Hand die Stellen zwischen den Fingern der anderen Hand kräftig akupressieren. Dann die Hände ausschütteln.

Zum Akupressieren wird, wie oben schon erwähnt, entweder ein Akupressurstab benützt oder Daumen- und Zeigefingerkuppen.

> *Wie findet man genau den richtigen Punkt?*
> Wenn Sie sich entsprechend der Zeichnung an den Punkt in der angegebenen Richtung – vom Punkt aus in Pfeilrichtung – sanft drückend-knetend herantasten, werden Sie spüren, dass eine bestimmte Stelle empfindlicher reagiert als die übrigen. Sie haben den Punkt! Nun wird – immer in Pfeilrichtung – weiter sanft gedrückt, geknetet, massiert.

Ein paar Grundregeln:
• Dauer der Akupressur: vorbeugend und in akuten Fällen etwa fünf Minuten pro Tag, bei Abklingen der Beschwerden einmal pro Woche.

- Körper- und Ohrakupressur werden in täglichem Wechsel durchgeführt. Bei der Körperakupressur werden grundsätzlich beide Körperseiten behandelt.
- Linkshänder führen keine Ohr-, sondern nur Körperakupressur durch.

Ich halte mich allerdings nicht an die starren Regeln, sondern akupressiere ganz nach Bedürfnis und Gefühl am gleichen Abend Körper- und Ohrpunkte, z. B. als Einschlafhilfe, solange es mir guttut. Auf alle Fälle sollten Sie sich die wichtigsten Punkte für die Notfallakupressur merken, um gewappnet zu sein, wenn Sie aus heiterem Himmel von Herz- oder Zahnschmerzen, einer Gallen- oder Nierenkolik oder einem Asthmaanfall heimgesucht werden. Die Akupressur bringt hier zumindest vorübergehend meist erstaunlich rasche Linderung. Und nicht zu vergessen: die Notfalltropfen von Dr. Bach (s. a. das Kapitel »Bachblüten für die wichtigsten Notfälle«).

Die junge Schauspielerin: Wo ist der Akupressurpunkt gegen Angst und Lampenfieber?
B.R. mit Hansjörg Felmy in »Herz ohne Gnade«, 1958

Ein interessanter Punkt ist der »Hungerpunkt«. Wenn Sie diesen Punkt, genannt »yü-pe«, regelmäßig drücken, steigern Sie einerseits den Stoffwechsel und dämpfen andererseits das Appetitzentrum.
Und so finden Sie ihn: den linken Arm anwinkeln, die Finger der rechten Hand vom Schultergelenk abwärts gleiten lassen in Richtung Ellenbogenspitze. Sie spüren die Rundung des Bizepsmuskels, die an seinem unteren Rand in einer Vertiefung endet. Sie werden merken, dieser Punkt ist empfindlich.
Alles klar? Wenn Sie die Arme vor der Brust kreuzen, können Sie die »yü-pes« gleichzeitig an beiden Armen akupressieren, kurz drücken, aber ziemlich fest 10-mal hintereinander.

Ein Akupressurpunkt gegen Angst und Lampenfieber liegt auf der Innenseite des Arms, unterhalb des Ellenbogens in der Mitte zwischen Elle und Speiche. Er ist auch sehr empfindlich und daher leicht zu finden. Man kann ihn ebenfalls mit gekreuzten Armen beidseitig gleichzeitig drücken – kurz, aber ziemlich fest 10-mal hintereinander.
Mache ich vor Beginn von Talkshows, Reden im Landtag etc.

Ohr- und Handakupressur-Punkte

Herzkräftigung

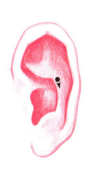   

Kopfschmerzen und Migräne

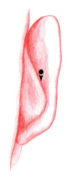
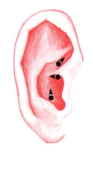

Angstzustände

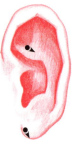
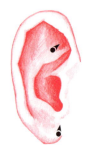

Depression

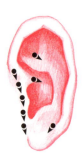
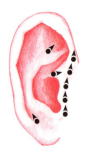
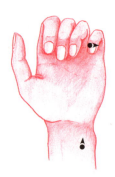

Nervosität

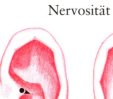

Schlafstörung

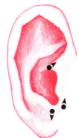

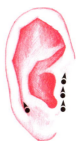

Notfallakupressur

Asthma

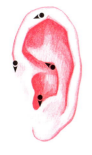
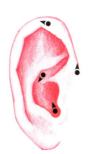

Blinddarm

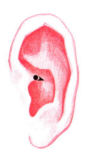
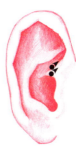

Herzschmerzen

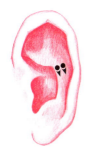

Gallenkolik

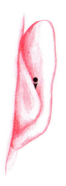
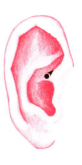

A

Nierenkolik   Zahnschmerzen

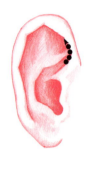
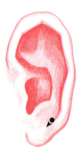
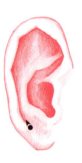

Wer sich gründlicher mit dem Thema auseinandersetzen möchte, dem sei das Buch empfohlen: »Akupressur – erfolgreiche Selbstbehandlung bei Schmerzen und Beschwerden« von Dr. med. Frank R. Bahr.

Tipps für den Alltag

Hier die Tipps und Tricks, die mir im Alltag helfen, einigermaßen lachend (manchmal auch weinend) dieses schwierige Leben zu meistern.
Morgens im Bett geht's schon los. Habe ich gut geschlafen (was selten ist, weil ich meistens zu viele Probleme am Hals habe), bedanke ich mich dafür. Habe ich schlecht geschlafen, sage ich mir: Das versuche ich am Wochenende nachzuholen.
Packt mich die Panik, die vielfältigen Aufgaben des Tages nicht zu schaffen (kommt häufig vor), aber auch sonst gehe ich grundsätzlich folgendermaßen vor:
Räkle und strecke mich wie mein Katerchen in alle Himmelsrichtungen. Stelle mir vor, dass ich meinen Atem hinein in jede Finger-, Zehen- und Haarspitze schicke. Und dann fange ich schon vorsichtig an zu glucksen, was sich noch nicht wie ein Lachen anhört, sondern eher wie ein zartes Hähähähähä (bei offenem Mund) oder ähnlich dem Meckern einer Ziege (bei geschlossenem Mund). Darüber

muss ich nun wirklich lachen. Ich kann noch so traurig oder sauer sein, die Mundwinkel gehen nach oben, Glückshormone werden ausgeschüttet, ich lache.

Die Probleme, die mich ängstigen, sind doch eine wunderbare Aufgabe, die es zu bewältigen gilt! Also los, Menschenskind, pack sie an!

Ich werde diesen Tag schaffen, zur Freude für mich und für andere! Dieser Tag wird mein Tag, mein bester Tag!

Die Steine, die sich als Hindernis vor mir auftürmen, werde ich aus dem Weg schaffen und damit ein Haus bauen!

Es gelingt, wetten dass?
Carpe diem!

»Morgens räkeln wie ein Kätzchen ... meine Lieblinge machen es mir vor!«

Alter – Ich bin alt und das ist gut so
Zum unerschöpflichen Thema Alter

In diesem 2003 gegebenen Interview hatte man mich gebeten, kurz und knapp zu antworten.

Frau Rütting, als prominente Frau in den Siebzigern sind Sie unsere ideale Gesprächspartnerin zum Thema Alter.
Ja, finde ich auch.

Was denken Sie über das Älterwerden?
Ist ein spannender Prozess.

Der wohin führt?
Zum endgültigen Aus-der-Haut-Fahren, zum Abschied von der körperlichen Hülle.

In den Achtzigerjahren haben Sie sich äußerlich ganz bewusst von einem jungen Image getrennt. Eine symbolische Handlung?
Ich war nie richtig jung und fühlte mich in dieser Welt nie richtig heimisch. Vielleicht hat das mit Erlebnissen im Zweiten Weltkrieg zu tun. Eben noch hatte ich mit einer Freundin Ball gespielt, wenig später lag sie nach einem Bombenangriff tot unter Trümmern. Es ist gut, im Laufe des Lebens immer wieder die Wertigkeiten zu hinterfragen. So habe ich mich weniger von einem jungen Image getrennt als von meinen gefärbten Haaren, und damit auch von anderen Dingen, die nicht (mehr) zu mir passten.

Unter anderem von Ihrer bis dato äußerst erfolgreichen Schauspielkarriere.
Ja. Mit den gefärbten Haaren habe ich auch die Schauspielkarriere bewusst abgeschnitten.

Was war der Grund?
Überdruss, es wurde langweilig. Ich hatte so gut wie alles gespielt, auf der Bühne sämtliche Neurotikerinnen der Weltliteratur, Haupt-

rollen in 45 Filmen. *Ich kann Wiederholungen nicht ausstehen, bin ein risikofreudiger Mensch, der immer wieder neue Herausforderungen braucht. Außerdem wurde das Engagement in Umwelt-, Tier- und Menschenschutzfragen im Laufe der Jahre für mich immer wichtiger.*

Heute sind Sie als Mitglied von Bündnis 90/Die Grünen Alterspräsidentin im Bayerischen Landtag.
Alterspräsidentin klingt so großartig, bedeutet aber ganz simpel nicht mehr, als dass ich die Älteste im Landtag bin (lacht). Dafür werde ich überwiegend bewundert, sowohl im Landtag wie auch von der Bevölkerung. Die Leute sagen: Finde ich toll, machen Sie weiter, kandidieren Sie noch einmal, bleiben Sie, wie Sie sind, etc., etc., etc.
Bevor ich gewählt wurde, hörte ich allerdings auch, die alte Schachtel soll doch die Klappe halten, die wählt ja sowieso keiner – diese Rufe sind aber bald verstummt.

Was ist Ihrer Meinung nach das größte Problem der Gesellschaft in Bezug auf alternde Menschen?
Die Gesellschaft hat das Problem, dass immer mehr Menschen älter werden als früher, dabei aber leider nicht gesünder. Wir müssten gesünder leben und es schaffen, gesund zu sterben.

Was meinen Sie, woher kommt es, das wir zwar alle gern alt werden möchten, es aber partout nicht sein wollen?
Das mag für viele zutreffen, aber nicht für mich. Ich wollte nie alt werden, auf keinen Fall älter als 20, sondern jung sterben. Wie Sie sehen, ist es mir nicht geglückt.

Das klingt, als wäre das Alter bloß eine Last. Gibt es auch positive Seiten?
Nicht nur das Älterwerden, das Leben an sich ist doch eine Last! Ich finde es zwar auch schön, aber überwiegend doch eher unerträglich schwer. Gerade müssen in Asien nach einem Erdbeben 10 000 Kinder sterben, weil es an Hilfe fehlt. Andererseits werden weltweit Milliarden für das Töten von Menschen ausgegeben. Das

ist doch paradox und für einen mitfühlenden Menschen fast nicht auszuhalten.

Sie wirken sehr gelassen bei diesem Thema. Macht Ihnen das Altern denn gar keine Angst?
Zwischendurch habe ich natürlich die gleichen Ängste wie andere Menschen. Dann versuche ich, mir diese Ängste bewusst zu machen und sie loszulassen. Dafür gibt es eine ganze Reihe von Techniken wie Meditation, Singen, Atmen, Schreien, Lachen, Weinen – Techniken, die man aus Büchern und in Seminaren lernen kann.

Für viele ist der Partner eine Sicherheit im Alter. Wie wichtig ist das für Sie?
Ein Partner ist keine Sicherheit. Das ganze Leben ist Unsicherheit, mit oder ohne Partner. Sicher ist nur der Tod. Sie kennen vermutlich den netten Spruch: Wenn einer von uns stirbt, zieh ich in die Toskana.

Und mit dem Alleinsein haben Sie auch kein Problem?
Ich war immer einsam und ich werde immer einsam sein. Und das ist o.k.

Was ist dann Ihr Lebensmotto?
Ein pralles Leben leben mit allen Höhen und Tiefen, aber nicht am Leben hängen.

Dafür braucht man eine Menge Energie. Wie halten Sie sich fit?
All die Tipps und Tricks, die mir bisher geholfen haben, immer wieder auf die Beine zu kommen, habe ich in meinem Buch »Bleiben wir schön gesund« gesammelt. Und daran halte ich mich mehr oder weniger auch, achte auf eine gesunde vollwertige Ernährung, genügend Bewegung, richtiges Atmen, Meditation. Seit meinem 17. Lebensjahr praktiziere ich Yoga. Das A und O sind eine gute Verdauung und eine biegsame Wirbelsäule. Daran muss man natürlich täglich arbeiten. Bei kleineren Wehwehchen tun Bachblüten, Homöopathie und Schüßler-Salze gut. Außerdem lache und weine ich viel, habe eine Ausbildung zur Trainerin für Lachen und Weinen gemacht.

In Ihrer Biografie zitieren Sie ein chinesisches Sprichwort: »Den Stock für das Alter schnitzt man sich in der Jugend.« Wie muss dieses Schnitzwerk aussehen?
Vermutlich sollte es nicht starr, sondern biegsam sein, sonst zerbricht es.

B.R. mit geretteter Straßenhündin Nuschka

Ärzte – wären wir gesünder ohne sie?

Während eines einmonatigen Ärztestreiks in Israel, bei dem 85% weniger Patienten in Krankenhäusern versorgt wurden, sank die Sterblichkeitsrate um 50% auf den tiefsten Stand der israelischen Geschichte.
In Bogota, Kolumbien, ging während eines 52-tägigen Ärztestreiks die Sterblichkeit um 35% zurück.
Als in Los Angeles in 17 Krankenhäusern gestreikt wurde, sank die Sterblichkeit um 18%.
(Quelle: *Das Europäische Medizin-Journal* Nr. 2/1. Mai/Juni 1993)

Hat der englische Philosoph Aldous Huxley recht, wenn er sagt: »Die medizinische Forschung hat so viele Fortschritte gemacht, dass es praktisch keinen gesunden Menschen mehr gibt«?

Man kann nur hoffen, an die richtigen Ärzte und ein »Gesunden-Haus« zu geraten, sollte es einmal brenzlig werden.

Richtiges Atmen – und was es bewirkt

Die meisten Menschen atmen falsch, nämlich nur in die Brust hinein – als sei ab der Taille alles tabu!
Zum richtigen Atmen gehört die Bauchatmung. Schauspieler und Sänger lernen das – aber nicht alle können es auch.
Beim richtigen Einatmen wölbt sich der Bauch nach außen, beim Ausatmen nach innen – als ob sich die Bauchdecke nach hinten in Richtung Wirbelsäule zieht.
Es ist wichtig, den Atem in den ganzen Körper zu schicken, hineinzuatmen in jede äußerste Finger-, Zehen- und Haarspitze, sogar in die Knochen hinein.
Wo alles beatmet wird, wo alles fließt, nichts sich staut, hat Krankheit keine Chance (s. a. die königliche → *Haltung*, → *Yoga* und die → *taoistischen Übungen*).

Yin- und Yang-Energie müssen im Gleichgewicht sein, sonst entstehen Probleme. Zu viel Yang kann zu Kopfschmerzen, hohem Blutdruck und Verspannungen führen, zu viel Yin dagegen zu niedrigem Blutdruck, seelischen Verstimmungen bis hin zu Depressionen.
Wollen wir Yang anregen, ist tiefe lange Einatmung angesagt, zur Anregung von Yin dagegen tiefe lange Ausatmung. Das Anhalten des Atems gleicht beide Energien aus.
Also: Wenn ich mich in Schwung bringen will, atme ich 15 Sekunden lang ein, halte 10 Sekunden den Atem an und atme 5 Sekunden lang aus. Zum Entspannen umgekehrt – 5 Sekunden einatmen, 10 Sekunden Atem anhalten und 15 Sekunden ausatmen.

Bei besonderer Anspannung – zum Beispiel vor Auftritten in Talk-shows oder vor Reden im Landtag – drücke ich zusätzlich den Angst- oder Beruhigungspunkt unter dem Ellbogen (s. → *Akupres-sur*).

Aufregung schlägt mir auf den Magen und aufs Herz – was tun?

Das Herz, das ja, obwohl angeblich nur ein Muskel, durchaus leicht brechen kann, ist »a weng a schwacher Punkt« bei mir, wie meine fränkische Freundin Johanna es ausdrücken würde. Deshalb trinke ich Kaffee möglichst gar nicht oder selten, vor allem nicht regel-mäßig, und führe gelegentlich eine Weißdornkur durch zur Stär-kung dieses wichtigsten Muskels. Nämlich immer dann, wenn ich mir wieder mal etwas zu sehr »zu Herzen genommen« habe.

Die Weißdorntropfen kaufe ich in der Apotheke, nehme davon mor-gens 10 bis 20 Tropfen mit etwas Wasser verdünnt. Diese Tinktur aus Weingeist, Weißdornblüten-, -blättern und -beeren verbessert Durchblutung und Sauerstoffversorgung des Herzens und norma-lisiert den Blutdruck, hilft also sowohl bei zu hohem als auch zu niedrigem Blutdruck.

Sie können sich aber auch stattdessen einen Weißdorntee aufbrü-hen: 1 Teelöffel Teeblätter mit 1/4 Liter kochendem Wasser übergie-ßen. Täglich 2 bis 3 Tassen trinken. Auch ein Weißdorn-Vollbad tut gute Wirkung. Dafür kochen Sie 150 Gramm Weißdorn mit 1 Liter Wasser kurz auf, lassen es ziehen und setzen den abgeseihten Sud dem Badewasser zu.

Für eine geregelte Herztätigkeit ist darauf zu achten, dass die Nah-rung genügend Magnesium enthält (Vollkornprodukte essen). Und wenn das Herz schmerzt, schnell eine Galgant-Tablette auf der Zunge zergehen lassen – hilft sofort (s. a. → *Herz-Kreislauf-Prob-leme*).

Bei plötzlichen Aufregungen drücke ich den Herzpunkt am kleinen Finger und massiere den Herzmeridian (s. → *Akupressur*).

Augenübungen – mit Ausdauer die Augen stärken

Bereits in meinem ersten Kochbuch habe ich zwischen den Rezepten »Reis mit Eiern« und »Käse und Reis orientalisch« wunderbare Augenübungen notiert. Ganz simpel zu praktizieren – zum Beispiel während die Eier in der Pfanne stocken. Aus unerfindlichen Gründen schaffe ich es einfach nicht, diese Übungen regelmäßig durchzuführen. Während ich sonst nämlich alle Ratschläge, die ich weitergebe, selbst beherzige … und die Autoren entsprechender Ratgeber beteuern, dass, wer regelmäßig übt, keine Brille braucht. Vielleicht hätte ich bei mehr Konsequenz meine Lesebrille weglassen können. Da mir immer wieder von guten Erfolgen berichtet wird, will ich Ihnen diese Übungen noch einmal vorstellen, bei denen übrigens nur die Augen bewegt werden, nichts sonst. Jede wird dreimal gemacht, danach Augen schließen und ausruhen:

1. Augen in einer Linie so weit wie möglich nach oben, dann in einer Linie so weit wie möglich nach unten bewegen.
2. Augen in einer Linie so weit wie möglich nach rechts, dann ebenso nach links bewegen.
3. Augen diagonal nach links oben, anschließend ebenso in einer Linie nach rechts unten bewegen – und umgekehrt: nach rechts oben, dann nach links unten.
4. Mit den Augen Kreise drehen: nach oben, nach rechts, nach rechts unten, nach links unten, nach links oben, bis zur Mitte – und dasselbe umgekehrt.
5. Mit beiden Augen auf die Nasenspitze schauen, dann auf einen entfernten Punkt, wieder auf die Nasenspitze, wieder auf den entfernten Punkt, insgesamt viermal.
Augen – wie nach jeder Übung – schließen, ausruhen. Zum Schluss dieser Übungsfolge die geschlossenen Augendeckel zart massieren. Fertig!
Übrigens: Auch Augenleiden können Ausdruck einer seelischen Konfliktsituation sein. Wer eine Lebenskrise in ihrem vollen Umfang nicht »sehen« will, bekommt unter Umständen Augenprobleme, die auf einen notwendigen Lernprozess aufmerksam machen sollen.

Folgende Geschichte soll wahr sein – wenn nicht, ist sie gut erfunden und ein schönes Beispiel für gelungene Kooperation.
Zwei alte Schauspielerinnen sitzen im Café. Die eine sieht schlecht, die andere hört schlecht. Sagt die erste: »Wenn du mir sagst, wer reinkommt, sag ich dir, was sie reden!«

»Das sieht ja fast nach Augenübungen aus! Ich schaue jedenfalls mustergültig diagonal nach rechts oben ...«
B.R. mit Maximilian Schell in dem Film »Ein wunderbarer Sommer«, 1958

Ayurveda – die Wissenschaft vom langen Leben

Im Sanskrit bedeutet veda Wissen, ayus langes Leben. Ayurveda ist also die Wissenschaft vom langen Leben. Der Ayurveda blickt auf eine 3500 Jahre alte Tradition zurück. Als Begründer der ayurvedischen Medizin gilt der Arzt Charaka Samhita.

Der ayurvedische Arzt findet mittels Pulsdiagnose heraus, ob ich ein Vata-, Pitta- oder Kaphatyp bin und ob ein Ungleichgewicht zwischen diesen drei Doshas herrscht. Die Behandlung wird darauf ausgerichtet, diese Doshas auszugleichen, um optimale Gesundheit zu schenken. Und der Arzt wird auch fragen, was der Mensch heute gegessen hat. Denn die richtige Zusammensetzung der Mahlzeiten hilft ebenfalls, die Doshas auszugleichen.

Eine Säule ayurvedischer Behandlungen, die Pancha-Karma-Kur, gehört zu den angenehmsten Kuren überhaupt. Ich habe sie ein halbes Dutzend Mal gemacht, auch in Sri Lanka, am Indischen Ozean – aber am besten gefallen hat mir die Maharishi-Version, die bei uns in Deutschland angeboten wird. Da ich selbst die TM – die transzendentale Meditation – ausübe, fühle ich mich unter den Händen der ebenfalls TM praktizierenden Therapeuten wie im siebenten Himmel. Und anschließend wunderbar verjüngt – wenigstens vorübergehend.

Massagen mit Kräutern und warmen Ölen sowie Schwitzbäder und Einläufe befreien den Körper von jahrelang angesammelten Ablagerungen. Absolute Krönung das Pizichili, in früheren Zeiten nur den Vornehmen vorbehalten – 90 Minuten lang wird der Körper von zwei Therapeuten synchron mit warmem duftendem Sesamöl massiert.

Auch der warme Ölguss auf die Stirn entspannt– so sehr, dass mancher anfängt zu schnarchen. Alle Therapieformen sind dazu angetan, ama (= den Körper belastende Stoffe) zu lösen und auszuscheiden.

Dazu das köstliche indische Essen …

Leider wird diese wunderbare Kur noch nicht von den Kassen bezahlt (s. TM-Adresse im Anhang).

B

Bachblüten für die wichtigsten Notfälle

Ein Fläschchen mit Dr. Bachs »Notfalltropfen« habe ich immer in der Handtasche. Im Falle eines Falles lindern diese Tropfen alles, helfen bei Schwächezuständen und Herzflattern, Kreislaufbeschwerden, Kopf- und Gliederschmerzen und vielen anderen Unannehmlichkeiten. Übrigens: Bei Fleischessern versagen sie angeblich, wie auch alle anderen Bach-Blüten-Tropfen.
Die Notfalltropfen, aus fünf Essenzen zusammengesetzt, zur »Ersten Hilfe bei panischer Angst, Trauer, Schock, seelischem Schmerz und Unglück«, wende ich auch bei meinen Tieren an.
Heilpraktikerin Mechthild Scheffer, Leiterin des deutschen Dr. Edward-Bach-Centers in Hamburg, schreibt zu den Bach-Blüten-Essenzen Folgendes:
»Es handelt sich um wäßrige Auszüge von 38 wild wachsenden, nicht giftigen Pflanzen, die an speziellen Fundorten traditionell gesammelt werden. Die wäßrigen Blütenauszüge werden mit Alkohol versetzt und als Konzentrate in sogenannte Stockbottles (Vorratsflaschen) abgefüllt, die jeder später selbst auf Einnahmestärke verdünnt. In Konzentrat wie Verdünnung sind keine mikroskopisch nachweisbaren Wirkstoffe mehr vorhanden, trotzdem wirken sie, und zwar ganz spezifisch, je nach Blütenart, für eine bestimmte Art von Gemütsverstimmung, die gelegentlich auch bis zu psychosomatischen Störungen führen kann.«

So erstaunlich es klingt: Blütenextrakte aus Olivenblüten z. B. helfen bei Erschöpfung und Ausgelaugtsein, die der Pinie gegen quälende Selbstvorwürfe und Schuldgefühle, und das Springkraut – wen wundert's – (lateinische Bezeichnung Impatiens = Ungeduld) bei Ungeduld, Reizbarkeit und überschießenden Reaktionen. Es ist eben tatsächlich gegen alles ein Kraut gewachsen …

Freu dich, Mädchen, freu dich: Das Huhn hat ein Ei gelegt!
B. R. mit Bruder Hartmut

Duftende **Badezusätze**

Für Odysseus war das warme Bad ein herzerfreuender Anblick, schreibt Homer, »denn keiner Pflege genoss er, seit er die Wohnung verließ der schön gelockten Kalypso, wo beständig seiner wie eines Gottes gepflegt ward. Nun aber badeten ihn die Mägde und salbten mit Öl ihn, legten ihm an die schönen Gewänder, Mantel und Leibrock, und so verließ er das Bad und ging zu den trinkenden Männern.«

Was dem Macho Odysseus gefiel, ist auch für uns Normalsterbliche ein Hochgenuss. Hier nur einige Beispiele:

Das Rosenblütenbad
1 Handvoll duftende Rosenblüten in ein Badesäckchen geben und dieses ins Badewasser legen.

Das Obstessigbad
1 bis 2 Tassen Obstessig ins Badewasser geben – strafft die Haut.

Das Ringelblumenbad
1 Esslöffel Ringelblumenöl dem Wasser zugeben – glättet trockene Haut.

Das Milch-und-Honig-Bad
1 Tasse Honig im Wasserbad erwärmen, mit 1 Liter aufgewärmter Milch (oder 1 Tasse Sahne) mischen und ins Badewasser gießen – macht die Haut geschmeidig.

Das Hopfenblütenbad
2 Handvoll Hopfenblüten in ein Badesäckchen geben und ins Badewasser legen – hilft beim Einschlafen.
Sie können auch einen Tee aufbrühen und diesen ins Badewasser gießen. Ebenso wirkt Zitronenmelisse.

Das Rosmarinbad
1 Handvoll Rosmarin mit 1 Liter kochendem Wasser übergießen, ziehen lassen, abseihen, ins Badewasser gießen. Nur morgens, regt den Kreislauf an.

Das Thymianbad
1 Handvoll Thymian mit 1 Liter kochendem Wasser übergießen, ziehen lassen, abseihen und ins Badewasser gießen. Gegen drohende Erkältung.

Berührungen heilen

»Berührungen sind das Vehikel der gegenseitigen Tröstung, das beginnt schon mit der Umarmung und dem Händeschütteln.«

(zitiert nach dem XIV. Dalai Lama)

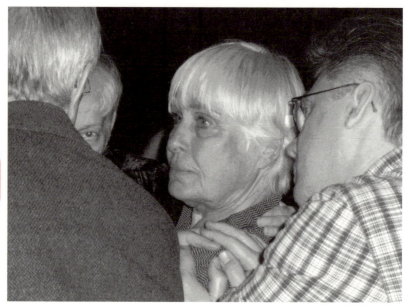

Tröstende Hände
B. R. traurig

10 Prozent Bio – das kann jeder!

Für eine gesunde Ernährung gilt: *Klasse statt Masse!* Essen muss köstlich schmecken *und* gesund sein. Doch die Wirklichkeit sieht anders aus.
Allein für die Behandlung ernährungsbedingter Krankheiten werden in Deutschland inzwischen jährlich ca. 80 Milliarden Euro ausgegeben – Tendenz steigend.

Essen wir uns krank? Schon Kinder leiden heute an Altersdiabetes und Fettsucht – Folgen falscher Ernährung und mangelnder Bewegung. In der Kindheit werden die Weichen für die spätere Gesundheit gestellt. In meinen Veranstaltungen weise ich als ernährungspolitische Sprecherin der grünen Landtagsfraktion immer wieder auf die Bedeutung gesunder Ernährung hin und stelle entsprechende Anträge im Bayerischen Landtag.

Die Erde schätzen, den Verbraucher schützen
Bio-Produkte setzen sich durch – trotz aller Gegenkampagnen. Die Ergebnisse des Landesamtes für Gesundheit und Lebensmittelüberwachung in Bayern belegen, dass Bio-Produkte deutlich weniger mit Schadstoffen belastet sind. Außerdem ist der ökologische Anbau besser für Boden, Wasser und Natur und schafft Arbeitsplätze. Wir Grüne setzen uns für eine Landwirtschaft ohne Gentechnik ein. Die von Verbrauchern und Landwirten abgelehnt wird und eine Gefahr für die Umwelt darstellt. Wir setzen uns ein für eine artgerechte Tierhaltung und für Transparenz bei der Lebensmittelproduktion. Das Bio-Siegel gibt den VerbraucherInnen die Garantie für ökologische Produktion und gesunde hochwertige Lebensmittel.
Immer mehr VerbraucherInnen sind bereit, für Qualität mehr zu zahlen, ein paar Cent mehr auszugeben für ein Ei von einem glücklichen Huhn, das in einer Voliere leben darf statt auf der Größe von etwas mehr als einer DIN-A4-Seite in einem Käfig, sind bereit, ein paar Cent mehr auszugeben für ein Schnitzel von einem artgerecht gehaltenen Schwein oder Rind, wenn es denn Fleisch sein muss.

Bio muss nicht teurer sein – wenn saisonale und regionale Lebensmittel eingekauft werden und vor allem Fleisch reduziert beziehungsweise vom Speiseplan gestrichen wird.
Bei einem Kongress »Landbau und Ernährung« war ich vor Jahren eingeladen, einen Vortrag über Bio-Vollwertkost zu halten. Auch da gab es gleich den Einwand: Bio ist zu teuer!
Wir machten uns den Spaß, zwei Menüs auszuarbeiten, ein herkömmliches mit Braten und ein Bio-Vollwertmenü – Letzteres war sogar billiger!

Die damaligen D-Mark-Preise hat die Gesellschaft für Gesundheitsberatung in Euro umgerechnet.

Menü herkömmlich für 4 Personen

Leberknödelsuppe	3,50 Euro
Sauerbraten, 1 kg	12,48 Euro
Rotkraut, 720 g	1,49 Euro
Semmelknödel, 12 Stück	1,58 Euro
grüner Salat, 2 Köpfe	1,58 Euro
Schokoladenpudding mit Vanillesoße	2,26 Euro

22,89 Euro

Durch Braten/Erhitzen entsteht Flüssigkeits- und Fettverlust, sodass
etwa 800 g Braten zum Verzehr bleiben.

Zum Vergleich das Vollwertmenü mit Bio-Zutaten* für 4 Personen

Frischkost aus

Karotten, Sellerie, Roten Rüben mit Äpfeln	1,53 Euro
Wildkräutersalat aus Löwenzahn, Brennnessel,	
Brunnenkresse, Sauerampfer etc.	......
1 Becher saure Sahne	0,69 Euro
dazu Kürbiskerne, Nüsse, Öl, Gewürze	0,35 Euro

Grünkernauflauf

1 Krautkopf	1,10 Euro
4 Tomaten	0,99 Euro
250 g Grünkern	0,79 Euro
4 Eier von freilaufenden Hühnern	1,07 Euro
1/2 Becher süße Sahne	0,35 Euro
frisch geriebener Parmesan 100 g	1,49 Euro
Butterflocken, Gewürze, Keimlinge	0,59 Euro

Apfelrohkost

4 Äpfel	1,87 Euro
½ Becher süße Sahne	0,35 Euro
1 Teelöffel Honig, Zitronensaft	0,15 Euro
2–3 Esslöffel gerösteter Buchweizen oder Sesam	0,17 Euro

11, 49 Euro

*Kalkulation der GGB im März 2007

Die Bio-Preise unterliegen starken regionalen Schwankungen. Bei diesem Beispiel handelt es sich um Ab-Hof-Preise. In manchen Regionen kann das Preisniveau deutlich höher liegen. So unterscheiden sich die Preise für ein Bio-Ei gelegentlich um 10 Cent. Dennoch ist das Bio-Menü deutlich günstiger.
Fazit: Vegetarisch genießen!

Ein Journalist, dem ich dieses Menü am Telefon schilderte, stöhnte: »An diesen Auflauf werde ich denken, wenn ich mir heute Abend 'ne Dose aufmache ...«

Übrigens: Der Apfel ist eine Fundgrube an Vitaminen, Mineralien und Spurenelementen.
»An apple a day keeps the doctor away« – Iss einen Apfel am Tag und du brauchst keinen Doktor!

Das Barbara-Rütting-Brot und seine Geschichte

Es war Ende der Sechzigerjahre, ich spielte in Köln Theater. In einer Radiosendung erzählte ich vom Leben auf dem Land – dass ich auf meinem Bauernhof Brot backe, Ziegenkäse mache und was ich so alles für den Winter an Gesundem sammle, trockne und einlege.
Einige Anrufer baten um das Brotrezept. Der Sender versprach, es ihnen zu schicken – es gingen 3500 Anfragen ein!

Einige Tage später erfuhr ich, dass ein Kölner Bäcker unter meinem Namen ein sehr schlechtes Brot verkaufte. Zur Rede gestellt, meinte er, ich hätte ja das Rezept im Radio durchgegeben, er halte sich aber nicht daran, denn die Hausfrauen seien so blöd, die merkten eh nicht, was sie essen.

Darob erbost, erkundigte ich mich bei der Bäckerinnung, was ich gegen diesen Missbrauch unternehmen könne. Man riet mir, einen Bäcker zu suchen, der bereit wäre, mein Brot in Lizenz zu backen. Gesagt, getan – ich fand diesen Bäcker und seither wird es in vielen Bäckereien gebacken, genau nach meinem Rezept und von mir immer wieder kontrolliert. Noch über 30 Jahre später ist mein Brot sozusagen »in aller Munde«. Ich habe keine Zeit mehr, selbst zu backen, kann es aber in vielen Bioläden kaufen.

Es hat schon einer erklecklichen Anzahl von Mitmenschen zu einer guten Verdauung und damit mehr Lebensqualität verholfen. Ich habe mindestens zwei Generationen auf dem Gewissen. Heute erwachsene Männer berichten, sie seien als Kind – damals nicht immer unbedingt zu ihrem Vergnügen, aber rückblickend doch zu ih-

»Ich kontrolliere immer mal wieder, ob das ›Barbara-Rütting-Brot‹ meinen Qualitätsmaßstäben genügt.«

rem Wohl – von ihren Müttern mit Frischkornbrei und dem Barbara-Rütting-Brot traktiert worden.

Mache ich heute Kontrollbesuche, höre ich in der Backstube Rufe wie: 50 Rütting-Laibe im Karton – 100 Rütting-Laibe im Karton …

Hier ist das Rezept:

Roggenvollkornbrot mit Gewürzen

1 kg Roggen, grob gemahlen	2 EL Fenchel
1 kg Roggen, fein gemahlen	2 EL Leinsamen
300 g Sauerteig	2 EL Kümmel
1 l lauwarmes Wasser	2 EL Koriander (von allem
1 EL Vollmeersalz	die ganzen Körner!)

Mehl/Schrot in eine große Schüssel geben, in die Mitte den Sauerteig. Diesen mit 1/3 von 1 l lauwarmem Wasser und 1/3 des Mehl-Schrot-Gemisches verrühren, an warmem Ort (möglichst bei 30 °C) gehen lassen. Nach einigen Stunden das 2. Drittel Wasser zugeben, mit dem 2. Drittel des Mehl-Schrot-Gemisches verrühren, wieder warm stellen. Wieder nach einigen Stunden das restliche Wasser zugeben, mit dem restlichen Mehl-Schrot-Gemisch verrühren bzw. verkneten, noch mal warm stellen und (am besten über Nacht) mit einem feuchten Tuch bedeckt gehen lassen.

Am nächsten Morgen riecht der Teig angenehm säuerlich. 1 Portion (ca. 300 g) Sauerteig vom Teig abnehmen und für das nächste Backen einfrieren. Salz und Gewürze zugeben, eventuell noch etwas Wasser, und gründlich kneten, bis sich ein glänzender Kloß bildet. Sie können nun den Kloß, wenn Sie wollen, teilen und 2 Brote aus der Menge formen. Brot auf einem gefetteten Blech 2 Stunden gehen lassen. Mit einem Messer kreuzweise einschneiden. Dann bei 200 °C backen – 1 großes Brot 1 1/2 Stunden, 2 kleine Brote 1 Stunde. Wenn Sie mit dem Knöchel gegen die Brote klopfen, muss es hohl klingen, dann sind sie fertig.

Vor Kurzem umkreiste mich ein Junge neugierig mit dem Fahrrad. Triumphierend brach es schließlich aus ihm heraus: Ich kenn dich! Du bist die Frau Barbara Rütting Brot! Und meine Mama hat ein Kochbuch, da ist ein Foto von dir drauf!

Sogar einen Limerick gibt es zum Brot, allerdings zu einem Hefebrot.

In den »Goldenen Fünfzigerjahren«, als wir die Filme mit den leidenschaftlichen Frauenrollen drehten, war ich in Cork, Irland, zu einem Filmfestival eingeladen.

Die Iren sind die entzückendsten Gastgeber, die man sich vorstellen kann. Es wurde viel gelacht und geredet und gesungen und ungeheuer viel Whisky konsumiert – abends in den Pubs, aber auch morgens in den Pubs und auch abends und morgens außerhalb der Pubs. Ob es am Whisky lag oder am irischen Nebel – sie waren alle Poeten in dem kleinen Ort, ob Bürgermeister oder Briefträger oder Priester.

Pater James, mit einem Kopf wie Bernard Shaw, neben seiner seelsorgerischen Tätigkeit auch passionierter Limerickforscher und als solcher sogar bei Aristophanes fündig geworden, hat mir einen herrlichen Limerick zugeeignet, in dem es doch tatsächlich um Teig und um Hefe geht:

These rhymes were designed by a priest
to affect your religion like yeast.
If they help it to grow
like the yeast in the dough
there'll be one better Christian at least.

Butter oder Margarine – was ist gesünder?

Gesünder ist natürlich das Naturprodukt Butter!

In der Butter wurden bisher über 76 Fettsäuren identifiziert, mehr als in irgendeinem anderen Fett (Professor Schweigert in seiner wissenschaftlichen Studie »Butter oder Margarine«).

Wie Sahne enthält Butter kaum Eiweiß und wird daher auch von Menschen vertragen, die aus gesundheitlichen Gründen tierisches Eiweiß meiden müssen.
Schlagen Sie Sahne, haben Sie irgendwann Butter – Öl können Sie noch so lange schlagen, es wird nie Margarine draus. Margarine ist also ein Kunstprodukt!

Wie aber und warum kam es überhaupt zu ihrer Entstehung?
Kaiser Napoleon III. beauftragte die Naturwissenschaftler, etwas billiges Butterähnliches zu erfinden, denn das französische Volk hungerte, es mangelte vor allem an Fett. In dem Wettbewerb siegte 1869 der Chemiker und Apotheker Hippolyte Mège-Mouriès. Sein Rezept: Statt Milch nahm er Nierenfett oder Rindertalg von frisch geschlachteten Tieren, gab zerkleinerte in Wasser gelöste Kuheuter hinzu und goss das Gemisch in ein Fass – ähnlich wie bei der Butterzubereitung. Es entstand eine Masse von butterähnlicher Konsistenz – die Margarine war erfunden.

Auch wenn unsere heutige Margarine nichts mehr gemein hat mit diesem ekligen Gemisch von 1869 – sie ist und bleibt ein Kunstprodukt, kommt aus der Fabrik, schon gar nicht vom Bauernhof.
Veganer, die aus ethischen Gründen Butter ablehnen, sollten, wenn schon Margarine, sie aus Reformhaus oder Bioladen beziehen und sich genau über die Zubereitungsart »ihrer« Margarine informieren.
Zum Frühstück sind Nuss- und Mandelmus ideal.

Übrigens: Für einen erhöhten Cholesterinspiegel ist die Butter nicht verantwortlich – siehe auch das Buch »Ist die Cholesterin-Hysterie begründet« von Dr. Max Otto Bruker.

C

Calcium und Eiweiß – für Vegetarier doch kein Problem!

Wie decken Sie denn als Vegetarierin Ihren Bedarf an Calcium und Eiweiß, werde ich immer wieder gefragt.

Die meisten wollen einfach nicht glauben, dass der erwachsene Mensch nicht nur keine Milchprodukte braucht, sondern dass sie ihm sogar schaden.

Die einzige verträgliche Milch ist die Muttermilch, aber nur für den spezifischen Säugling. Also: Menschenmilch für den kleinen Menschen, die Giraffenmilch für die kleine Giraffe, die Elefantenmilch für den kleinen Elefanten und so fort. Ein Mediziner fragte auf dem Welt-Vegetarier-Kongress in Toronto denn auch boshaft: Wenn es angeblich Mangelerscheinungen gibt, weil jemand keine Kuhmilchprodukte zu sich nimmt, dann müsste es ebenso gut Mangelerscheinungen geben, weil wir in unseren Breitengraden keine Kängurumilch trinken. Die menschliche Muttermilch enthält 1,5 Prozent Eiweiß, die Kuhmilch dagegen 3,3 Prozent (Fleisch sogar 20 Prozent). Die Kuhmilch ist für den menschlichen Säugling viel zu eiweißreich, Erklärung für die vielen Allergien bei Kleinkindern wie Neurodermitis, »Erkältungen«, Mandelentzündungen und, und, und. Das Kalb verdoppelt sein Gewicht in 45 Tagen, der menschliche Säugling in sechs bis acht Monaten. Und die Erwachsenen fahren fort, Kuhmilchprodukte zu verzehren, als ob sie ihr Gewicht ständig weiter verdoppeln müssten.

Durch zu viel tierisches Eiweiß werden die Kapillarwände bis auf das 30-Fache verdickt. Ein mit Eiweiß überernährter Körper ist letztlich unterernährt. Die Folgen sind Herzinfarkt, Nierenschäden, Krebs, Alzheimer, hoher Blutdruck, Osteoporose. Die kombinierte Aufnahme von Eiweiß und Calcium, wie sie bei Milchprodukten erfolgt, führt zur forcierten Ausscheidung von Calcium. Neuere Untersuchungen weltweit belegen diese Fakten immer wieder. Aber – sie werden auch immer wieder totgeschwiegen.

Zum »Gespenst« Osteoporose, dem angeblich nur durch Calciumzufuhr beizukommen ist:
Überdurchschnittlich häufig tritt die Osteoporose gerade in den reichen Ländern der nördlichen Halbkugel, den Vereinigten Staaten und Europa, hier besonders in Schweden, Finnland und Großbritannien auf, wo mehr als 135 Kilogramm Milchprodukte pro Person und Jahr verzehrt werden.
Andererseits ist Osteoporose dort selten, wo Milchprodukte, also auch Eiweiß, in der Ernährung eine geringe Rolle spielen, nämlich in den Ländern Asiens und Afrikas.
Besonders eindrucksvoll sind die Ergebnisse bei Bantu-Frauen in Afrika, die einerseits einen ungewöhnlich niedrigen Eiweißverbrauch, nämlich weniger als die Hälfte der in Amerika üblichen Eiweißmenge, und andererseits einen hohen Calciumbedarf haben, da bis zu zehn Kinder durchschnittlich gestillt werden müssen. Bei diesen Frauen ist die Osteoporose so gut wie unbekannt.
Die Osteoporose verhält sich also nicht proportional zum Calciumgehalt in der Ernährung, sondern eher indirekt proportional zum Eiweißgehalt.
These: Die kombinierte Aufnahme von Eiweiß und Calcium wie bei Milchprodukten führt zur forcierten Ausscheidung von Calcium.
Die zusätzliche Einnahme von Calciumpräparaten, immer wieder von europäischen und nordamerikanischen Medizinern zur Osteoporoseprophylaxe empfohlen, scheint die calciumraubende Wirkung des Eiweißes noch zu verstärken. These: Calciummangel, und damit auch ernährungsbedingte Osteoporose, ist selbst bei ausschließlich vegetarischer Ernährung nicht möglich …

Kein anderes Säugetier benötigt so viel Calcium wie die Milchkuh, und dennoch ist bei diesem großen Säuger ein Calciummangel im Skelett unbekannt. Das Tier deckt seinen gesamten Calciumbedarf über den Verzehr von Gräsern. Überhaupt ist offenbar der Mensch das einzige Lebewesen, das nach der Entwöhnung weiterhin Milchprodukte zu sich nimmt.

Ja, wo kriege ich denn nun als Vegetarier oder gar Veganer mein Calcium und Eiweiß her?

Allein im Sesam findet sich siebenmal so viel Calcium wie in Vollmilch. Blattgemüse stellt die Hauptquelle des für den Menschen verwertbaren Calciums dar, folgende Nahrungsmittel enthalten auch überdurchschnittlich viel Calcium: Nüsse, Körner und Samen, Bohnen, frisches Obst, Trockenfrüchte und Gemüse, vor allem grünes Gemüse wie Grünkohl; außerdem Spinat, Lauch, Brokkoli, Mangold, Möhren, Fenchel, Petersilie, Äpfel, Bananen und Erdbeeren, ferner die »Pseudogetreide« Amaranth und Quinoa; Quinoa ist aus Lateinamerika, enthält doppelt so viel Calcium wie Milch und sogar fünfmal so viel Eisen wie Weizen – und damit mehr als alle Fleischsorten, ausgenommen Leber.

Aus dem Gesagten ergibt sich die provozierende Schlussfolgerung, dass Milchprodukte offenbar die Hauptverursacher von Osteoporose sind.

So ist die Osteoporose bei asiatischen Frauen nach der Menopause selten. Vermutlich weil in Asien die vielfache Menge an Phytoöstrogenen in Form von Sojabohnen und anderen asiatischen Speisepflanzen eingenommen wird.

Es ist in europäischen Kreisen kaum bekannt, dass Phytohormone vor allem in weiblichen Blütenorganen in großen Mengen gebildet werden, dass ihre Spuren sogar in Schiefer, Torf, Erdöl und anderen Fossilien längst vergangener Vegetationen nachweisbar sind, dass diese in Soja, Hopfen, Äpfeln, Kirschen, Kohl, Zwiebeln, Kartoffeln, Senf und besonders dem Granatapfel in großer Menge nachgewiesen werden können.

Hurra! Alle die Lebensmittel sind hier aufgeführt, die ich liebe. Auch ich habe während des Klimateriums und danach nicht die geringsten Beschwerden verspürt.

Alle fortschrittlichen Mediziner dürften die oben genannten Thesen bejahen, wie auch der Welt-Vegetarier-Kongress in Toronto gezeigt hat.

Cellulitis muss nicht sein

Am besten vorbeugen, damit Cellulitis gar nicht erst entsteht – mit basenreicher vitalstoffreicher Vollwertkost und täglichem Trockenbürsten. Statt einer Bürste mit Borsten, die meine empfindliche Haut zu sehr strapaziert, benutze ich eine mit Gumminoppen, die ich eigentlich zum Striegeln meiner Pferde gekauft hatte, und bearbeite mit kreisenden Bewegungen, ohne fest zu reiben, die Problemstellen – das sind bei uns Frauen im Allgemeinen Oberarme, Oberschenkel, Po und Bauch. Wie beim Kneipp-Guss an den Innenseiten von Beinen und Armen nach oben arbeiten, an den Außenseiten nach unten (sehr wichtig!). Wenn Sie aber schon darunter leiden, sollen folgende Getränke helfen (habe ich allerdings nicht selbst ausprobiert, da ich keine Cellulitis habe, weil ich mich ja vollwertig ernähre und so weiter und so weiter ...):

• salzfreier Tomatensaft, gewürzt mit Basilikum,
• Brennnesseltee,
• Gerstensaft.

Für den Gerstensaft 60 Gramm Gerste in 1 1/2 Liter Wasser kochen, bis die Körner quellen. Abseihen, mit Zitronensaft abschmecken. Morgens auf nüchternen Magen und über den Tag verteilt vor dem Essen trinken. Gerste enthält Kieselsäure, Kalium, Magnesium, Eisen und B-Vitamine, ist also ein richtiges Frauengetreide.

Und irgendwo habe ich gehört, dass Auflegen von rohen Kartoffelscheiben wirken soll. Für den Po: einfach draufsetzen (s. a. das Stichwort → *Übersäuerung*).

Die **Chi-Maschine hilft** – auch bei noch so ramponierter Wirbelsäule

Meine Wirbelsäule war schon sehr früh so ramponiert – durch Stürze beim Reiten, Unfälle auf der Bühne und vor allem schlampige Ernährung –, dass sämtliche Orthopäden schlimme Prognosen abgaben, Bandscheibenoperationen und Ähnliches in Aussicht stellten. Unberufen hat sich mein ganzes Skelett derartig stabilisiert, dass es mir heute mit 80 Jahren auch »knochenmäßig« besser geht als mit 30. Neben der Ernährungsumstellung und täglichem Yoga trägt auch die Chi-Maschine dazu bei, geniale Erfindung eines Japaners, den meisten Leserinnen vielleicht schon bekannt.

Ich benutze sie morgens und abends – morgens einige Minuten zum Munterwerden und abends 10–15 Minuten zum Entspannen vor dem Schlafengehen.

Man liegt auf dem Rücken, legt die Füße auf die Chi-Maschine, die, elektrisch angetrieben, nicht nur die Füße, sondern die gesamte Wirbelsäule sanft rhythmisch durchschüttelt.

Sehr zu empfehlen – auch und besonders nach anstrengender geistiger Arbeit.

Nicht unbedingt der Wirbelsäule zuträglich: der Sprung.
B. R. im Film »Operation Crossbow«, 1965, als Fliegerin Hanna Reitsch

Wichtig: Vorher und nachher ein Glas Wasser trinken, da viele Schlacken gelöst werden, die abtransportiert werden müssen.

Ist die Cholesterin-Hysterie begründet?

Dazu Dr. Bruker: »Cholesterin ist so notwendig, dass der Organismus es selbst herstellt. Er ist also auf die Zufuhr von außen nicht angewiesen ... Wird in der Nahrung zu wenig Cholesterin zugeführt, so ergänzt der Organismus die Menge durch eigene Erzeugung. Pro Tag sind ca. 1000 Milligramm notwendig. Die wichtige Aufgabe des Cholesterins ist es, das Fett durch die Zellmembran in das Zellinnere zu schleusen. Cholesterin ist also für die Fettverwertung unbedingt notwendig. Wenn man also weiß, dass Cholesterin ein lebensnotwendiger Stoff ist, weiß man zugleich, dass eine Warnung vor ihm unberechtigt ist ... Dass das Cholesterinproblem nichts mit Butter und Margarine zu tun hat, wird sofort klar, wenn man weiß, dass der Mensch sich mit Fleisch wesentlich mehr Cholesterin zuführt als mit Butter. 100 Gramm Butter enthalten 240 Milligramm Cholesterin, während 100 Gramm Fleisch ca. 180 Milligramm Cholesterin enthalten. Das Fleisch enthält zwar etwas weniger Cholesterin. Da aber vom Fleisch wesentlich mehr verzehrt wird als von der Butter, wird mit Fleisch wesentlich mehr Cholesterin zugeführt. Trotzdem hört man kein Wort darüber, dass der Mensch in Bezug auf Cholesterin wenig Fleisch essen sollte.«

Fazit: Die beste Kostform ist und bleibt die vegetarische Vollwertkost.
Beim Welt-Vegetarier-Kongress in Toronto wurde ich wie eine Art Weltwunder vorgestellt – so fantastisch waren meine Cholesterinwerte und – dank des herzpflegenden Weißdorns – auch mein Blutdruck.
(S. a. das Buch »Cholesterin – der lebensnotwendige Stoff« im Anhang)

D

Depressionen, Ängste und Sorgen – fast schon Alltagsleiden

Von Depressionen kann ich ein Lied singen, bin sozusagen mit ihnen aufgewachsen. Die Geburtstage meiner Kindheit fielen entweder auf den Buß- und Bettag oder auf den Totensonntag – vielleicht auch ein Grund, warum ich später nie Lust hatte, sie zu feiern. Draußen war alles grau in grau, meistens hat es geregnet, die Leute gingen schwarz gekleidet mit Regenschirmen zum Friedhof, um ihre Gräber zu schmücken. Und da Vater Lehrer war und unser Schulhaus neben dem Friedhof lag, erlebte ich noch dazu unfreiwillig sämtliche Beerdigungen mit.

Die Ärzte unterscheiden je nach Schwere der Erkrankung zwischen »normalen« Depressionen (die sich nur wenig von den Gefühlsschwankungen der meisten Menschen unterscheiden), denen, die »behandlungsbedürftig« sind, und schließlich den »schweren« Depressionen, die einen Klinikaufenthalt erforderlich machen. Meine Ratschläge beziehen sich selbstverständlich nur auf die erste Gruppe der sozusagen »normalen« Depressionen.

Folgende Behandlungsmethoden seien hier empfohlen:
• Vollwerternährung
• Heilfasten
• Trockenbürsten
• Kneipp-Anwendungen

- Yoga und Meditation
- Bachblüten
- homöopathische Mittel
- Untersuchung des Schlaf- und Arbeitsplatzes auf Erdstrahlen
- positives Denken

Viele werden den Zustand kennen: Die Sonne scheint, die Vögel zwitschern, krank ist man auch nicht – und dennoch geplagt von einer tiefen, tiefen Verzweiflung, sodass man am liebsten tot sein möchte. Und nicht weiß, warum.

Wenn ich meine Depressionen rückblickend analysiere, lag ihnen immer fehlendes Selbstwertgefühl zugrunde. Die Sehnsucht, mehr geliebt zu werden, führt zu Ängsten und ständiger Rastlosigkeit, die es unmöglich macht, den Augenblick – das Hier und Jetzt – zu genießen.

Für Depressionen gilt dasselbe wie für alle anderen Krankheiten: Die Ursache herausfinden und versuchen, sie abzustellen. Häufig spielen nicht ausgelebte, verdrängte Aggressionen eine Rolle. Es ist besser, mal einen Wutausbruch zu kriegen, als immer alles hinunterzuschlucken. Das muss man, wenn man es nicht von klein auf geübt hat, regelrecht trainieren. Am besten hilft eine Gruppentherapie.

Manche bringen es im Kultivieren ihrer Ängste, Sorgen und Depressionen zu wahren Spitzenleistungen. So zwei Frauen, die sich vor Jahren in einer Talkshow zum Thema outeten. Die eine hatte ihren Mann abgöttisch geliebt. Sie war besessen von der Angst, ihm könne etwas zustoßen, ihr Leben war die Hölle. Sie konnte erst aufatmen, als er – endlich – gestorben war!

Die andere litt an panischer Angst vor Einbrechern. Immer vor dem Schlafengehen schaute sie unter ihr Bett. Eines Abends – sie war bereits um die 80 – lag tatsächlich einer darunter. Sie habe ausgerufen: *»Da sind Sie ja endlich!«*, behauptete sie – und ihn zu einem Kognak (oder war es ein Whisky) eingeladen!

DGHS → Humanes Sterben

Sinn und Unsinn sogenannter Diäten

Das Wort Diät, vom griechischen »diaita« abgeleitet, bedeutete ursprünglich »Lebensweise«, ging also weit über das hinaus, was wir heute darunter verstehen, nämlich eine zeitlich begrenzte Ernährungsform, die beendet wird, wenn das therapeutische Ziel erreicht ist. Eine Diät ist dann angebracht, wenn ein bestimmtes überfordertes Organ (auch vorbeugend) entlastet und regeneriert werden soll; sie kann deshalb nie eine Dauerlösung sein – im Gegensatz zu einer gesunden Ernährungsform, deren Aufgabe es ja sein muss, alle Organe des gesamten Körpers gleichermaßen zu fordern und zu stärken. Eine solche Ernährungsform verlangt allerdings eine dauerhafte Umstellung der Lebensweise.

Der englische Dichter Huxley hat vor Jahrzehnten bereits geschrieben: »Die Medizin hat so große Fortschritte gemacht, dass praktisch kein Mensch mehr gesund ist.« Und tatsächlich nehmen die Zivilisationskrankheiten in erschreckendem Maße zu. Immer mehr Menschen suchen ratlos nach Ernährungsformen, die ihnen helfen sollen, ihr Rheuma, ihre Gicht, ihren Zucker wieder loszuwerden, keinen Krebs zu bekommen. Fast täglich liest man von neuen »todsicheren« Diäten. Sie locken vor allem diejenigen an, die schlank werden oder bleiben wollen – möglichst ohne sich anzustrengen. Und da diese Kuren wegen ihrer Einseitigkeit nur vorübergehende Erfolge bringen – wenn überhaupt – und oft mit großen Nachteilen verbunden sind, werden pausenlos neue Diäten auf den Markt geworfen. Am beliebtesten sind die, bei denen man nicht das Geringste in seinem Leben ändern muss. Ebenso wie die Ärzte am beliebtesten sind, die einem erlauben, weiterzumachen wie bisher – die selbst zu dick sind, selbst rauchen.

Da hat einer seit Jahren ein offenes Bein. Auf den geräucherten Speck mag er nicht verzichten, und gar fasten will er erst recht nicht. Endlich hat er den idealen Arzt gefunden. »Ich kann weiterleben wie bisher! Essen, was ich will, auch Schweinebraten! Alkohol trinken wie bisher, rauchen, alles! Ein toller Arzt! Ich brauche bloß diese Pillen hier zu schlucken!« Und freudestrahlend führt er eine ganze Batterie von Medikamenten vor, die der »tolle Arzt« ihm verschrieben hat (dessen Frau übrigens die örtliche Apotheke betreibt).

In den Fünfzigerjahren war die »Punkte-Diät« ein Renner. Von Gänseleberpastete bis Whisky in rauen Mengen, alles durfte konsumiert werden nach einem obskuren Punktesystem, dessen Erfinderin übrigens dick war wie eine Tonne. Auf diesen Widerspruch angesprochen, soll die geantwortet haben, sie könne doch nicht Maximen aufstellen und auch noch danach leben …

Die Punkte-Diät hat angeblich Leute ins Grab gebracht. Gottlob bin ich auf sie nicht hereingefallen; dafür aber auf einige andere, wie leider auch auf die »Harte-Eier-Diät«. Die hat bewirkt, dass ihre Anhänger teilweise mit Blaulicht ins Krankenhaus eingeliefert werden mussten und dort Wochen mit lebensbedrohlicher Gelbsucht zubrachten. Dass man bei dieser Horror-Diät auch noch stank wie ein faules Ei, war dagegen eine geradezu harmlose Nebenerscheinung.

Natürlich habe ich auch die FDH-Diät (= »Friss die Hälfte«) ausprobiert und die »Hollywood-Diät«. Christine Kaufmann und ich drehten gemeinsam mit Kirk Douglas den Film »Stadt ohne Mitleid«. Noch schlanker und schöner wollten wir werden – die Hollywood-Diät schien uns dazu bestens geeignet.

Und so sieht sie aus: Morgens gibt's ein Steak, in der Pfanne ohne Fett und ohne Salz gegrillt, dazu 1 Apfel und 1 Tasse schwarzen Kaffee. Mittags: Steak ohne Fett und Salz, 1 Apfel, 1 Tasse schwarzen Kaffee. Abends: Steak ohne Fett und Salz, 1 Apfel, 1 Tasse schwarzen Kaffee.

Am 2. Tag dasselbe, am 3. Tag die Variante Huhn statt Steak, ebenfalls ohne Fett und Salz zubereitet, dazu der obligate Apfel und die Tasse schwarzen Kaffees.

Am 4. Tag waren wir weder schlanker noch schöner, sondern grau im Gesicht, total verstopft und übelster Stimmung. Wen wundert's? Durch meine subjektive Brille betrachtet: Auf die Dauer hilft nur die vitalstofffreie Vollwertkost – da gibt's auch keinen Jo-Jo-Effekt!

E

Sind **Edelsteine** nur ein Schmuck?

Ich bin ein Typ, der sich nicht sehr für Kleidung und Schmuck interessiert. Die wenigen Schmuckstücke, die ich in meiner Filmzeit kaufte, trage ich so gut wie nie, und da ich immer zu viel arbeite, neige ich dazu, mir morgens das nächstbeste Kleidungsstück überzustülpen und dann nicht weiter darüber nachzudenken. Es sei denn, ich muss mich aus beruflichen Gründen fein machen.

»Als Dorfkinder waren wir natürlich sowieso einfach angezogen.«
B. R. (Mitte) in der Schulklasse, 1933

Zu meinem 60. Geburtstag bekam ich einen wunderschönen großen Bergkristall geschenkt, dazu das Buch von Mellie Uyldert »Verborgene Kräfte der Edelsteine«. Ich habe mich festgelesen. Und mir vorgenommen, mich in Zukunft ein bisschen mehr zu schmücken. Schöne Stoffe, Farben und auch edle Steine haben ganz sicher eine größere Bedeutung, als nur das Äußere der Trägerin oder des Trägers zu verschönern. Sie wirken auch auf die Seele, wie jeder Farbpsychologe zu berichten weiß.

Wie arm sind wir Heutigen doch, die wir um die verborgenen Fähigkeiten der Natur so wenig wissen – wie reich waren die Menschen früher, denen die Kräfte und Heilwirkungen z. B. der Edelsteine vertraut waren.

Könige und Königinnen, Fürsten und Fürstinnen waren mit edlen Metallen und Steinen behängt, nicht nur zur Zierde, sie wussten auch um die enorme Kraft, die von ihnen ausgeht. So ein juwelengeschmücktes Herrscherpaar soll eine regelrechte Kraftbatterie für das Volk gewesen sein. Von den Reichen wurden Edelsteine sogar pulverisiert und als Heilmittel eingenommen: Smaragde, Rubine, Bergkristall, Perlen. Vornehme ägyptische Damen hatten in ihren Schminkschatullen eine Schale mit fein gestampftem und mit Fett vermischtem Malachit als Schönheitscreme. Sie färbten ihre Augenlider und sogar ihr Haar damit.

Genau wie alles in der Natur, so besteht auch der Stein aus Schwingungen. Kluge Menschen wussten die Schwingungen seit jeher zu nutzen. So soll der Bergkristall Erdstrahlen unschädlich machen; eine Kette aus Blutkorallen mit Goldschloss, wie sie sich früher die Bäuerinnen und Fischersfrauen zur Hochzeit wünschten, gegen Blutarmut schützen; der schwarze Onyx im Menschen das abstrakte Denken, den Ernst und die Selbstbeherrschung stärken; gegen Depressionen schützt ein Granat und gegen Trunksucht der Amethyst, den man auf dem Nabel trägt – das Wort bedeutet sogar A-Methyl = Anti-Alkohol, wobei es wahrscheinlich von dem Wort Met, dem berauschenden Honiggetränk, herrührt. Bei Schlaflosigkeit streicht man mit dem Amethyst über die Schläfen. Er soll weiter gute Dienste leisten gegen Wut, Angst und Hysterie.

Alles gar nicht mehr so unwahrscheinlich, wenn man sich klarmacht, dass der Bergkristall aus Kieselsäure besteht, die bekanntlich zur Festigung von Rücken und Bandscheiben nötig ist; dass andere Steine Magnesium enthalten, das Herz und Leber stärkt, Seele und Körper entkrampft. Der entsprechende Stein wird auf die verspannte oder schmerzende Stelle gelegt oder gebunden und Tag und Nacht getragen.

Perlen wiederum sind der ideale Kalklieferant. Falls Sie eine solche besitzen, können Sie mittels Ihrer Perlenkette einen Kalkmangel ausgleichen. Wobei aber auch Perle nicht gleich Perle ist. Hildegard von Bingen schwört auf Flussperlen, rät dagegen von Perlen, die aus dem Meer kommen, ab. Sozusagen eine frühe Ganzheitsmedizinerin, hat Hildegard von Bingen in ihrer Edelsteinmedizin Steine immer im Ganzen verwendet – mit Ausnahme des Berylls, den sie pulverisiert als Gegengift einsetzte.

Sie verordnete z. B. den Bergkristall zur Stärkung der Augen: »Wem sich die Augen umfloren, der wärme einen Bergkristall in der Sonne und lege den warm gewordenen oft auf die Augen. Weil seine natürliche Art vom Wasser stammt, zieht er die Unsäfte aus den Augen, und so wird der Betroffene besser sehen.«

Gegen Melancholie empfiehlt sie das häufige Betrachten des Onyxsteins. »Wenn du von Traurigkeit bedrückt bist, schaue den Onyx aufmerksam an und lege ihn auch bald in deinen Mund, und deine Traurigkeit wird weichen.«

Für Kundige besteht ein Zusammenhang zwischen Tierkreiszeichen und Edelsteinen. Durch das Erkennen gleicher Schwingungen in einem Planeten, einem Menschen und einem Edelstein kann der Kenner feststellen, welcher Stein zu welchem Menschen passt. Soll der Stein Glück bringen, dient er als Talismann – soll er Unheil abwenden, dient er als Amulett.

So wird dem Stier-Geborenen der blaue Saphir und der Lapislazuli zugeordnet, dem Fisch der Amethyst, Opal und Mondstein, dem Skorpion Granat, Blutstein und Beryll. Sie glauben nicht an solchen Hokuspokus wie Astrologie? Dann hören Sie mal, was der berühmte griechische Arzt Hippokrates gesagt hat:

»Ein Arzt, der nicht gleichzeitig auch Astrologe ist, ist kein Arzt!«
Es wird von Steinen berichtet, die sich für ihre kranke Trägerin regelrecht aufgeopfert, ihre Krankheit übernommen haben sollen: Sie sind verblasst oder gesprungen.

Tipp:
Edelsteine Ihrer Wahl – aber nicht alle sind geeignet, die mineralischen Bestandteile müssen vorher geprüft werden – in eine Karaffe mit gutem Wasser legen und dieses trinken.
Ideal wäre natürlich frisches Quellwasser …

(Siehe auch das Buch »Die Edelsteinmedizin der heiligen Hildegard« von Dr. Gottfried Herztka und Dr. Wighard Strehlow, dem ich die Passagen über Hildegard entnommen habe. Und das Buch »38 Heilsteine für ein gesundes Leben« von Dagmar Braunschweig-Pauli; bei jedem Edelstein hat sie angemerkt, ob er grundsätzlich zur Verwendung von Edelsteinwasser geeignet ist.)

Eifersucht ist eine Leidenschaft, die mit Eifer sucht, was Leiden schafft …

Wie wahr! Von Eifersucht und den Leiden, die sie schafft, kann ich Lieder singen.
Besonders krasses Beispiel: Mein Freund biss mit Genuss in eine Leberwurstsemmel – ich war doch tatsächlich eifersüchtig auf die Leberwurst! Ein Genuss, den ihm etwas außer mir verschaffte – das durfte nicht sein, auch wenn es nur eine Leberwurst war.
Ganz und gar unerträglich für mich Landpomeranze all die hübschen Mädchen, mit denen er Tennis spielte. Auch wenn ich es selbst absurd fand und mir meine Lächerlichkeit immer wieder bewusst machte – ich wurde der Eifersucht nicht Herr beziehungsweise Frau.

In dem Film »Die letzte Brücke«, der im ehemaligen Jugoslawien in der berühmten Stadt Mostar gedreht wurde, spielte ich die Partisanin Miliza. Maria Schell war die deutsche Ärztin, die von mir gekidnappt wurde, damit sie unsere Partisanen wieder gesund pflegt, Bernhard Wicki, damals noch unbekannt, einer der Partisanen.

Nach den Dreharbeiten wurde ein rauschendes Fest veranstaltet, mit viel Wein und Slibowitz und Musik und wildem Kolotanz.

Aus Eifersucht versteckte ich mich vor meinem Freund in der Hecke neben dem Tanzplatz – in der Hoffnung, er würde mich vermissen, nach mir suchen, wenigstens ein ganz klein wenig unter meiner Abwesenheit leiden – von wegen! Stundenlang hockte ich schmollend in der Hecke, während die anderen ausgelassen feierten und es sich gut gehen ließen, darunter sogar die berühmte Grande Dame Tilla Durieux – in unserem Film eine uralte Großmutter.

Eifersucht hat nach meiner Erfahrung mit einem Mangel an Selbstwertgefühl zu tun – alle anderen sind immer schöner, intelligenter, sexier als ich. Eifersucht, auch unbegründete, kann jede Beziehung zerstören, noch dazu wenn frau gleichzeitig klammert. Auch das weiß ich aus Erfahrung! In allen meinen Beziehungen wurde ich schließlich zum Suppe warm haltenden Weibchen, das auf den heimkommenden Gatten wartet – auch wenn mir das selten jemand glaubt.

Einmal war das Resultat ein Selbstmordversuch in einem New Yorker Hotel – weil der Typ mich wieder mal warten ließ!

Totale immerwährende Hingabe wäre der Kitt für eine Beziehung, dachte ich. Die Augen gingen mir auf durch ein Zitat, das ich nie vergessen werde – von Wilfried Wieck, wenn ich mich recht erinnere in seinem Buch »Männer lassen lieben«:

»Ich möchte mich nach dir sehnen können, aber du bist immer schon da.«

Freundinnen, macht diesen Fehler nicht – seid nicht immer schon da.

Er möchte sich nach euch sehnen können.

B. R. und Maria Schell bei Dreharbeiten zum Film »Die letzte Brücke«, 1954. B.R. in der Rolle einer Partisanin, Maria Schell spielt eine deutsche Ärztin.

Der Einlauf – eine Wohltat für Körper, Seele und Geist

»Sucht einen großen Rankkürbis mit einer Ranke von der Länge eines Mannes; nehmt sein Mark aus und füllt ihn mit Wasser des Flusses, das die Sonne erwärmte. Hängt ihn an den Ast eines Baumes und kniet auf dem Boden vor dem Engel des Wassers und führt das Ende der Ranke in euer Hinterteil ein, damit das Wasser durch alle eure Eingeweide fließen kann. Ruht euch hinterher kniend auf dem Boden vor dem Engel des Wassers aus und betet zum lebendigen Gott, dass er eure alten Sünden vergibt, und betet zum Engel des Wassers, dass er euren Körper von jeder Unreinheit und Krankheit befreit. Lasst das Wasser aus eurem Körper fließen, damit es aus dem Inneren alle unreinen und stinkenden Stoffe des Satans wegspült. Und ihr werdet mit euren Augen sehen und mit eurer Nase all die Abscheulichkeiten und Unreinheiten riechen, die den Tempel eures Körpers beschmutzten, und sogar all die Sünden, die in eurem Körper wohnen und euch mit allen möglichen Leiden foltern. Wahrlich, ich sage euch, die Taufe mit Wasser befreit euch von alldem. Erneuert eure Taufe mit Wasser an jedem Fasttag, bis zu dem Tag, an dem ihr seht, dass das Wasser, das aus euch hinausfließt, so rein ist wie das Sprudelwasser des Flusses.«

Mit diesen poetischen Worten wird im »Friedensevangelium der Essener« etwas so Prosaisches wie der Einlauf beschrieben.

Ach ja, sag mir, wo die Flüsse sind …, das waren noch Zeiten, in denen man Flusswasser für einen Einlauf benutzen konnte! Aber Sch(m)erz beiseite: Einen Kürbis mit einer Ranke von der Länge eines Mannes wird man nur schwer auftreiben können. Ein entsprechendes Gerät aus der Apotheke tut's aber auch. Nicht nur in Fastenzeiten ist der Einlauf unentbehrlich, sondern auch wenn eine »Erkältung« droht.

Schier unglaublich, wie viel Kotreste sich sogar nach einer Woche Fasten durch den Einlauf noch lösen. Fastenärzte bestätigen, dass solch »Satanszeug« noch nach 28-tägigem Fasten abgehen kann. Ist der Darm aber weniger verschmutzt, ist die Säuberung im Allgemeinen nach sieben Tagen abgeschlossen und das wieder herausfließende Wasser so gut wie klar.

Entweder nehmen Sie abgekochtes und danach auf Handwärme abgekühltes Leitungswasser – manche fügen einen Teelöffel Salz und einen Teelöffel Speisesoda hinzu – oder, noch besser, aufgebrühten, abgeseihten und auf Handwärme abgekühlten Kamillentee.

Auf die rechte Seite legen (am besten im Badezimmer auf den Fußboden) und das eventuell mit etwas Vaseline eingefettete Einlaufrohr in das »Hinterteil« einführen. Im Allgemeinen nimmt der Darm etwa einen Liter auf, sollte es zu viel sein, den Hahn rechtzeitig schließen.

Nun kann man entweder zwei bis drei Minuten liegen bleiben, so lange wie möglich, oder sich auf allen vieren auf den Boden hocken oder sogar auf die linke Seite legen. Probieren Sie aus, wie es am besten geht.

(Wenn jetzt das Telefon klingelt, nicht hingehen!)

Sie können den Einlauf nach Belieben bis zu dreimal hintereinander wiederholen. Bei akuten Krankheiten verordnen manche Ärzte bis zu vier Einläufen täglich, und das über vier bis sechs Tage hinweg. Ganz wichtig ist es, mit den Einläufen schon zu beginnen, wenn die ersten Krankheitserscheinungen auftreten. So werden am besten Gifte und Krankheitserreger aus dem Darm herausgespült. Ein ungeahntes Wohlbefinden ist die Folge.

Nach der Entleerung sollte man 20 Minuten ruhen und danach eine Tasse warmen Kräutertee trinken.

Entschleunigen heißt die neue Zauberformel

Alles muss immer schneller gehen, noch billiger werden, noch mehr Spaß machen. Vielen geht dieser Trend schon lange auf die Nerven. Small is beautiful, heißt es jetzt, Slow Food statt Fast Food. Langsam essen und genießen. Geiz ist geil? Schnee von gestern! Klasse statt Masse klingt doch viel besser!

Die Hollywood-Promis, hört man, allen voran Madonna, leben neuerdings nach der Devise LOHAS – Lifestyle of Health and Sustainability, was so viel heißt wie »Lebensstil Gesundheit und Nachhaltigkeit«.

Diesem neuen Konsumententyp, der auch »Kulturell-Kreativ« oder »Kultur-Kreativ« genannt wird, sollen bereits 30 Prozent der Verbraucher in den USA entsprechen. Madonna pflegt ihre Schönheit angeblich sogar mit einer bekannten deutschen Naturkosmetik. Was sie aber nicht daran hindert, in einer Frauenzeitschrift für Botox Reklame zu machen. Und das ist ja nun bekanntlich ein Nervengift. Madonna wird zudem von Tierschützern als Trägerin von Tierpelzen geächtet. Alles nicht ganz logisch. Was ist wohl an Botox nachhaltig?

Ach ja, es war einmal – da ließen sich berühmte Models nackt fotografieren: »Lieber nackt als Pelz.« Lang, lang ist's her ...

Also jetzt ist LOHAS »in«. Hoffentlich auch Schluss mit der ewigen Beschleunigungssucht. Denn: Ent-schleunigen lautet die Zauberformel.

Was das Essen betrifft: Wenige, dafür aber köstliche zarte Speisen in Ruhe und bewusst genießen – das wär's doch!

Und zum Tempo: Wir Grünen wünschen uns sowieso schon aus Klimaschutzgründen Tempo 120 auf Autobahnen. Wer ständig in einem Beschleunigungstaumel lebt, weiß allerdings, wie schwierig es ist, den Fuß vom Gaspedal zu nehmen – auch symbolisch gemeint.

Unsere Haustiere können das fabelhaft. Besonders die Katzen. Eben noch höchste Konzentration beim Fangen von Maus oder Fliege – einen Augenblick später tiefste Entspannung.

Aus »meinem« indischen Ashram habe ich ein Entschleunigungsritual übernommen, das sogar in der Hektik meines Landtagsbüros funktioniert: Sobald sich die geringste Möglichkeit bietet, in der fast

»Einer meiner Brüder und ich beim Ent-schleunigen.«

unvermeidlichen täglichen Hetze innezuhalten, läutet eine der Mitarbeiterinnen oder ich ein Glöckchen – und wir alle erstarren minutenlang, wie bei Dornröschen, in der Haltung, in der wir uns gerade befinden.

Plötzlich fühlt man sein Herz schlagen und die Vögel zwitschern und das Rauschen der Klospülung von nebenan – alles wird bewusst wahrgenommen, ohne zu urteilen, und losgelassen.

Können **Erdstrahlen** krank machen?

Und ob, ebenso wie Mobilfunksendemasten und Handys.
Da können die ewig wissenschaftsgläubigen Materialisten noch so heftig mit dem Kopf schütteln und behaupten, es gäbe keine Beweise. Es ist wie im Mittelalter, nach wie vor: Die Erde ist eine Scheibe, punktum. Sie soll eine Kugel sein? So ein Blödsinn!

Erdstrahlen und Magnetfelder können fast alle Arten von Beschwerden und Erkrankungen auslösen – je nachdem, wo die Schwachstellen in unserer Konstitution liegen.
Hätte vor 100 Jahren ein Normalbürger vorausgesagt, es werde bald Apparate geben mit Knöpfen, auf die man nur zu drücken brauche, um wahlweise einen Mann auf dem Mond landen oder den US-Präsidenten im Weißen Haus eine Rede halten oder Haifische und Schildkröten sich im Indischen Ozean unter Wasser tummeln zu sehen – er wäre für verrückt erklärt oder zumindest ausgelacht worden. So geht es heute noch oft den Pendlern und Wünschelrutengängern. Und doch ist der oben beschriebene Fernseher eine Realität, die sich bei uns in fast jedem Wohnzimmer findet …
Es gibt wohl vieles, was wir als nicht existent ableugnen, nur weil wir es – vielleicht nur mangels erforderlicher Apparate und Knöpfe – (noch) nicht sichtbar machen können. Mir fällt dabei eine Strophe aus dem Lied »Der Mond ist aufgegangen« ein, so einfach, so schön, so wahr:

»Siehst du den Mond dort stehen,
er ist nur halb zu sehen,
und ist doch rund und schön …
So sind gar manche Sachen,
die wir getrost belachen,
weil unsre Augen sie nicht sehen …«

Nach Tschernobyl haben wohl auch diejenigen, die es bis dato nicht glauben wollten, einsehen müssen, dass es Dinge gibt, die existieren, obwohl sie nicht zu sehen, zu riechen, zu spüren sind, dass Radioaktivität mit ihren Strahlen Krankheit und Tod bringen kann. Auch Erdstrahlen können das.

»Mein neu gebautes Haus hat meine Frau umgebracht«, erzählte mir ein Bekannter. »Vorher kerngesund, bekam sie Leberkrebs. Leider erst viel später habe ich das Haus von einem Radiästheten untersuchen lassen – ihr Bett lag genau über einer geopathischen Zone.«

Vor Jahren noch als Spinner verlacht, werden Pendler und Rutengeher heute zunehmend auch von seriösen Ärzten zurate gezogen, um Schlaf- und Arbeitsplätze von Patienten zu untersuchen, ja oft pendeln und rutengehen die Ärzte sogar selbst, wenn auch meist heimlich. Pendeln und Rutengehen werden langsam salonfähig.

Eine der bekanntesten österreichischen Rutengängerinnen, Käthe Bachler, hat Hunderte von Schulbänken bzw. die Plätze, auf denen sie stehen, untersucht und Kinder durch simples Umsetzen auf einen anderen, strahlenfreien Sitzplatz von schweren Störungen und Krankheiten befreien können.

Ich habe Frau Bachler zu einigen ihrer Patienten begleiten dürfen, und sie hat mich dabei in die Geheimnisse von Pendel und Rute eingeweiht. Dabei stellte ich fest, dass Rutengehen und Pendeln alles andere als eine Geheimwissenschaft ist, von jedem sensiblen Menschen durchzuführen. Wenn man begriffen hat – was ja auch die moderne Physik bestätigt –, dass alles, auch alle Materie, aus Schwingungen besteht, ist leicht zu verstehen: Es bedarf nur der entsprechenden Apparate, um diese Schwingungen sichtbar zu machen. Solche Apparate sind eben auch Pendel und Rute.

Viele Krankheiten entstehen allein durch Erdstrahlen.

Die Beschwerden äußern sich in nervösem Kribbeln, Schlaflosigkeit, Nachtschweiß, Müdigkeit und Abgeschlagenheit am Morgen, Appetitlosigkeit, Erbrechen, Lebensunlust, Nervosität, Krämpfen und Herzklopfen, in schlimmen Fällen bis hin zu Lähmungen und schweren Depressionen.

Manchmal genügt eine Verschiebung des Bettes oder Arbeitsplatzes um nur einige Zentimeter, und es ist eine sofortige Befreiung von den störenden Symptomen zu bemerken.

Manche Radiästheten halten von handelsüblichen Entstörungsgeräten gar nichts, lassen nur eine Umstellung von Bett und Arbeitsplatz auf eine störungsfreie Zone gelten. Und das ist natürlich auch das Einfachste und Einleuchtendste, vorausgesetzt, man hat die Möglichkeit und den Platz, auszuweichen. Bereits beim Hausbau müsste ein professioneller Radiästhet zurate gezogen werden, wie das früher gang und gäbe war. In China wurde die Rute zu diesem Zweck schon vor 4000 Jahren benutzt.

An einigen typischen Zeichen kann der aufmerksame Beobachter leicht herausfinden, wo eine geopathische Zone vorliegt und wo ein Platz strahlenfrei ist. Es gibt Pflanzen und auch Tiere, die sich auf geopathischen Zonen wohl fühlen, wie Eiche, Lärche, Weide, Holunder und Mistel, bei den Tieren Katzen, Ameisen, Eulen, Schlangen und Bienen – die meisten fliehen aber davor. Strahlenflüchter sind Hunde, Schafe, Hühner, Schwalben, Störche und Fische. Buche, Linde, Birke, Kiefer, Tanne und Apfelbaum kränkeln auf Störzonen. Da der Baum seinen Platz schlecht verlassen kann, wenn er ihm nicht behagt, versucht er auszuweichen, indem er sich mit Stamm und Zweigen regelrecht wegwindet, man kann das gerade bei Apfelbäumen beobachten. Auch Krebsgeschwülste am Baum lassen darauf schließen, dass er auf einer geopathischen Zone steht. Der Lieblingsplatz Ihrer Katze befindet sich wahrscheinlich auf einer geopathischen Zone. Ihr Hund dagegen wird sein Körbchen meiden, sollte es zufällig auf einem solchen Platz stehen. Vögel bauen ihre Nester nie über geopathischen Zonen. Wo der »Klapperstorch« nistet, freut man sich auf gesunden Nachwuchs. Sind

Haustiere auf geopathischen Plätzen wie z. B. in Ställen angebunden, führt das zu Unfruchtbarkeit, Lähmungen, Fehlgeburten, Seuchen, hohem Futterverbrauch bei geringer Milchleistung, Unruhe im Stall, verminderter Lebensdauer.

Ein bekannter Rutengänger erzählte mir, er habe in Wien die Häuser einer ganzen Straßenseite untersucht, wo eine Frau nach der anderen eine Fehlgeburt erlitt. Unter all diesen Wohnungen flossen regelrechte Bäche.

In meiner Umgebung habe ich folgende Fälle von Krankheiten durch geopathische Zonen erlebt: Ein künstlerisch tätiger Mensch verfiel in schwere Depressionen und landete in der Psychiatrie. Der Psychiater ließ einen Rutengänger Schlaf- und Arbeitsplatz des Patienten untersuchen – beide lagen über Kreuzungen. Schlaf- und Arbeitsplatz wurden auf eine störfreie Zone verlegt – der Mann war geheilt.

Eine junge Bäuerin im Nachbardorf, Mitte 20, litt an schwersten Depressionen und musste sich in psychiatrische Behandlung begeben. Nichts half. Die Mutter war einige Jahre vorher, nur Mitte 40, einem Herzleiden erlegen. Die bis dahin gesunde Tochter schlief seit dem Tod der Mutter in deren Bett. Ich empfahl ihr, einen Rutengänger zurate zu ziehen – er stellte fest, das Bett, in dem zuerst die Mutter, später die Tochter erkrankt war, stand über einer Kreuzung. Das Bett wurde umgestellt, das Mädchen war praktisch sofort wieder gesund und lebenslustig wie früher.

Ein anderer Rutengänger erzählte mir, in einem von ihm untersuchten Haus war die ganze Familie krank, mit Ausnahme der alten Eltern. Alle Betten standen auf Störzonen – die alten Leute aber schliefen im Gegensatz zur übrigen Familie auf Strohsäcken. Stroh, genau wie Schaffelle und Kork, soll ungünstige Strahlen neutralisieren.

Ein besonders tragischer Fall ereignete sich in der Familie eines bekannten österreichischen Zahnarztes. Schulmediziner durch und durch, allem »Spinnerten« wie Ganzheitsmedizin, Vollwerternährung oder gar so etwas Obskurem wie Erdstrahlen oder Rutengehen abhold, musste er erleben, wie eines seiner Kinder im Alter von sechs Jahren an Leukämie erkrankte. Es wurde festgestellt, dass das Kind auf einer Störzone schlief. Es hatte schon immer so merkwürdig in seinem Gitterbettchen gelegen, völlig zusammengekrümmt in einer Ecke – »wir haben noch darüber gelacht und die Kleine fotografiert«, berichtete der Vater.

Nach langjährigem Martyrium schulmedizinischer Behandlung starb das Kind.

Inzwischen ist der Zahnarzt von den Einflüssen der Störfelder überzeugt, hat eine große Kampagne zum Erkennen und Heilen des Krebses bei Kindern ins Leben gerufen, wobei auch die Rute zum Testen von Schlaf- und Arbeitsplatz eine Rolle spielt.

Wer es immer noch nicht glauben will – auch an den Universitäten Graz, Hannover und Heidelberg wurden Platzwahlversuche mit Mäusen, Ratten, Kaninchen, Meerschweinchen und Hühnern angestellt, die alle bestätigten, dass diese Tiere geopathische Zonen verließen, wenn sie konnten.

Offenbar werden aus (unerklärlichen?) Gründen ganze Landstriche von Depressionen heimgesucht. So soll sich eine Art »Selbstmordgürtel« von München über Österreich nach Ungarn ziehen.

Es wäre eine Studie wert, ob parallel zu diesem Selbstmordgürtel vielleicht ein Netz von Störfeldern verläuft …

(Literaturempfehlungen und Adressen für Infomaterial im Anhang)

Erkältungen müssen nicht sein

Das ist der Titel eines Buches von Dr. Max Otto Bruker.

Doch auch mich erwischt sie gelegentlich noch, die sogenannte Erkältung, die natürlich gar nichts mit Kälte zu tun hat.

Immer liegt ihr ein Fehlverhalten zugrunde, vor allem ein überzogenes Leistungskonto: zu wenig Schlaf, psychische Überanstrengung, überheizte Räume, Ernährungsfehler. Wie wäre es sonst zu erklären, dass der eine die Erkältung bekommt, der andere, der denselben »Bedingungen« ausgesetzt war, aber nicht? Man sagt, »der Tod sitzt im Darm« – auch die Erkältung sitzt da!

Dr. Bruker: »Die sogenannten Erkältungen sind Infekte infolge mangelnder Abwehrkräfte.«

Die Abwehrkräfte gilt es also zu stärken.

Wir alle kennen die ersten Symptome: ausgetrocknete Nasenschleimhäute, dicker Kopf, Schluckbeschwerden, Halsschmerzen, geschwollene Mandeln oder Mandelreste. Wenn möglich, die Ursache abstellen!

Ich nehme zur Stärkung der Abwehrkräfte Echinacea, im Handel auch als Echinacin, Echinatruw oder Pascotox erhältlich (vorbeugend dreimal täglich 20 Tropfen in einer Flüssigkeit einnehmen). Wenn es bereits brennt, zur Stoßbehandlung einmal 40 Tropfen, anschließend alle ein bis zwei Stunden 20 Tropfen. Manchmal hilft das schon, der beginnenden »Erkältung« den Garaus zu machen. Dasselbe gilt für das Komplexmittel Infludo der Firma Weleda, das u. a. Aconitum, Bryonia, Eucalyptus und Phosphorus in homöopathischen Dosen enthält.

Weitere Maßnahmen:

1. Das Schüßler-Salz Ferrum phosphoricum anfangs einnehmen, später Kalium chloratum.
2. Fasten. Unter Umständen genügt es, das Abendessen ausfallen zu lassen und stattdessen einen Einlauf zu machen. Ein Einlauf mit warmem Kamillentee wirkt nicht nur der Erkältung entgegen, sondern bringt auch eine enorme Erleichterung des Allgemeinbefindens (s. → *Einlauf*).

Und dann sofort ins Bett (eventuell den Einlauf wiederholen).
3. Heiße Getränke trinken: Holundersaft mit Zitrone, einem Teelöffel Honig, einer Prise gemahlener Nelken; oder Lindenblütentee mit Honig.
4. Selbst im Restaurant möglich: geriebenen Meerrettich essen, mit etwas Sahne verrührt. Ein vorzügliches natürliches Antibiotikum.
5. Auch Kresse, Zwiebeln und Knoblauch sind ausgezeichnete Antibiotika.

6. Wiederholte Ganzkörperwaschungen mit einem in kaltes Wasser getauchten Lappen. Vorher muss der Körper gleichmäßig warm sein. Dann unabgetrocknet zurück ins Bett.

7. Ein heißes Fußbad mit einer Handvoll aufgelöstem Salz nehmen.

8. Homöopathische Anwendungen. Vorbeugend Camphora D2 alle drei Stunden. Bei trockener Hitze mit beschleunigtem Puls halbstündlich fünf Tropfen von Aconitum D4. Bei Halsschmerzen Apis D3, auch halbstündlich fünf Tropfen.

9. Ein heißes Vollbad mit anschließendem Nachschwitzen im Bett, in ein Badetuch und eine Decke eingewickelt. Dann lauwarm abwaschen, zurück ins Bett, am besten mit frischer Bettwäsche. Nicht mehr zu warm zudecken, damit man nicht nachschwitzt.

In die Sauna gehe ich nicht mehr, wenn die »Erkältung« bereits im Gange ist, weil sie sich dann erfahrungsgemäß verschlimmert.

Und schlafen, schlafen, schlafen! Durch das stressige extrem ungesunde Abgeordnetenleben leide ich an permanentem Schlafdefizit, im ersten Jahr brachte ich es auf nicht mehr als vier bis fünf Stunden pro Nacht. Von Schönheitsschlaf kann da keine Rede sein. Habe ich aber wirklich mal ein freies Wochenende, kann ich glatt 13 Stunden hintereinander schlafen.

Ideal wäre es, einen ganzen Tag im Bett zu bleiben – und sich der Erkältung und dem Gesundwerden hinzugeben.

Und in Zukunft die Signale des überforderten Körpers besser beachten!

Vorschlag:
Fragen Sie bei homöopathischen Anwendungen wegen der genauen Dosierung Ihren Heilpraktiker oder homöopathischen Arzt.

Ernährung – der Mensch ist, was er isst

»Hier gibt es jede Menge Vitalstoffe zu essen!«

Die meisten Krankheiten sind ernährungsbedingt und folglich durch die Umstellung auf vitalstoffreiche Ernährung zu verhindern oder zu lindern – so der Arzt Dr. med. Max Otto Bruker.
Ernährung und Gesundheit hängen enger zusammen als landläufig bekannt. Ein Auto streikt sofort, wenn es mit falschem Treibstoff »gefüttert« wird. Der menschliche Organismus jedoch hilft sich bei Fehlernährung (leider) viel zu lange über die Runden, versucht immer wieder mit aller Anstrengung den Schaden auszugleichen – und wenn er es dann eines Tages gar nicht mehr schafft, hat der Mensch nach 15 oder 20 Jahren falschen Essverhaltens »plötzlich« Rheuma, »plötzlich« einen Herzinfarkt, »plötzlich« Krebs.
Laut Dr. Max Otto Bruker »erkrankt der Durchschnitt der Bevölkerung schon etwa 25 Jahre vor dem Tod an einem ernährungsbedingten Zivilisationsleiden, das dann später oft zur Todesursache wird«.

Zu den ernährungsbedingten Zivilisationskrankheiten gehören
- Gebissverfall – Zahnkaries und Parodontose,
- Erkrankungen des Bewegungsapparates – rheumatische Erkrankungen, Arthrose und Arthritis, Wirbelsäulen- und Bandscheibenschäden,
- alle Stoffwechselkrankheiten wie Fettsucht, Zuckerkrankheit, Leber-, Gallenblasen-, Bauchspeicheldrüsen- sowie Dünn- und Dickdarmerkrankungen, Verdauungs- und Fermentstörungen,
- Gefäßerkrankungen wie Arteriosklerose, Herzinfarkt, Schlaganfall und Thrombosen,
- mangelnde Infektabwehr – Katharre und Entzündungen der Luftwege, sogenannte Erkältungen, auch Nierenbecken- und Blasenentzündungen,
- manche organischen Erkrankungen des Nervensystems (MS). Auch an der Entstehung von Krebs soll die Fehlernährung in einem gewissen Maße beteiligt sein.

Was wir brauchen, sind Vitalstoffe!
- Vitamine – fett- und wasserlösliche, vor allem des B-Komplexes,
- Mineralstoffe,
- Spurenelemente,
- Enzyme (Fermente),
- Duft- und Aromastoffe,
- ungesättigte Fettsäuren im natürlichen Verbund,
- Faserstoffe.

Leider finden die meisten Menschen erst durch Schicksalsschläge zu einem bewussteren Leben. Die Aufklärung über den Zusammenhang zwischen Ernährung und Gesundheit müsste viel früher beginnen – im Kindergarten, in der Schule, bei den werdenden Vätern und Müttern.
Weil der Mensch ist, was er isst!
Zeigen Sie mir den Einkaufskorb – und ich sage Ihnen, wie die dazugehörige Person aussieht!

Erschöpfung – ausgelaugt, ausgebrannt, fix und fertig?

Da helfen:
Die Bachblüten-Extrakte aus Olivenblüten (s. → *Bachblüten*), → *Meditation* und – eine stärkende Suppe der Hildegard von Bingen.
Die berühmte Äbtissin erreichte ein für damalige Verhältnisse geradezu biblisches Alter, nämlich 81 Jahre! Sie starb 1179 und hinterließ eine Unmenge medizinischer Schriften, die heute noch Gültigkeit haben.
Sie empfiehlt folgenden Krafttrunk:

>»Wer schon so geschwächt ist, dass er kein Brot mehr essen kann, nehme ein gleiches Gewicht Hafer und Gerste, gibt etwas Fenchel dazu, koche alles in Wasser, seihe ab und trinke anstelle des Brotessens, bis es mit ihm wieder aufwärts geht.«

Man braucht natürlich nicht zu warten, bis man derartig geschwächt ist, dass man sich kaum noch auf den Beinen zu halten vermag, sondern kann den Krafttrunk auch vorbeugend trinken.
Eine solche Abkochung ins Badewasser gegossen ist eine wunderbare Hautpflege. Dafür nimmt man Badegerste, es gibt sie entweder im Reformhaus/Bioladen oder in Hildegard-Häusern.

F

Farbe bekennen in der Kleidung

In »meinem« Ashram in Indien, beim täglichen, fünfstündigen Gemüseputzen, drehte sich das Gespräch, wie sollte es anders sein, vor allem um die viel gepriesene Selbstfindung und die Fortschritte, die jeder von uns beim Meditieren machte. Eines Tages jedoch schnitt ich das Thema Schönheit an.

Wie kommt es, wunderte ich mich, dass alle Frauen hier so schön sind? Nicht nur die Inderinnen mit ihrer Samthaut, ihren farbenprächtigen Saris, ihren silber- oder goldreifgeschmückten Armen und Füßen, nein, auch die meist blassen, freudlos wirkenden Europäerinnen machten eine wundersame Metamorphose durch, je länger sie vom Zauber dieses Paradieses gefangen genommen wurden.

»Du hast dich auch schon verändert, seit du hier bist«, behauptete Ursula, die Physikerin. »Je mehr du zu deinem Selbst findest, desto glücklicher wirst du – schließlich hörst du ganz auf zu suchen, ruhst total in dir selbst, brauchst keine Ergänzung von außen mehr. Um diesen Zustand zu erreichen, muss man meditieren – aber auch den Körper, den Tempel der Seele, pflegen und schmücken. Du hast da ein bissl ein Nachholbedürfnis, ich weiß. Tu dir mal was Gutes! Geh in den Schönheitssalon, lass dir eine Schönheitsbehandlung machen. Da gibt es eine tolle Amerikanerin, die stellt dir die Farben zusammen, die für deinen Typ richtig sind.«

Gehört, getan. Schnurstracks meldete ich mich an und ließ mir alles angedeihen, was es Gutes gab. Fühlte mich geliebt und schön.

Als ein Mensch, der sein Leben lang Komplexe gehabt und sich immer hässlich fand – was mir zwar selten jemand abnimmt, es ist aber so –, traue ich mich in westliche Etablissements dieser Art nur nach Überwindung hinein. Die elfenhaft erscheinenden Wesen, die dort wirken, signalisieren mir schon durch ihr Aussehen, dass bei mir Hopfen und Malz verloren ist.

Im Ashram-Salon dagegen fühlte ich mich behandelt, als sei ich eine Göttin, als sei noch alles möglich. Die Amerikanerin Lilian war mir schon aufgefallen ihres besonders aparten, sensiblen Aussehens wegen. Ich musste lachen, sie geriet geradezu in Euphorie, so toll fand sie mich. Meine grauen Haare, meine tiefgründigen Augen – »Was, der große Mund ist doch schön! Du musst betonen, was du hast. Du brauchst klare, kühle Farben, starke Kontraste, aber keine scharfen Ecken oder geometrische Muster – huh, wie grässlich!« Damit legte sie, das Gesicht zu einer schmerzhaften Grimasse verzogen, ein Farbmuster beiseite, das ihr nun überhaupt nicht für mich gefiel, mir übrigens auch nicht. Ungefähr 100 Stoffstücke hielt sie an mein Gesicht, rote, blaue, grüne, die ganze Farbskala. Die Hälfte wurde verworfen, die andere Hälfte für gut befunden. Das Erstaunliche war, alle für mich ausgesuchten Farben harmonierten auch untereinander, ob Rot oder Grün oder Violett, ich konnte sie mir gut in meinem Kleiderschrank vorstellen.

»Gib alles weg, was nicht in diese Skala passt. Du hast die Sachen sowieso lange nicht getragen, hab ich recht?«, fragte Lilian.

Sie hatte recht. Wenn ich schon mal losziehe, um mir etwas Neues zum Anziehen zu kaufen, habe ich zwar meistens eine genaue Vorstellung von Farbe und Form; die Verkäuferin redet mir aber so lange ein, die gewünschte Farbe sei gerade nicht »in« oder gerade »out«, dass ich schon ihr zuliebe abziehe mit etwas, das ich ungern oder nie trage. Mit Lilians Farbenkarte jedoch – sie hat mir von jedem ausgesuchten Stoff ein kleines Muster in eine Karte geklebt – marschiere ich ab jetzt zielstrebig ins Geschäft, weise sie vor, sage: Nur diese Farben, nichts anderes kommt in Frage – und gehe wieder raus, wenn ich das nicht kriege.

Einfach – und auf die Dauer billiger. Ich kaufe nichts Falsches mehr.

»Raffiniert, sophisticated und elegant« will Lilian mich sehen – wenn Schmuck, dann ein einzelnes Stück, möglichst oval, Gürtel z. B. mit ovaler Schnalle, gute Stoffe, einfache Schnitte – »Und vergiss nie«, hat sie dazugeschrieben: »The wardrobe is a facility, a vehicle for your own silent communication.« Was ich in etwa so interpretierte: Die Garderobe ist ein Transportmittel – für meine eigene Ausstrahlung.

Die Farbenberaterin, in Amerika schon gang und gäbe, findet auch in unseren Städten immer mehr Anklang. Es gibt Stylistinnen, die ins Haus kommen, um gerade berufstätigen Frauen mit wenig Zeit die Garderobe zusammenzustellen. Die Stylistin schaut sich den Kleiderschrank an, sortiert aus, zieht dann durch die Geschäfte, die sie natürlich in- und auswendig kennt, und kehrt am nächsten Tag mit den Stücken zurück, die sie als Ergänzung für geeignet hält, sodass frau in Ruhe aussuchen und verwerfen kann.

Keine schlechte Idee, wenn ich daran denke, wie viel Rennerei und Nervenkraft und Zeit gerade die Berufstätige sparen kann – abgesehen von den Komplexen, die man unweigerlich kriegt, sieht man sich im Laden neben der todschicken Verkäuferin stehen.

Sie wissen dann endlich auch, ob Sie ein Frühlings-, Sommer-, Herbst- oder Wintertyp sind, können nach den Gesetzen des Goldenen Schnittes sogar ausrechnen, wie weit Sie von den Idealmaßen abweichen, die der Grieche Pythagoras als ideale Proportionen des »schönen Menschen« aufgestellt hat:

»Der kleine Teil muss in demselben Verhältnis zum großen Teil stehen wie der große zum Ganzen.«

Bitte nun aber keine neuen Komplexe kriegen, wenn das bei Ihnen nicht der Fall ist. Ich rechne lieber erst gar nicht nach …

Fasten – aber richtig

»Beten bringt die Menschen den halben Weg zu Gott voran.
Das Fasten aber führt sie bis an die Pforten des Himmels.«

(Mohammed)

Fasten wird von vielen Menschen mit Hungern verwechselt. Der Unterschied aber ist gewaltig. Wenn ich faste, enthalte ich mich freiwillig der Nahrung, um Körper und Geist zu reinigen, zu entrümpeln. Fasten ist eine geistige Leistung – sie war und ist in allen Hochkulturen selbstverständlich. Unter Heilfasten versteht man das strikte Weglassen fester Nahrung.

Zunächst zum medizinischen Teil des Fastens: Der Körper wird gezwungen, die bisher durch die Nahrung zugeführten Energien aus sich selbst zu beziehen, seine Depots anzuzapfen. Dadurch werden verschiedene Prozesse in Gang gebracht: Muskelverhärtungen und Blockaden von Körperenergie aufgelöst, über Monate oder gar Jahre abgelagerter Ballast abtransportiert. Das Großreinemachen ist so enorm, dass alte, nicht ausgeheilte Krankheiten wieder aufflammen können, um dann endgültig zu verschwinden. Genauso wichtig ist jedoch der seelische und geistige Aspekt des Fastens. Da mit dem Fasten oft oder meistens eine physische Schwächung einhergeht, wird der Geist meditativer, reger. Ich versuche deshalb, meine Fastentage in eine Zeit zu legen, in der ich möglichst wenige weltliche Verpflichtungen habe. Allerdings sind die Fastenerfahrungen sehr unterschiedlich – bei manchen Menschen nimmt die Spannkraft und Lebensenergie sogar zu. Längeres Fasten sollte jedoch unbedingt unter Aufsicht eines Arztes durchgeführt werden. Menschen, die von Fastenzeiten bis zu 40 Tagen berichten, schildern ungeahnte Euphorie- und Glückszustände – so weit habe ich es nicht annähernd gebracht, meine Fastenerfahrung begrenzt sich auf je eine Woche im Frühling und eine Woche im Herbst. Lasse ich diesen Hausputz für Körper und Seele einmal aus, weil ich meine, keine Zeit zu haben, ist besonders im Winter meine Abwehrkraft geringer und ich »erkälte« mich leichter.

Denn, ich kann es nicht oft genug betonen, der Tod sitzt im Darm – also gehört der Darm gelegentlich gründlich ausgeputzt. Ein Spezialist in Sachen Heilfasten, Dr. Otto Buchinger, schreibt in seinem Heilfasten-Buch, das sich jeder, der richtig fasten will, unbedingt zulegen sollte (s. Anhang):

»Wenn man bei einem gesunden Menschen mit dessen Zustimmung und bei ausreichender Pflege aufhört, ihm weitere Nahrung zu geben, so werden beträchtliche Energiemengen ›arbeitslos‹, die vorher in der Verdauung und in der Assimilation gebunden waren. Sie stehen zur Verfügung. Der Abbau und die Umsetzung überflüssigen Körpermaterials stellen aber ganz offenbar eine geringere Arbeit dar als die Verarbeitung der von außen kommenden Stoffe. Denn wir beobachten nicht selten unter dem Fasten ein Wachsen der Leistungsfähigkeit des Muskel- und Nervenapparates, welches ganz überraschend wirkt. Und wir können uns dieses Plus an Kräften nur aus dem Vorhandensein vorher gebundener und nunmehr freier Energien erklären.«

Was wieder einmal besagt, dass wir durch unser überreichliches Essen den Körper ungeheuer belasten – wie ein Sprichwort sagt: »Der Mensch lebt nur von einem Drittel dessen, was er isst – von den beiden anderen Dritteln leben die Ärzte.«

Ich habe alle möglichen Fastenarten probiert: nur Wasser getrunken – am dritten Tag wurde ich ohnmächtig; die Mayr-Kur mit alten Semmeln und Milch oder ich habe nur Gemüsebrühe getrunken oder nur Obstsäfte. Am besten geht es mir bei Gemüsebrühe und Kräutertee, alles schluckweise über den Tag verteilt, nach Appetit getrunken. Dennoch fühle ich mich auch bei dieser Fastenart schlapp und habe das Bedürfnis, mich zwischendurch hinzulegen.

Ein Hinweis auf einige unangenehme Begleiterscheinungen beim Fasten: Durch die gründliche Reinigung können sich Hautbeschaffenheit, Stuhl und Urin verändern, es kann Mund- und Schweißgeruch auftreten. Die Zunge kann morgens millimeterdick weißlich belegt sein. Eventuell die Zunge mit einer Extra-Zahnbürste abbürsten oder mit einem Yoga-Zungenreiniger, den Sie in einschlägigen Geschäften bekommen, abschaben. Ist die Zunge eines Morgens wieder appetitlich rosa – im Allgemeinen nach sieben, in anderen Fällen aber auch nach 12 oder mehr Tagen –, können Sie mit dem Fasten aufhören. Das Fastenbrechen geschieht bei mir mit Frischkost total – die sich möglichst über eine Woche hinzieht. Andere schwören auf gedünstetes Gemüse, Kartoffeln und Getreide. Am besten ausprobieren. Und – auch beim Fasten gilt: nichts mit Gewalt, nicht übertreiben.

Haben Sie übrigens gewusst, dass man eine Fastenkur möglichst bei abnehmendem Mond durchführen sollte?

Gary Cooper gratuliert B.R. zur Verleihung des Bundesfilmpreises 1952. Rechts der Filmproduzent »Atze« Brauner.

Fastenwanderung mit »meinem« Heilpraktiker

Tollkühn, wie ich nun mal bin, stürzte ich mich mit 79 Jahren zum ersten Mal in das Abenteuer einer Fastenwanderung. Im Fasten habe ich jahrelange Erfahrung, aber die Kombination Fasten und Wandern, und dann noch dazu täglich fünf bis sieben Stunden, bei jedem Wetter, wie es im Flyer hieß?
Die einfache Blockhütte hoch oben auf der österreichischen Tauplitz-Alm biete nur Raum für gerade zehn Personen, erfuhr ich, eine von den zehn angemeldeten Teilnehmerinnen habe gerade abgesagt.
Ob ich meine Hunde mitnehmen könne? Das solle die Gruppe entscheiden, meinte »mein« Heilpraktiker Herbert Huber.
Am gleichen Abend Gruppentreffen, denn zwei Tage später sollte es auch schon losgehen.
Meine Hunde brachte ich zu dem Treffen mit. Eine Frau erklärte prompt, sie habe Angst vor Hunden, könne sich aber vorstellen,

dass Osho und Buddhina, die sie freundlich anwedelten, ihr als Aufgabe geschickt worden seien, an ihrer Hundephobie zu arbeiten.
Die Gruppe war einverstanden. Meiner kleinen Familie, bestehend aus Buddhina, Mischlingshündin von der Müllkippe aus dem indischen Poona, dem spanischen Windhund Osho und mir wurde sogar ein »Einzel-Appartement« mit Stockbetten ganz für uns drei allein zugestanden.
Nun gab es kein Zurück mehr.
Tröstlich die Zusicherung von Herbert Huber, die Ungeübteren unter uns würden das Tempo der Wanderung bestimmen – und man könne auch mal einen freien Tag einlegen, um einfach die Seele baumeln zu lassen, was ich dringend nötig hatte.

Obwohl ungeübt im Bergsteigen, konnte ich die Fünf-bis-Sieben-Stunden-Märsche tatsächlich (fast) problemlos bewältigen – an die Grenzen ging es schon, aber das sollte es ja auch …
Es wurde eine fantastische Woche, erst recht für Osho und Buddhina, die ohne Leine laufen durften, jede Strecke mehrfach zurücklegten und schließlich aller Lieblinge geworden waren.
Herberts schöne Tochter Lucia, Diplom-Sozialpädagogin, blonde Haare, schelmische braune Augen, wanderte nicht mit, sondern blieb in der Hütte – sie hatte alle Hände voll zu tun, um die Säfte und Brühen für uns zuzubereiten.
Ein ganzes Auto voll Obst, Gemüse und Kräutern hatte sie herbeigekarrt – denn auf der Alm gab es natürlich keine Geschäfte. Ich hätte es nicht für möglich gehalten, aber wir haben tatsächlich diese riesigen Mengen verputzt.
Die von Herbert und Lucia ausgetüftelte Art des Fastens ist von allen von mir ausprobierten Varianten die einfachste und tatsächlich auch bei Wanderungen von fünf bis sieben Stunden möglich.
Neben all den Säften und Gemüsebrühen war bei kleinen Flauten auch mal ein Teelöffel Honig erlaubt.

Hier sind die Aufzeichnungen von Lucia über den täglichen Verbrauch an Obst und Gemüse für Fastensuppen und Getränke für 10 Personen:

Zum »Frühstück« servierte Lucia einen Trunk aus:
10 Orangen, 10 TL Zuckerrübensirup mit 2 Liter heißem Wasser vermischt;
einen Ingwer-Limonen-Trunk aus:
100 g Ingwer, 10 Limonen, 10 TL Honig mit 2 Liter heißem Wasser vermischt;
und 4 Liter »7x7-Kräutertee«.

Für 20 Liter Fastensuppe
kochte und siebte sie durch:
5 Fenchelknollen, 1/2 Sellerieknolle, 4 Petersilienwurzeln, 1 Stangensellerie, 10 Kartoffeln, 8 Karotten, 1 Rote Beete, 1/2 Kürbis, 1 TL Cayenne-Pfeffer, 1 kleinen Salzstein, 1/2 Zitrone, 1 TL Bertram, 100 g Ingwer, frische Kräuter.

Zusätzlich nahmen wir in Thermoskannen auf die Wanderung mit:
10 Liter Fastensuppe und 7,5 Liter Fastentee.

Beim Heimkommen nach der Wanderung stärkte uns Lucias »Power«-Saft aus:
1/2 Ananas, 1 Papaya, 1/2 Melone, 1 Stück Ingwer, 2 Mangos, 2 Bananen, 8 Orangen, 2 Zitronen (ergibt ca. 2 Liter Saft) und 200 ml Biosaft (Mango) mit 2 Liter Wasser verdünnt.

Abends ging's weiter mit:
4 Litern Apfeltee aus 16 Äpfeln und 200 g Ingwer.

Beim bullernden Kachelofen dann – es war Herbst und nachts schon ganz schön kühl – Gespräche zu Gesundheitsthemen, denn Herbert Huber ist auch Schüßler-Salz-Fachmann und großer Hildegard-von-Bingen-Kenner.
Weiterer Hochgenuss beim Zubettgehen: eine Wärmflasche auf den Bauch für die Leber!
Wir hatten sogar einen an Eugen Drewermann erinnernden katholischen Priester dabei. Er hielt in der Alm-Kapelle zum Abschied

einen Dankgottesdienst, an dem auch Buddhina und Osho ganz selbstverständlich teilnehmen durften. So stelle ich mir Kirche vor.

Eine Episode am Rande
Ein Ehepaar spricht mich an:
Ja so was, die Geierwally! Was machen Sie denn hier?
Ich: Wir machen eine Fastenwanderung!
Der Mann (zeigt auf meinen zugegebenermaßen sehr dünnen Windhund Osho): Das sieht man an Ihrem Hund!

(Adresse von Herbert Huber im Anhang)

Ja sowas, die Geierwally!
B.R. mit Carl Möhner in einer Szene aus dem 1964 gedrehten Film »Die Geierwally«

Macht **Fett** fett?

Seit der Erfindung der Margarine tobt ein Streit zwischen Butter- und Margarineherstellern, was denn nun gesünder sei, die Butter oder die Margarine. Dabei wurde die Butter immer mehr in die Rolle eines Sündenbocks gedrängt, ihr wird vor allem die Schuld am zu hohen Cholesterinspiegel zugeschoben.

Butter essen ist verboten, Fett soll möglichst überhaupt gemieden werden, hört man immer wieder in Diätvorschriften, die den armen Patienten aber unbedenklich weiterhin Auszugsmehlprodukte und Zucker essen lassen. Da staunt dann so mancher, wenn er von Dr. Bruker hört: Sie müssen mehr Fett essen, wenn Sie abnehmen wollen – aber Sie müssen den Zucker und das Auszugsmehl weglassen! Denn Fett macht nicht fett – es muss natürlich das richtige Fett sein. Und das sind die naturbelassenen Fette wie Butter, Sahne und die sogenannten kaltgepressten Pflanzenöle – »sogenannt« deshalb, weil auch beim Kaltpressen eine leichte Erwärmung erfolgt, die aber in keinem Verhältnis zur Schädlichkeit der industriell hergestellten Fette und Öle steht. Diese sollten absolut gemieden werden (s. a. die Stichworte → *Butter oder Margarine – was ist gesünder?*, → *Ist die Cholesterin-Hysterie begründet?* und → *Vegetarische Vollwertkost – was denn sonst!*).

Das berühmte Frischkorngericht

Fitmacher ersten Ranges, ist es ein überaus wichtiger Bestandteil gesunder Ernährung.
Das Frischkorngericht besteht aus Dinkel, Weizen, Roggen, Hafer oder Gerste oder einer Mischung aller dieser Getreidesorten.

Sie brauchen pro Person:
3 EL Getreide Ihrer Wahl
kaltes Leitungswasser
1 Apfel (gerieben oder gewürfelt)
ein paar Spritzer Zitronensaft (nach Geschmack)
1 EL Sahne oder mit Honig gesüßte Schlagsahne
eventuell 1 Spur Naturvanille
Nüsse oder Mandeln
frisches Obst der Saison, ein Stückchen Banane
(im Winter auch mal eingeweichtes Trockenobst)

Und so wird's gemacht:
Abends das Getreide schroten (grob mahlen), mit so viel kaltem Wasser verrühren, dass ein steifer Brei entsteht und nach dem Quellen nichts mehr weggeschüttet werden muss. 5 bis 12 Stunden stehen lassen (außer bei Hafer: Da genügen 30 Minuten, er wird sonst leicht bitter).
Am nächsten Morgen mit den restlichen Zutaten vermischen und mit dem Schlagsahnehäubchen krönen.

Merke: Sahne hat sich besser bewährt als Milch, die in Kombination mit Getreide und Obst zu Unverträglichkeit führen *kann.* (Für Veganer: Soja- oder Reismilch etc.)

Fußreflexzonenmassage
– Zeig her, deine Füße ...

Die Fußreflexzonenmassage beeinflusst die inneren Organe, die alle ihre Entsprechung als Meridianpunkt am Fuß haben. Blut- und Lymphfluss werden angeregt, sogar Diagnosen sind anhand der schmerzenden Punkte über die Fußreflexzonenmassage möglich.
Die Behandlung wird von Krankenkassen nicht bezahlt.
Anhand der Zeichnung können Sie die Fußreflexzonenmassage sehr gut selbst durchführen. Sie wirkt abends wunderbar entspannend.
Da kann durch Druck auf einen Punkt am Fuß eine träge Leber, die für Verstopfung verantwortlich ist, in Schwung gebracht werden – eine Erfahrung, die ich bestätigen kann. Eine Bekannte litt an einer Verstopfung, die bereits über eine Woche andauerte und auch mit Abführpillen nicht mehr zu beheben war. Ich machte der völlig verzweifelten Frau eine Fußreflexzonenmassage, wobei ich besonders die Punkte knetete, die für die Verdauung zuständig sind – nach ein paar Minuten bereits stellte sich die Wirkung ein. Ein überragender Erfolg und kein Einzelfall.
Wenn Sie zu ungeduldig sind, um jedes Mal auf die Tafel zu

schauen, kneten Sie einfach jeden Fuß gründlich durch. Wo es wehtut, liegen Sie richtig – dort besonders lange und gründlich verweilen. Wenn eines Tages kein Punkt am Fuß mehr druckempfindlich ist, sind alle Blockaden behoben und Sie sind wahrscheinlich vollkommen gesund.

Fußsohlenreflexzonen

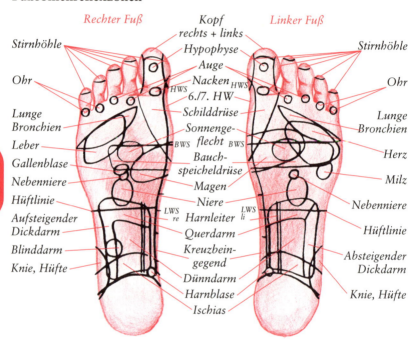

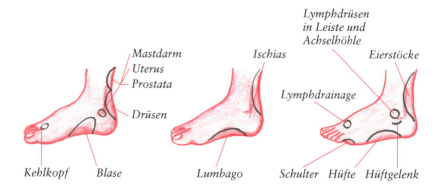

Das lässt die **Gelenke** frohlocken

Mit Galgant, Ingwer, Kurkuma (Gelbwurz) und Brennnessel betreiben wir Phytotherapie in der Küche, die Teufelskralle ist mir als ziemlich bitterer Tee gegen Rheuma vertraut.
Einer Mischung aus allen zusammen wird eine schmerzlindernde Wirkung bei Gelenkbeschwerden bescheinigt – sie soll sogar Gelenkknorpel bildende Fähigkeiten besitzen.
Vorschlag: Galgant-, Ingwer- und Kurkumapulver über den Salat streuen, Brennnessel- und Teufelskralleblätter als Tee trinken.

Die sogenannten **Genussmittel** – machen sie krank?

Seit jeher hat der Mensch versucht, sich das anstrengende und oft schwer zu ertragende Dasein mithilfe berauschender Elixiere erträglicher zu gestalten. Vermutlich kommt es wieder einmal auf die Dosis an, was ab wann schädlich ist und in geringerer Menge vielleicht sogar von Nutzen für die Gesundheit.
Die berühmten Hundertjährigen berichten ja gern vom täglichen Stamperl Schnaps bereits zum Frühstück, loben das Glas Rotwein, das die Seele wärme und besonders im Alter kontaktfreudig machen soll. Dann wieder lesen wir entsetzt, wie viele Gehirnzellen schon beim geringsten Alkoholkonsum absterben, welches Elend

Alkoholiker über ihre Familien bringen können, dass eigentlich schon zwei Halbe (Bier) zu viel sind oder gar ein halber Liter Wein. Und obwohl ein Wilhelm-Busch-Fan, bezweifle ich, dass er recht hat mit seinem Spruch: »Wer Sorgen hat, hat auch Likör.«

Also:
Alkohol – wenn überhaupt – wie viel darf es sein?
Ob »in vino veritas«, im Wein tatsächlich die Wahrheit liegt, der edle Tropfen sogar der Sanitas, der Gesundheit guttut? Abstinenzler sterben angeblich früher als die Weinliebhaber, liest man, kurzfristig beruhigt, egal ob Letztere dem roten oder weißen Rebensaft frönen. Da kann ich ja froh sein, denn ich bin keine Abstinenzlerin. Einige Leser/Innen kreiden mir deshalb auch an, dass in meinen Kochbüchern häufig ein Glas Wein kredenzt wird.
Aber den erlaubt ja sogar die Hildegard von Bingen.
Maßvoller (?!) Weinkonsum soll angeblich dem Herzinfarkt vorbeugen – weil Wein die Durchblutung verbessert –, soll den Cholesterinspiegel senken, die Verdauungsleistung verbessern – da Wein zum Essen genossen die Verdauungssäfte und die Darmtätigkeit anregt –, den Körper entschlacken, sogar die Immunabwehr steigern, geistig aktiv halten – weil Wein die Hirndurchblutung und die Sauerstoffversorgung verbessert –, die Lebenserwartung verlängern, weil durch natürliche Antioxidanzien die Zellalterung verlangsamt und die Krebssterblichkeit herabgesetzt wird, und, und, und – alles sehr fragwürdige Behauptungen.

Was ist »maßvoller« Weinkonsum? Das »Forum für Wein und Gesundheit«: Nicht mehr als (täglich!) ein halber Liter Wein für Männer – Frauen müssen sich mit einem Drittel weniger begnügen. Als Feministin frage ich mich natürlich sofort: Wieso das denn?
Vermutlich auch ein Gerücht. Man denke nur an die Queen Mum, die uralt wurde, allerdings Gin getrunken haben soll.
Also was nun? Eine gute Empfehlung stammt von dem Ernährungs- und Meditationsfachmann Dr. Depaak Chopra: Wein nur zum Essen – und dann auf jedes Glas Wein zwei Gläser Wasser trinken. Genau so machen es im Allgemeinen die Italiener.

Und was den Champagner betrifft: »Bei Siegen hat man ihn verdient, bei Niederlagen braucht man ihn«. Soll Napoleon gesagt haben.

Sie kommen sich näher bei einem »Kleinen Braunen«.
B. R. in einer Szene mit Oskar Werner aus dem 1955 gedrehten Film »Spionage«

Ein anderes Genussmittel ist aus dem Leben vieler Menschen noch weniger wegzudenken:

Der Kaffee
Wie schädlich ist er wirklich? Leider sehr, vor allem in Mengen genossen, ebenso der schwarze Tee. Und Leute mit niedrigem Blutdruck, denen er häufig sogar vom Arzt verordnet wird, sollten ihn überhaupt meiden. Er führt lediglich zu einer scheinbaren Steigerung der Leistungsfähigkeit, im Endeffekt aber zu einer Leistungsminderung. Und gerade wenn man ihn schon »braucht«, wenn man ohne eine oder mehrere Tassen Kaffee morgens gar nicht »auf die Beine kommt«, sollte man schleunigst anfangen, mit dem Kaffeetrinken aufzuhören, obwohl er (kurzfristig) euphorisch macht und die Stimmung hebt.
Bei häufigem und regelmäßigem Trinken von Kaffee und schwarzem Tee überzieht man ständig sein Leistungskonto, was kein

Mensch ungestraft über längere Zeit hinweg tun kann. Es geht ähnlich zu wie beim Bankkonto – irgendwann ist man in den roten Zahlen …

Kaffee und Tee spielen eine wichtige Rolle beim Entstehen sogenannter Spannungskrankheiten wie Migräne, Nervenzusammenbrüchen etc. Interessant, dass bereits Samuel Hahnemann, der Entdecker der Homöopathie, schwarzen Tee und Kaffee auf die Verbotsliste setzte, da beide die Wirkung homöopathischer Arzneimittel stören.

Die schlimmste der Süchte scheint die
Nikotinsucht zu sein.
Und davon loszukommen, wohl auch am schwersten. Das zeigt allein die Debatte um ein Gesetz zum Rauchverbot. Absurd, dass die Regierung vorgibt, an einer Gesundheitsreform zu arbeiten, sich aber gleichzeitig gegen ein von der EU vorgeschlagenes Rauchverbot sträubt, obwohl viele Länder dies schon mit gesundheitlichem Nutzen für die Bevölkerung praktizieren. Eine Handvoll Nikotinsüchtiger im Bundestag entscheidet, dass wir zugequalmt werden!
In Deutschland sterben pro Jahr etwa 300 000 Menschen allein durch Passivrauchen!
Das Argument der Raucher, sie würden durch ein öffentliches Rauchverbot in ihrer Freiheit eingeschränkt, ist nicht akzeptabel. Die Freiheit des Einzelnen hört da auf, wo er die Freiheit eines anderen, in diesem Fall nämlich das Recht auf gesunde Atemluft, einschränkt und ihm Schaden zufügt.
Wehrt euch, Leute! Wir sind das Volk!
Einige mutige Wirte haben auch in Deutschland ihre Gaststätten bereits auf total rauchfrei umgestellt. Nach anfänglichen finanziellen Durststrecken boomt das Geschäft. Ganz neue Gäste werden angezogen, die gern in rauchfreier Luft tafeln möchten – selbst Raucher merken, ohne blauen Dunst schmeckt's besser.
(Adressen und Infomaterial im Anhang)

Während meiner Filmzeit habe ich auch geraucht – angefangen nur, weil ich in einer Rolle rauchen musste und ausgelacht wurde, als ich es nicht konnte, in der Rolle der Partisanin Miliza in dem Film »Die letzte Brücke«. Da stand ich in meiner Partisanenuniform und musste meine zitternde Hand mit der Zigarette auf die Maschinenpistole stützen, weil alle lachten, wie mir der Rauch wie einem Schlachtross aus den Nasenlöchern quoll. Euch werde ich es zeigen, schwor ich mir – und qualmte dann tatsächlich fast 30 Jahre lang.

Ich möchte hier nur einige Praktiken aufzeigen, die alle zum Süchtigwerden Neigenden vorbeugend anwenden können und mir z. B. geholfen haben, das Rauchen endlich aufzugeben.
Wie alles, beginnt auch das Loslassen einer Sucht im Kopf.
Ich fand etwas, was noch mehr Lustgewinn brachte als der Glimmstängel – das Reiten. Ich war aufs Land gezogen, hatte eigene Pferde und es war mir eines Tages einfach zu dumm, mein Leben in Abhängigkeit von etwas so Ekligem wie einer Zigarette zu verbringen und dann, nach Luft japsend, auf dem herrlichen, kraftstrotzenden Pferd zu hängen.
Wer den ernsthaften Wunsch hat, seine krank machenden Laster loszuwerden, könnte ebenfalls herausfinden, was ihm noch mehr Freude bringt als das, was er bereit ist, aufzugeben.
Hilfreich sind auch Selbstakupressur und Yogaübungen – speziell die Übung zur Stärkung der Willenskraft, die bereits Alexander der Große während seiner Feldzüge praktiziert haben soll (s. → *Yoga*).
Anhänger der Edelsteintherapie schwören darauf, dass ein Amethyst (das Wort bedeutet ja auch: A-Methyl = Anti-Alkohol) auf dem Nabel getragen bei Alkoholsucht wahre Wunder bewirkt.
Und sich mit anderen zusammentun, die ebenfalls aufhören wollen!

Gesichtsstraffung ohne Skalpell –
mit Benita Cantieni

Wie viele Frauen habe auch ich immer mal wieder mit einem wenigstens klitzekleinen Abnäher zumindest am Hals geliebäugelt – am Anfang meiner Schauspielkarriere sogar eine Schönheitschirurgin um

Rat gefragt. Die riet mir ab – wofür ich ihr heute noch dankbar bin. Die ganz großen Liftings, die gelegentlich im Fernsehen gezeigt werden, bei denen den Opfern buchstäblich das Fell über die Ohren gezogen wird, haben auch nicht gerade das Bedürfnis gesteigert, mich unters Messer zu legen. Es muss doch scheußlich wehtun! Und wenn es schiefgeht? Wie würde ich nachher aussehen, etwa wie alle anderen? Mit einem Mund wie ein Breitmaulfrosch und diesem ständig verdutzten Augenausdruck? Es schien mir auch ein Frevel, mein gesundes Gesicht so malträtieren zu lassen, nur um ein bisschen jünger zu wirken. Es kann ja nicht der Sinn des Lebens sein, dieses möglichst faltenfrei zu überstehen.

Wahrscheinlich bin ich nicht besonders eitel, aber dennoch sauer, wenn ein sadistischer Kameramann bei einer Fernsehtalkshow jedes winzige Fältchen zu einem tiefen Krater ausleuchtet. Dabei sind es weniger die Falten, die mich stören, als schlaffer werdende Konturen. Von meiner Mutter habe ich ein schwaches Bindegewebe geerbt, das ich durchaus mit Cremes, Gesichtsgymnastik und natürlich auch von innen her mit bindegewebsstärkenden Hirse- und Hafermüslis zu straffen suche.

Dennoch war ich regelrecht elektrisiert, als ich den Buchtitel »Faceforming – das Anti-Falten-Programm für Ihr Gesicht« von Benita Cantieni las. Und bestellte es sofort, zusammen mit der Videokassette.

Obwohl die Autorin rät, die Kapitel unbedingt der Reihe nach zu lesen, stürze ich mich gleich auf das »Ohrmuskelspiel« und bin erst einmal entmutigt. Ich soll mit den Ohren wackeln, sozusagen ohrenwackelnd gegen die Schwerkraft angehen, die bekanntlich alles nach unten ziehen will. Klappt überhaupt nicht. »Legen Sie die Kuppe des Mittelfingers unter den oberen Rand der Ohrmuschel, direkt vor die Mulde beim Knorpel vor dem Ohreingang … hier liegt der vordere Ohrmuskel. Er zieht die Muskulatur der unteren Gesichtshälfte zum Ohr hoch … Fahren Sie mit der Kuppe des Mittelfingers sanft den äußeren Ohrrand nach …«

Oje, das schaffe ich nie, nicht nur zu ungeduldig, sondern überdies mit wenig Sinn für Theorie begabt, visueller Mensch, der ich bin. Aber da ist ja auch noch die Videokassette!

Benita Cantieni, wunderschön anzusehen und damit das beste Beispiel für die Wirksamkeit ihres Programms, erklärt jede Übung, die von einem ebenfalls makellos schönen Model vorgeführt wird.
Kinderleicht jetzt, selbst die Finger an den richtigen Punkten zu platzieren, die entsprechenden Muskeln sanft zu drücken. Man ahnt ja gar nicht, wie viele Muskeln im Gesicht stimuliert werden können und wollen!

Verrückt, aber bereits nach dreimaligem Üben habe ich den Eindruck, meine Augenbrauen sitzen bereits etwas höher als vorher, die Augen sind offener. So ein schneller Erfolg spornt an und nun übe ich fleißig, in der Bahn bei meiner morgendlichen Fahrt in den Landtag, im Auto bei Rot an der Kreuzung – Kopf in die Hände gestützt wie der Denker von Rodin –, mal kommt der Allesstraffer dran, mal der Wangenlifter oder der Mundheber. Und schon wieder habe ich der Schwerkraft ein Schnippchen geschlagen (s. Literatur)!

Zwei weitere Übungen zur Gesichtsstraffung finden Sie unter dem Stichwort → *Schönheit*.

Heute nicht mehr ganz so glatt und straff wie damals.
B. R. 1951 in ihrem 1. Film »Postlagernd Turteltauben«

Auf dem Weg zur königlichen **Haltung** heißt es: Kopf hoch!

Wer wie ich von der Natur nicht mit einem Schwanenhals ausgestattet wurde, muss sich besonders anstrengen, damit im Alter der Kopf nicht halslos in den Schultern versinkt.
Sehr hilfreich dabei folgende Vorstellung, die sich überall zwischendurch praktizieren lässt und die ganze Wirbelsäule streckt:
Meine Füße sind im Boden fest verwurzelt, mein Scheitel hingegen ist wie mit einer Perlenschnur im Firmament verankert.
Die Schultern dabei nach hinten unten drücken, Becken nach vorn.
Gleichzeitig ziehe ich so mit dem Brustmuskel die Brust nach oben und die Bauchdecke nach innen. Dabei natürlich gleichmäßig weiteratmen (Bauchatmung s. die Kapitel → *Yoga* und → *taoistische Übungen*, speziell die Schildkröten-Übung).
Hört sich komplizierter an, als es ist, und wird zur Gewohnheit wie das Zähneputzen.
Bei meinen täglichen Wartezeiten auf Bahnhöfen fällt mir immer wieder auf, wie viele auch erschreckend junge Menschen mit krummem Rücken dastehen, den Kopf fast 90 Grad nach vorn gesenkt – ein Kopf, der vier bis fünf Kilo wiegt und senkrecht auf der Wirbelsäule sitzen sollte! Die ganze Statik gerät durcheinander, die Folge sind Rücken- und Kopfschmerzen und schön sieht es auch nicht gerade aus.

Vielleicht haben Sie mit ein paar Freundinnen Lust, sich gegenseitig im Profil zu fotografieren? Sie werden staunen, wie und wo Ihr Kopf sitzt!

Das muss aber nicht so bleiben.

Die Heilpraktikerin Divo Koeppen-Weber hat die Alta Major-Therapie entwickelt.

In ihren Seminaren, die ich mitgemacht habe, und mit Hilfe ihres Buches »Alta Major Energie – Du bist die Haltung, die Du einnimmst« kann jede/r lernen, sich (wieder) aufzurichten. Es lohnt sich! Manche Teilnehmerinnen konnten den Rückspiegel ihres Autos verstellen, weil sie (wieder) größer geworden waren (s. Anhang).

Hanfanbau – Chance für die Landwirtschaft und Hoffnung für schwerstkranke Patienten

Als Sprecherin für Ernährung, Verbraucher- und Tierschutz von Bündnis 90/Die Grünen habe ich Expertinnen und Experten sowie Interessierte in den Bayerischen Landtag zu einem Fachgespräch über die Marktchancen von Hanf eingeladen.

Auf dem Podium ein österreichischer und ein deutscher Biobauer, ein Vertreter von HempAge AG (Hanfbekleidung für alle), die Inhaberin von Hock GmbH (Thermohanf als Dämmstoff) und ein Arzt (Institut für Klinische Forschung).

Textilien, Seile, Papier – oder hochwertiges Öl für Küche, Kosmetik und Medizin: Die Verwendungsmöglichkeiten von Hanf sind enorm vielfältig. Als nachwachsender Rohstoff könnte die Pflanze für die bayerischen Bauern zunehmend an Bedeutung gewinnen.

Bei den von Biobauern erzeugten, streng kontrollierten Faserhanfprodukten liegt der THC-Wert (der Wirkstoff, der in größeren Mengen zu Rauschzuständen führen kann) unter der gesetzlich vorgegebenen Höchstgrenze.

Aber auch der THC-reiche Hanf findet in der Medizin zunehmend Beachtung.

So berichtete Dr. med. Martin Schnelle über die Möglichkeiten, den THC-reichen Hanf in der Behandlung von schwerkranken Schmerzpatienten einzusetzen und über die »Hanfapotheke« (eine »virtuelle« Apotheke, die nur im Internet existiert, bisher noch illegal und deshalb anonym) solche Patienten kostenfrei mit Hanfmedizin zu versorgen, sofern dies von einem Vertrauensarzt abgesegnet ist.

Ich entschloss mich, Mitglied im »Solidaritätskreis Hanfapotheke« zu werden, um auf diese Weise schwerkranken Patienten zu kostenloser Hanfmedizin zu verhelfen, und werde außerdem einen Antrag auf Lockerung des bestehenden Verbots der Verwendung von THC-reichem Hanf für medizinische Zwecke in den Bayerischen Landtag einbringen. (P.S.: Wurde leider im Plenum abgelehnt)

(Adressen im Anhang)

Meine Hausapotheke

In meiner Hausapotheke sind nur Naturheilmittel vertreten, neben den homöopathischen einige Standardmixturen und Salben, mit denen ich Hundebisse, Bienenstiche, Zerrungen und allerlei sonstige Wehwehchen kurieren kann, und jede Menge Kräutertees. Auf der Fensterbank wuchert wild eine Aloepflanze. Ihre Ableger verschenke ich weiter – ihr Saft stillt fast augenblicklich jede Blutung und gut für's Gesicht ist er außerdem.

Bei allen *Erkältungskrankheiten* nehme ich vorbeugend Echinacea. *Echinacea angustifolia*, die Schmalblättrige Kegelblume, stärkt die körpereigenen Abwehrkräfte, besonders bei Überanstrengung und in Grippezeiten zu empfehlen.

Bei Erkältungen wird mit *Thymianöl* inhaliert, und natürlich sind die verschiedenen *Kneipp-Anwendungen* (s. entsprechendes Kapitel) hilfreich, verbunden mit einem Fastentag plus Einlauf (s. die Kapitel → *Fasten* und → *Einlauf*).

Ansata Niespulver (mit Menthol) reinigt Nase und Nebenhöhlen (wird wie Schnupfpulver in beide Nasenlöcher eingezogen).

Nicht fehlen dürfen in meiner Hausapotheke:
- *Apis mellifica* (Bienengift) – nach Bienen- und Insektenstichen, bei Mandelentzündung und geschwollenen Lidern morgens nach dem Aufwachen.

Dieses Bienengift habe ich in meiner Filmzeit immer dann genommen, wenn ich in irgendeinem ungesunden Beton-Hotel mit verquollenem Gesicht aufwachte und dennoch möglichst schnell möglichst gut aussehen wollte, weil ich vor die Kamera musste,
- *Arnica montana* (Arnika) – nach Quetschungen, Verstauchungen, Muskelschmerzen, bei steifem Hals etc. Die innere Einnahme wird wirkungsvoll unterstützt durch die äußerliche Einreibung mit Arnikatinktur, -öl oder -salbe,
- *Cocculus* (Kockelskörner) – beugen allen Reisekrankheiten vor und werden auch von Katzen und Hunden gut vertragen,
- *Heilerde* – für inneren und äußeren Gebrauch,
- *Lavendelöl* – zum Beruhigen und für besseren Schlaf,
- *Weißdorn* – für mein sensibles Herz.

Eine besondere Rolle spielen die *Salze von Dr. Schüßler* und natürlich die *Bachblüten*. Mit den Notfalltropfen in der Handtasche habe ich nicht nur mir, sondern auch anderen vor allem bei plötzlichen Kreislaufproblemen schon oft helfen können, gerade vor Kurzem einer schwangeren Frau im Zug.

Nach einiger Erfahrung kann man sich – vor allem vorbeugend – sehr gut selbst therapieren. Ist man noch ungeübt im Umgang mit den Heilkräften der Natur, empfiehlt es sich allerdings, die Behandlung mit einem Ganzheitsmediziner oder Heilpraktiker abzusprechen. Denn auch die Heilpflanzen sind nicht so harmlos, wie manche meinen. Und ein Zuviel kann oft mehr schaden, als das Ganze nützt.

Meine Tees
Ich finde die allgemein empfohlenen Dosierungen – 1 Teelöffel pro Tasse – zu hoch und nehme nur so viel, wie ich zwischen Daumen und zwei Fingerspitzen fassen kann.
Meine Faustregel: Mit kochendem Wasser überbrühen, 10 Minuten ziehen lassen, dann abseihen. Täglich 2–3 Tassen trinken, bei einer Kur natürlich mehr.

Birkenblättertee
wassertreibend, entschlackend, gegen Rheuma

Brennnesseltee
entwässernd, blutreinigend, gegen Rheuma

Fencheltee
bei Husten, Magen- und Darmstörungen; wirkt stimmungsausgleichend – super für die Wechseljahre
Die Fenchelsamen im Mörser grob zerstampfen, dann wie üblich verfahren.
Kompressen mit Fencheltee stärken die Augen.

Frauenmanteltee
blutreinigend, kräftigt die weiblichen Organe

Hagebuttentee
gegen Frühjahrsmüdigkeit – Hagebutte enthält besonders viel Vitamin C
Kurz aufkochen.

Holunderblütentee
schweißtreibend, gegen Erkältungen

Kümmeltee
verdauungsfördernd, gegen Blähungen
Kümmelsamen im Mörser grob zerstampfen, dann verfahren wie üblich.

Majorantee
gegen Blähungen

Pfefferminztee
bei Magen- und Darmstörungen, Blähungen; fördert die Gallebildung

Rosmarintee
stärkt Herz und Kreislauf und die Nerven

Salbeitee
verhindert Schwitzen, angezeigt bei Wallungen in den Wechseljahren; magenstärkend, gegen Blähungen. Als Gurgelmittel bei Halsschmerzen; stärkt das Zahnfleisch

Thymiantee
gegen Bronchitis, Husten (mit dem Tee auch gurgeln), gegen Blähungen

Weißdorntee
zur allgemeinen Herzstärkung, besonders bei älteren Menschen; zur besseren Sauerstoffversorgung des Herzens, vorbeugend gegen Arterienverkalkung

Zinnkraut- oder Schachtelhalmtee
kräftigt das Bindegewebe und regt die Harnausscheidung an
Kurz aufkochen.

Zitronenmelissetee
beruhigende und nervenstärkende Wirkung; gemütserheiternd
Übrig gebliebenen Tee schütte ich abends ins Badewasser – wirkt schlaffördernd.

> *Noch ein paar Extra-Tipps:*
> Wenn meine *Nägel brüchig* werden, was bei meinem stressigen Leben leider öfter der Fall ist, nehme ich Silicea (Kieselsäure) ein, die übrigens sehr stark in der Hirse vorkommt.
> Wenn zwar *Hände oder Beine einschlafen*, man selber aber nicht, obwohl man sehnlichst möchte, ist Magnesium phosphoricum angebracht.

Bei *Bettnässen* der Kinder leisten Johanniskrautpräparate, innerlich eingenommen, gute Dienste, ebenso bei *Hemmungen* wie Stottern und allgemeinen Entwicklungsstörungen (Tee oder Tropfen).

Also: Es ist gegen alles ein Kraut gewachsen!

Heilerde – eines der ältesten Naturheilmittel

Die Heilerde begleitet mich seit meiner Kindheit. Ich hatte ein Furunkel am Mund – der Arzt wollte ihm mit dem Messer zu Leibe rücken, meine Mutter strich einen Brei aus Heilerde drauf – und weg war es. Bei Kriegsende wurde meinem Bruder ins Bein geschossen – unsere unerschütterliche Mutter machte ihm einen Umschlag aus Heilerde und die Wunde verheilte ohne Komplikationen. Heilerde ist eines der ältesten Naturmittel, das wir kennen. Ihre Wirkung beruht darauf, dass sie Gift- und Schadstoffe über die Haut- oder Schleimhautoberfläche aus dem Körper abzieht. Sie enthält eine natürliche und daher harmonische Zusammensetzung von Mineralstoffen und Spurenelementen.

Heilerde für die innere Anwendung, in Wasser oder Kräutertee verrührt, hilft bei Magen- und Darmstörungen und Entzündungen im Mund und Rachen (und z. B. auch bei Zahnfleischentzündungen). Äußerlich angewandt wirkt Heilerde gegen sämtliche Schwellungen und Entzündungen, als Sofortmaßnahme bei Insektenstichen und Sonnenbrand, bei Geschwüren, Furunkeln, Nagelbettentzündungen, Hautallergien. Gute Erfolge kann man ebenfalls bei Pickeln, Akne und anderen Hautunreinheiten erzielen, weshalb Heilerde auch zur Schönheitspflege (Gesichtspackungen) verwendet wird.

Genauere Anwendungsweisen dem Beipackzettel entnehmen.

Seit meiner Ernährungsumstellung benötige ich Heilerde nur noch für Gesichtsmasken und für die Behandlung meiner Tiere – einfach unters Futter mischen.

Herz-Kreislauf-Probleme begleiten mich seit meiner Kindheit

Auf dem täglichen Schulweg mit der Bahn aus meinem Heimatdörfchen in der Mark Brandenburg nach Berlin-Lichterfelde kippte ich regelmäßig um, wenn ich länger stehen musste.
Es war mir absolut unvorstellbar, wie mein empfindsames Herz es schaffen sollte, lange durchzuhalten – mehr als höchstens 20 Jahre hätte ich ihm nicht zugetraut. Und länger wollte ich auch gar nicht leben, in einer Welt voller Grausamkeiten, wo Menschen einen anderen ans Kreuz nageln.
Nun, es war offensichtlich anders geplant.

Jedenfalls hatte ich genügend Gelegenheiten auszuprobieren, was hilft, wenn das Herz, dem ja kaum jemals Ruhe gegönnt wird, plötzlich stolpert, rast, aussetzt.

»Schon als Kind und junges Mädchen hatte ich Kreislaufprobleme. In der Bahn kippte ich regelmäßig um, wenn ich länger stehen musste.«
B. R. 1940 als 13-Jährige

Vor allem Stärkung ist angesagt, und da lobe ich den Weißdorn über den grünen Klee. Er ist das Herzmittel schlechthin. Er harmonisiert, wirkt zugleich vorbeugend und regenerierend (s. a. »meine Hausapotheke«).

Hinzu kommen Akupressur, Atmen, Meditation – und natürlich die Galgantwurzel, als gepresste Tablette in der Handtasche immer dabei (s. a. unter dem Stichwort → *Aufregung*).

Nicht zu vergessen die Herz stärkenden Weine der berühmten Klosterfrau Hildegard von Bingen:

Hildegards Wein
1 l Wein
10 Petersilienstängel
2 EL Weinessig
300 g Honig.

Wein, Petersilienstängel und Weinessig 10 Minuten kochen. Den Honig zugeben, 1 Minute kochen und heiß in eine saubere Flasche füllen.
Die Flasche sollte sehr sauber und mit Alkohol ausgespült sein, die Petersilienstängel unbedingt aus biologischem Anbau.

Hildegards Wein zur Kreislaufstärkung
100 g Rosmarin
1 l Weißwein

Den Rosmarin in Weißwein 4 Tage ziehen lassen, dann abseihen.
Morgens ein Stamperl davon trinken.

Der Hexenschuss – das Kreuz mit dem Kreuz

Der berüchtigte Hexen(warn-)schuss ist, nach meiner Erfahrung – genauso wie viele Schmerzen im Nacken, in der Schulter oder im Kreuz – die Folge einer Art Blutvergiftung.

Der Mensch
- hat zu viel Kummer gehabt, ist also sauer, und/oder
- hat zu viel tierisches Eiweiß zu sich genommen und/oder
- hat zu viel Kaffee, Tee, Alkohol getrunken und/oder
- hat sonstige Stoffe konsumiert, die sich als Harnsäurekristalle im Gewebe ablagern.

Kommt dazu eine falsche Bewegung, ist sie nur der Auslöser des Schmerzes, nicht aber seine wahre Ursache. Das weiß ich deshalb so genau, weil ich es am eigenen Leibe immer wieder erlebt habe.
In einem Jahr schwerster Kümmernisse half mir auch kein Frischkornbrei mehr. Ich brachte nicht den Nerv auf, Vergnügen am gesunden Essen zu finden, geschweige denn meine allherbstliche Heilfastenwoche zu absolvieren. Jeder kennt den Zustand mehr oder weniger. Man kann sich vorstellen, was sich im Körper alles tut, wenn der Mensch die Welt nur noch grau in grau sieht. Kaum hob ich etwas Schweres, hatte er mich schon getroffen, der Schuss der Hexe. Aber die Natur ist gnädig und hilft mit, dass mensch irgendwann Vergangenheit Vergangenheit sein lässt und wieder Mut bekommt zur Gegenwart.

Wenn Sie es erst einmal geschafft haben, sich selbst am Schopf aus der Tristesse zu ziehen, legen Sie am besten gleich einen Fastentag ein, an dem Sie nur Gemüse- oder Obstsäfte trinken. Dazu ergänzend einen Kräutertee, der entschlackt, und vielleicht machen Sie auch noch einen Einlauf. Und singen und lachen, auch wenn Ihnen gar nicht danach ist. Am besten laut – wenn Sie das wegen der Nachbarn nicht können, dann eben leise, auch Summen hilft. Kaffee und Alkohol in dieser Zeit möglichst ganz streichen. Dieses ganzheitliche Großreinemachen kann unter Umständen zunächst zu einer neuen Verstimmung führen, denn viele Schlacken müssen ja gelöst und abtransportiert werden. Schwerstarbeit für den Körper – aber auch für Geist und Seele.
Prof. Lothar Wendt, Autor des Buches »Die Eiweißspeicherkrankheiten«, schlägt zur Unterstützung der Entschlackung die Einnahme von Calciumbicarbonat vor und … den guten alten Aderlass, besonders für Frauen in den Wechseljahren, bei denen es leicht zu

einer Verdickung des Blutes kommen kann, da der bisherige monatliche Blutverlust wegfällt.

Außerdem sind immer von wohltuender Wirkung – auch und gerade beim Hexenschuss – Gymnastik, Yoga, Bewegung in frischer Luft, Sauna und Massage.

Und – das Loslassen üben!

Sanft und sicher heilen mit **Homöopathie**

Vor Jahrzehnten hat mir ein junger Arzt gegen irgendwelche Leiden eine ganze Palette von hübschen bunten Pillen verordnet. Ich dachte: So ein toller Arzt! So eine Menge Medikamente!

Leider denken viele so. Je mehr ein Arzt verschreibt, desto angesehener ist er. Schon deshalb, weil man als Patient auf diese Weise ja nichts an seiner Lebenshaltung zu ändern braucht. Die Pillen werden's schon richten, dass die überanstrengte Gallenblase nicht weiter streikt, die erschöpfte Bauchspeicheldrüse in ihrem verzweifelten Kampf mit den Süßigkeiten nicht nachlässt.

Glücklicherweise wenden sich aber inzwischen doch immer mehr Menschen einer sanfteren Medizin zu, die nicht gleich mit der Keule zuschlägt. Besonders die Homöopathie feiert Triumphe.

In vielen Apotheken sieht man die Aufschrift »Allopathie« und »Homöopathie«. Eine erfreuliche Entwicklung.

Was ist der Unterschied zwischen Allopathie und Homöopathie?

In der Allopathie arbeitet man mit »entgegenwirkenden Mitteln« (contraria contrariis curantur), z. B. Antibiotika, Antipyretika (fiebersenkenden Mitteln), Antihypertonika (blutdrucksenkenden Mitteln). Es geht also vordergründig um die Symptombekämpfung. Damit kann man zwar Effekte erzielen, es kommt aber selten zu einer echten Heilung, weil die Ursachen unberücksichtigt bleiben. Und es gibt meist Nebenwirkungen.

In der Homöopathie arbeitet man nach einem ganz anderen Prinzip: »similia similibus curantur« – Ähnliches möge mit Ähnlichem geheilt werden. Daher auch das Wort Homöo-pathie vom griechischen homoios = ähnlich und pathos = das Leiden. Ein kranker Mensch mit all seinen Symptomen wird also durch eine Arznei geheilt, die in sich die Kraft hat, beim gesunden sensiblen Menschen in der Arzneimittelprüfung ähnliche Symptome hervorzurufen, wie sie der kranke Mensch als Ausdruck seiner Krankheit zeigt. Die Arznei wird also keine Symptome wie Schmerz, Fieber usw. unterdrücken, sie kann aber die Regulationskräfte und Selbstheilungskräfte des kranken Menschen spezifisch anregen und dadurch zu einer Heilung führen.

Dieses Prinzip der Homöopathie ist schon in den Schriften von Hippokrates und Paracelsus erwähnt; formuliert und für die Praxis verwertbar gemacht wurde es aber erst durch den deutschen Arzt Dr. Samuel Hahnemann (1755–1844). Er wollte einfach wissen, welche Reaktionen die verschiedenen Heilpflanzen am gesunden Menschen auslösen können, und machte daher, wie viele große Ärzte, Selbstversuche.

Er nahm z. B. einige Quäntchen Chinarinde ein und beobachtete an sich selbst, was sich danach »tat«, führte Protokoll:

Dass er einen heißen Kopf, kalte Füße, Schüttelfrost und Schweißausbrüche bekam. Diese Symptome verschwanden nach einigen Stunden wieder, ließen sich bei erneuter Gabe der Arznei aber wiederholen. Ähnliche Symptome zeigten kranke Menschen, die unter Malaria litten. So lag der Schluss nahe, dass Chinarinde ein Heilmittel für Malaria sein müsste, und dieser Schluss bestätigte sich dann auch in der Erfahrung. Hahnemann und seine Mitarbeiter prüften nach diesem Prinzip pflanzliche, tierische und mineralische Substanzen, und diese Arbeit wird heute noch fortgesetzt. Es gibt ca. 2500 verschiedene »Arzneimittelbilder«, d. h. Beschreibungen der Arzneiwirkung auf den Menschen. Es ist also sehr wahrscheinlich, dass man für den jeweiligen Zustand eines kranken Menschen eine Arznei findet, die ihm helfen kann.

Für Hahnemann galt es noch, das Dosisproblem zu lösen. Die Pflanzentinkturen waren ja teilweise giftig, also konnte man sie in purem Zustand nicht an Gesunden prüfen und schon gar nicht Kranken verordnen.

Hahnemann fand jedoch einen Weg: Ein Tropfen der sogenannten Urtinktur wird mit 99 Teilen Alkohol verdünnt und dann kräftig verschüttelt. Bei festen Substanzen wird Milchzucker statt Alkohol verwendet. Diesen Verdünnungs- und Verschüttelungsvorgang nennt man Potenzieren. Er kann so lange wiederholt werden, bis in den hohen Potenzen rein rechnerisch kein Molekül der Ursubstanz mehr nachweisbar ist. Dennoch ist die Information der Ausgangssubstanz enthalten – und darauf kommt es an.

Die Wirkung von homöopathischen Arzneien hat nichts mit Einbildung zu tun, denn sie ist auch bei kleinen Kindern und Tieren zu finden.

»Eine Medizin, die mengenmäßig einem Tropfen im Bodensee entspricht, was soll die schon bewirken?«, wird oft über die Homöopathie gespöttelt. Ungeahnte Schützenhilfe erhielt diese Heilkunst jedoch gerade in jüngster Zeit durch die moderne Physik. Nach den Erkenntnissen über Elementarteilchen, Strahlungen und elektrische Schwingungen hört sich das Verschüttelungsprinzip gar nicht mehr so verrückt an. Selbst wenn kein einziges Molekül der Ursubstanz mehr im Arzneimittel vorhanden ist, könnte die durch die Verschüttelung übertragene Energie der Ursubstanz wirksam werden. Der Körper erhält sozusagen die »Information« von Arnika, die Information von Schlangengift etc. Und diese Information bewirkt die Heilung.

Wie findet man das passende homöopathische Arzneimittel?
Im Gespräch mit den Homöopathen werden die subjektiven Empfindungen des Patienten erfragt und die objektive Veränderung festgestellt. Dabei ist entscheidend, dass alle Bereiche des Menschen beachtet werden, der Geist, die Seele und der Körper, denn sie sind ja praktisch nicht zu trennen. Psychische Symptome wie Angst, Unruhe sind für die Arzneifindung oft wichtiger als z. B. die Größe eines Magengeschwürs. Auch im Fortschritt der Heilung muss es zuerst zu einer Verbesserung des psychischen Zustandes kommen, die organischen Veränderungen heilen in der Folge. Jede Erkrankung ist eben eine Störung des ganzen Menschen, nicht nur seiner Körperfunktionen, und jede homöopathische Arznei wirkt in diesem Sinne auch auf den ganzen Menschen.

Homöopathische Arzneien sind in flüssiger Form, als Pulver, Tabletten und als winzige Milchzucker-Streukügelchen (Globuli) erhältlich. Diese sind besonders beliebt bei Kindern und Tieren, weil sie süß schmecken.

Als Faustregel für die Einnahme homöopathischer Arzneien gilt: Akute Leiden verlangen niedrige, chronische hohe Potenzen. Wobei es sich von selbst versteht, dass bei chronischen Krankheiten immer ein Arzt zurate gezogen werden sollte. Akute Beschwerden lassen sich nach einiger Erfahrung und Kenntnis der individuellen Körperreaktionen meist gut selbst behandeln.

In akuten Fällen nimmt man im Allgemeinen stündlich bis dreistündlich drei bis fünf Tropfen in einem Teelöffel Wasser oder eine kleine Messerspitze (erbsengroß) des Pulvers oder eine Tablette oder fünf Streukügelchen. Pulver, Tabletten und Streukügelchen lässt man im Mund zergehen. Die Mittel wirken am besten, wenn sie morgens auf nüchternen Magen, vor den Mahlzeiten und abends vor dem Schlafengehen eingenommen werden. Bei chronischen Leiden genügt meistens ein- bis dreimaliges tägliches Einnehmen.

Weitere Regeln für die Anwendung homöopathischer Arzneien:

Wenn ein Mittel bei akuten Fällen nach einigen Stunden noch keine Besserung gebracht hat, ist es das falsche und hilft auch bei längerer Einnahme nicht.

Das richtige Mittel kann zunächst eine Verschlimmerung herbeiführen. In diesem Fall eventuell nach Absprache mit dem Arzt eine höhere Potenz des gleichen Mittels probieren.

Nicht mehrere Mittel gleichzeitig oder im Wechsel nehmen.

Während der Einnahme homöopathischer Mittel Kaffee, schwarzen Tee, Kräutertee mit medizinischer Wirkung wie Kamillentee, Abführ- und Nierentee meiden – zu möglichen Ausnahmen können Sie Ihren Arzt fragen; ebenso chininhaltige Getränke, Kräuterliköre, andere Medikamente, es sei denn, sie sind ausdrücklich und in Kenntnis der Einnahme des homöopathischen Mittels verordnet; ferner Hustensirup und -bonbons, Schlaf- und Beruhigungsmittel, Aufputsch- und Abführmittel (auch pflanzliche); ebenso Salben und Bäder mit starken ätherischen Ölen (Kampfer, Eukalyptus, Menthol usw.).

Ein paar Beispiele zum Einsatz von homöopathischen Arzneimitteln:
• Die Rinde des Seidelbastes ruft bei einem gesunden Menschen Hautausschläge hervor, die der Gürtelrose ähneln. Also findet eine Tinktur von Seidelbast in homöopathischer Potenzierung bei Gürtelrose Verwendung.
• Jemand leidet an Schlaflosigkeit, die der nach dem Genuss von Kaffee ähnelt. Ihm wird Coffea helfen. Gerade bei Schlaflosigkeit gibt es allerfeinste Nuancierungen. Nux vomica, die Brechnuss, wird z. B. demjenigen verordnet, der nach drei Uhr morgens nicht mehr schlafen kann, weil er sich geärgert oder zu viel Wein getrunken hat. Eisenhut dagegen einem Menschen, den der Schlaf als Folge eines heftigen Schrecks flieht, und so fort.
• Cocculus verursacht Müdigkeit, Schwindel, Übelkeit. Es bewährt sich entsprechend dem homöopathischen Prinzip also folgerichtig bei Reisekrankheiten sowie bei Übermüdungserscheinungen nach Nacht- und Schichtarbeit (speziell von Krankenschwestern).
• Natrium muriaticum bringt einen gesunden Menschen zum Grübeln und folglich kommt dieses Mittel zum Einsatz, wenn man sich ständig mit den gleichen unangenehmen Gedanken an die Vergangenheit den Kopf zermartert.
• Bei Herzmuskelschwäche älterer Menschen empfiehlt sich Crataegus (Weißdorn).
• Bei akutem Muskel- oder Gelenkrheumatismus, Ischias etc. Rhus toxicodendron.
• Bei Entzündungen Aconitum, das übrigens auch Pferden hilft, die aufgrund von zu viel Hafer und zu wenig Bewegung zu »Kreuzverschlag« neigen, wie es auf dem Lande heißt.

Wenn ich hier der Homöopathie einen so großen Stellenwert einräume, so nicht etwa, um die Allopathie zu verteufeln, die ja durchaus ihre Berechtigung hat – sondern weil ich meine, dass man zunächst einmal versuchen sollte, die Abwehrkräfte des Körpers zu stärken und mit sanften Mitteln zu heilen, statt gleich mit Kanonen auf Spatzen zu schießen, sprich allopathische Mittel zum Einsatz zu bringen.

Natürlich können auch homöopathische Mittel schaden. Sie sollten deshalb niemals unkontrolliert und unbedacht genommen werden. Auch nicht über zu lange Zeit, schon um eine Abstumpfung auf feine Reize zu vermeiden. Allerdings werden sie nie so gefährliche Nebenwirkungen auslösen, wie dies häufig bei allopathischen Mitteln der Fall ist.

Eine Tatsache, die den berühmten Maler Zille zu folgendem Witz inspiriert hat:
Eine Frau kommt aufgeregt mit ihrer Tochter an der Hand in die Praxis des Doktors gelaufen. Das Kind hat die ganze homöopathische Arznei auf einmal gegessen. »Mit oder ohne Verpackung?«, fragt der Arzt. »Ohne!«, ist die Antwort. Darauf der Arzt: »Na, denn is et ja jut!«

Etwas schwarzer Humor gefällig?

Waidmannsheil!

> Der Waidmann präsentiert einem Gast stolz seine Trophäensammlung.
> Zwischen Geweihen von Hirsch und Rehbock prangt schön gerahmt das Foto einer glücklich lachenden Frau.
> Der Waidmann: Meine Schwiegermutter. Hab ich erschossen.
> Der Gast: Und warum lacht die so?
> Der Waidmann: Sie hat geglaubt, sie wird fotografiert.
>
> Eine Frau kommt von einer Veranstaltung nach Hause und erschießt sofort ihren Mann.
> In was für einer Veranstaltung war sie?
> Unser Dorf muss schöner werden!

Waidmannsdank!

Inkontinenz vorbeugen

Hilfreich sind die Kapitel → *Yoga*, → *Qi Gong* und speziell das Kapitel → *Taoistische Übungen*.

Eine gute Übung ist es, wo immer Sie warten müssen, bei Rot an der Ampel, beim Zahnarzt, in der Straßenbahn: Pobacken und Vagina zusammenkneifen, halten und wieder loslassen. Überall praktizierbar!

J

Jogging oder Walking – das ist hier die Frage

Beides habe ich probiert und beides macht mir keinen Spaß. Jogger wirken auf mich oft verkrampft, angestrengt und freudlos. Beim richtigen Walking schwingt zwar der ganze Mensch, die Schultern, die Hüften und sein Antlitz ziert im Idealfall ein leichtes Lächeln. Im Idealfall.

»Joggen oder Walken ist nichts für mich – ich möchte einfach nur mit meinen Hunden – hier mit Windhund Osho – die Natur genießen dürfen.«

Aber mich nervt das Klicken der Stöcke, das zumindest zum Nordic Walking dazugehört.

Ich möchte endlich mal nichts müssen müssen, einfach nur die Natur und ihre Schönheit fühlen dürfen, gemeinsam mit meinen Hunden.

Also: weder Jogging noch Walking für mich.

Vom Jugendwahn zum Altenwahn?

»Bei einem alten Runzelweib hilft eben auch die beste Kosmetik nichts!«, schrieb triumphierend eine Frau, die sich geärgert hatte, dass ich mich in einer Fernsehsendung als vehemente Atomkraftgegnerin geoutet hatte. Zu diesem Zeitpunkt war ich gerade mal Mitte 30!

Können Sie sich diesen Satz an einen Mann gerichtet vorstellen? Wohl kaum.

Immer noch herrscht das alte Vorurteil, eine Frau müsse ihr Leben lang jung aussehen. Den Mann dagegen machen Falten und graue Schläfen unwiderstehlich.

Im »Spiegel« stieß ich vor Jahrzehnten auf zwei sehr bezeichnende Formulierungen. Einmal war die Rede von der »alternden Brigitte Bardot«, 33 Jahre, ein andermal von dem »jungen Pater Soundso«, 45 Jahre. Der Herr Pater ist mit 45 jung, die Frau Bardot mit 33 eine Alternde!

Oft sind es gerade die Frauen, die boshaft konstatieren, wie alt die oder die doch geworden sei. Bei Schauspielerinnen fällt das Urteil besonders unbarmherzig aus, die haben jung und schön zu bleiben bis in alle Ewigkeit. Und lassen sich deshalb besonders häufig liften – obwohl inzwischen das Gesichtsliften auch bei Männern gang und gäbe ist.

Warum auch nicht! Ich hätte allerdings Angst vor der Prozedur, vor allem vor Narben, die zusätzliche Störfelder bilden. Dazu käme die Sorge, nachher schiefer auszusehen als vorher, was an einigen Gelifteten ja deutlich erkennbar ist, wo plötzlich eine Backe unter dem

Auge sitzt. Und hört man nicht auch den Ausspruch: »Ich habe ein Recht auf meine Falten, habe ich doch ein Leben gebraucht, um sie zu kriegen!«
Ich neige zu der Kategorie, die so denkt. Und wurde bereits misstrauisch, wenn ich, als ich mir noch die Haare dunkelbraun färbte, oft zu hören bekam: »Sie verändern sich ja gar nicht!«
Da konnte doch irgendetwas nicht stimmen mit mir. Und so war es denn auch. Altern und Falten kamen nicht still und heimlich auf leisen Sohlen, sondern schubweise, als ich das Leben mehr an mich heranließ. Und diese Spuren soll ich aus meinem Gesicht löschen?

Nachdem jahrzehntelang der Jugendwahn grassiert hat, scheint jetzt der Altenwahn auszubrechen. Sechzigjährige lassen die Hüllen fallen und sich nackt ablichten, Altersflecken sollen plötzlich schön sein! Kommen bald die Achtzigjährigen dran? Müssen wir um Himmels willen gar noch als Hundertjährige mit klappernden Knochen aufeinander herumturnen als sexy Grufties?

Apropos: Streng genommen haben die sogenannten Altersflecken nichts mit dem Alter zu tun, sondern mit einer überanstrengten Leber, was sich halt im Alter bemerkbar macht.
Etwa zu viel Wein getrunken?
Ich hab auch welche …

Klimaschutz – auch mit Messer und Gabel

So der Titel eines Fachgesprächs, zu dem ich in meiner Eigenschaft als Sprecherin für Ernährung, Verbraucher- und Tierschutz in den Bayerischen Landtag einlud.

Aus dem Einladungsflyer:
Auch bewusste Ernährung trägt zum Klimaschutz bei.
Wer Lebensmittel aus der Region und der Saison bevorzugt, hilft mit, im Bereich der Ernährung Treibhausgase einzusparen.
Werden Lebensmittel per Flugzeug aus Übersee zu uns transportiert, wird das Klima 80-mal stärker belastet als bei Transporten per Schiff, 300-mal stärker als durch Produkte, die in der Region erzeugt werden.
Also: Im Winter keine Erdbeeren aus fernen Ländern essen, sondern auf unsere heimischen Erdbeeren warten – möglichst aus ökologischem Anbau. Die schmecken auch viel besser!
Und: 10 % Bio – das kann jeder!

Für viele VerbraucherInnen neu und erschreckend ist die Erkenntnis, dass die Produktion von 1 Kilo Rindfleisch die Atmosphäre mit 6 1/2 Kilo CO_2 belastet. Bei der gleichen Menge Obst sind es hingegen nur 500 Gramm, bei Gemüse sogar nur 150 Gramm.
Hinzu kommt: 7–10 Kilo pflanzliches Eiweiß werden durchschnittlich als Futtermittel benötigt, damit 1 Kilo tierisches Eiweiß entstehen kann.

Der geschäftsführende Direktor des Max-Planck-Instituts für terrestrische Mikrobiologie, der Marburger Forscher Ralf Conrad, setzt noch eins drauf (in der *Hessenschau* vom 26. Februar 2007). Nach seiner Ansicht könnte der Klimawandel auch gebremst werden, wenn die Menschheit sich anders ernähren würde. »Kurz gesagt könnte die Parole lauten: Keine Rinder mehr essen, auf Milchprodukte verzichten.«
(Quelle: Dr. Karl von Koerber, Ernährungswissenschaftler und Mitautor des Standardwerks »Vollwert-Ernährung – Konzeption einer zeitgemäßen und nachhaltigen Ernährung«, s. Anhang).

Noch drastischer formuliert es der Professor für Soziologie an der Universität Graz, Manfred Prisching, in *Kleine Zeitung Graz*, 13. März 2007:
»… um es klar zu sagen: Wer sich zum Zigarettenholen um die nächste Straßenecke ins Auto setzt, ist ein Verbrecher. Wer im Jänner Weintrauben kauft, ist ein Verbrecher. Wer die Raumtemperatur durch das offene Fenster reguliert, ist ein Verbrecher, wer sein Wohnzimmermobiliar alle fünf Jahre wechselt und wer täglich Fleisch frisst, ist ein Verbrecher. Das ist seit Jahrzehnten klar.«

Warum nicht mal einfach reisen?
Vermutlich wird auch wegen des Klimaproblems wieder vermehrt Urlaub in Deutschland gemacht, viele, vor allem kinderreiche Familien werden auch begrüßen, dass sie damit ihren Geldbeutel schonen können.
Ich fahre im Sommer mit meinen Hunden an die Ostsee, an den Ferienort meiner Kindheit.
Wir waren fünf Kinder. Vater und Mutter Lehrer an einer Zwergschule in einem klitzekleinen Dörfchen in der Mark Brandenburg namens Wietstock an der Nuthe.
Das Geld war knapp – bei einem Einkommen von sage und schreibe 500 D-Mark monatlich!
So ging es einmal im Jahr an die Ostsee – mit der Dampfbahn, dann weiter per Taxi an den Strand, wo wir unsere Zelte aufschlugen. Vater baute aus Lehm einen Ofen, auf dem wurde

gekocht, einfache Eintöpfe – an einen Restaurantbesuch war nicht zu denken, nicht einmal an ein Eis.
Dennoch oder gerade deshalb waren die Ferien immer traumhaft.

Für alle, die einfach urlauben wollen, kommt das Buch »Urlaubsküche – die besten Rezepte für Wohnmobil, Camping, Hütte und Boot« von Katharina Bodenstein und Jutta Schneider wie gerufen. Hier schütten zwei Fachfrauen ein ganzes Füllhorn von in Jahren gewonnenen Erfahrungen aus »für alle Urlauber, die unterwegs gern frisch, einfach und kreativ kochen – und dies, ohne viel Zeit zu verlieren«.
Über 100 schnelle und originelle (überwiegend vegetarische) Rezepte, die alle auf ein bis zwei Flammen auch Anfängern leicht gelingen – illustriert mit hinreißenden Fotos –, wecken heftige Urlaubsgelüste.
Unbedingt gleich das Buch besorgen – auch zum Verschenken an Freunde!
(s. Literatur)

»Unsere einfachen Strandurlaube an der Ostsee waren herrlich.«
B. R. 2. von links

Kneipp – das heißt nicht nur kaltes Wasser

Meine Kindheit war von Kneippianern geprägt. Statt mit Kaffee erfrischte sich Tante Frieda mit einem Armbad, das seine belebende Wirkung gerade bei den Leistungstiefpunkten um 11 Uhr vormittags und um 15 Uhr nachmittags entfaltet.

War eins von uns fünf Kindern erkältet, machte Mutter uns Hals- oder Wadenwickel. Mein geliebter Vater, dessen empfindsame Seele ich wohl geerbt habe, hat halbe Nächte »kneippend« in der Badewanne zugebracht – genau wie ich später in schlaflosen Zeiten. Sie sind nicht mehr wegzudenken aus meinem Leben, die morgendliche kalte Dusche anschließend an die warme, ebenso wenig die kalten Güsse, das heiße Fußbad nach der Sauna. Tau- und Wassertreten werden eine liebe Gewohnheit, vor allem wenn Sie das Glück haben, dass Kuckuck, Lerche oder sonst ein Vögelchen Ihre hydrotherapeutischen Versuche musikalisch begleitet.

Pfarrer Kneipp war übrigens nicht Entdecker, sondern Wiederentdecker der Wasserheilkunst oder Hydrotherapie: Dem aus ärmlichen Verhältnissen stammenden jungen, lungenkranken Studiosus Sebastian Kneipp, geboren am 17. Mai 1821 in dem Dorf Stephansried im Allgäu, fiel ein medizinisches Werk mit dem Titel »Unterricht über die Kraft und Wirkung des frischen Wassers in die Leiber der Menschen« von 1738, verfasst von Dr. med. Sigmund Hahn, Arzt in Schweidnitz an der Oder, in die Hände. Kneipp nahm daraufhin Bäder in der eiskalten Donau, und zwar nachts, damit ihn niemand dabei beobachten konnte. Seine Gesundheit veränderte sich derartig zum Guten, dass sich bald die ersten Patienten meldeten, nämlich seine Mitstudenten, und um Güsse aus der Gießkanne baten. Trotz des Widerstandes von ärztlicher und kirchlicher Seite errichtete Kneipp dann später in Wörishofen einen regelrechten Sprechstundenbetrieb. Die Kneipp-Therapie war geboren – heute ist sie in der ganzen Welt anerkannt.

Kneipp hat immer den Menschen als Ganzes gesehen und eine Krankheit immer als eine Erkrankung von Körper, Seele und Geist behandelt – im Sinne moderner ganzheitlicher Medizin. Die Kneipp-Therapie hat sich von Anfang an um die Anregung der körpereigenen Abwehrkräfte bemüht und befindet sich auch in diesem Punkt im Einklang mit heutigen Erkenntnissen. Sie kann von jedermann und jederfrau angewendet werden und wird häufig verhindern, dass man zu Medikamenten greifen muss. Viele verbinden mit dem Wort Kneipp-Anwendung lediglich die vielleicht unangenehme Vorstellung von kaltem Wasser. Das Kaltwasser ist aber nur eine der heute ungefähr insgesamt 100 praktizierten Anwendungsformen, die von kaltem, warmem, wechselwarmem bis zu heißem Wasser und sogar Dampf reichen. Sie alle setzen Reize über Waschungen, Güsse, Teilbäder, Wickel, Packungen und eben Dämpfe.

Als die fünf Säulen der Kneipp-Therapie gelten die
• Wasser- oder Hydrotherapie,
• Bewegungstherapie – täglich mindestens eine Stunde Bewegung in frischer Luft,
• Phytotherapie – also die Behandlung mit naturbelassenen Pflanzen,
• Ernährung – im Sinne unserer vitalstoffreichen Vollwertkost,
• Ordnungstherapie, was so viel wie die Führung eines sinnvollen Lebens im Einklang mit der Natur bedeutet.

Ein paar Kneipp'sche Grundregeln
• Der Körper sollte bei Beginn und auch am Schluss der Anwendungen warm sein. Der Leitsatz lautet dementsprechend: warm – kalt – warm.
• Das warme Wasser wirkt minutenlang ein, das kalte nur Sekunden.
• Mit dem kalten Guss wird immer an den Körperteilen begonnen, die am weitesten vom Herzen entfernt sind, also: Man beginnt am rechten Fuß, gießt an der Innenseite des Beins von unten nach oben, an der Außenseite von oben nach unten, ebenso am linken Bein, dann an der Innenseite des rechten Arms von der Hand aus nach oben, an der Außenseite nach unten, ebenso am linken Arm. Dann Bauch, Rücken, Brust – immer dem Herzen zu.

Nicht fehlen sollte der Schönheitsguss für's Gesicht als Abschluss der täglichen Dusche.

Die Temperatur des Wassers sollte angenehm kühl bis kalt sein. An der rechten Schläfe beginnen: den Wasserstrahl über die Stirn führen bis zur linken Schläfe und zurück. Anschließend die rechte Gesichtshälfte mit drei senkrechten Strichen begießen, dann dasselbe links. Nun das Gesicht dreimal mit dem Wasserstrahl sanft umkreisen.

Zum Schluss das Gesicht abtupfen.

Zwischendurch das Atmen nicht vergessen – besonders das Ausatmen betonen!

Die Anhängerin von Kneipp-Anwendungen. Wassertreten im Bach.

Knoblauch → Verkalkung

Meine **Kochbücher**

Mindestens zwei Generationen konnte ich inzwischen durch meine Kochbücher erfolgreich mit dem Vollwert-Bazillus infizieren. Die vielen Dankesschreiben über wiedererlangte Gesundheit dank meiner Rezepte machen mich sehr glücklich.

Kürzlich sprach mich in der Bahn eine junge Frau mit Baby an: Wissen Sie, wem Sie total ähnlich sehen? Der Barbara Rütting!
Ich: Das höre ich öfter!
Sie: Von der habe ich ein Kochbuch!
Ich: Und? Wie ist das Kochbuch?
Sie: Ja, ganz toll! Vor allem ihr Zwiebelkuchen ist bei uns ein Renner! Und der Nudelauflauf mit Sauerkraut. Auf den ist mein Mann ganz scharf.
Ich: Wenn ich sie sehe, werde ich ihr das sagen. Es wird sie bestimmt freuen!

Alle meine **Komplexe** ...

Models und Schauspielerinnen scheinen am stärksten von Minderwertigkeitskomplexen geplagt. Beneidenswert frei davon hingegen ist offenbar Frau Dr. Angela Merkel. Vor Jahren befragt, wie sie sich finde, soll sie gesagt haben, sie sei mit ihrem Äußeren zufrieden.
Sakradi!, sagt man hier in Bayern.
Übersetzt ins Preußische so viel wie »Donnerwetter«!
Schon zu Beginn meiner Schauspielzeit wurde meine »Habsburger Unterlippe« bemängelt, die Knie seien irgendwie falsch eingeschraubt, die Hände zu groß – die linke schien mir geringfügig zierlicher, folglich hielt ich die Zigarette, wenn ich im Film rauchen musste, immer so elegant wie möglich in der linken –, mein Blick sei stechend und was noch alles.
Kurz, alle meine Komplexe verfolgten mich durch die ganzen 30 Jahre meiner Schauspielzeit.

Erst jetzt mit 80 finde ich mich eigentlich ganz o. k.

Und hatte doch vor Kurzem tatsächlich wieder an allen Komplexen dieser Welt zu leiden wie eh und je und die berühmten »Schmetterlinge im Bauch«, als sich im Speisewagen des IC ein toller Mann an meinen Tisch setzte.

Es war genau 12 Uhr. Ich hatte bereits gegessen und wollte zahlen, denn ab 12.30 Uhr war der Tisch reserviert, stand auf einem Stück Pappe.

»Ab 12.30 Uhr ist dieser Tisch reserviert, hier ist die Speisekarte!«, sagte ich diensteifrig, als sei ich die Serviererin, und wurde prompt schamrot.

»Ich weiß schon, was ich nehme!«, antwortete er mit leicht englischem Akzent.

Er mochte Mitte 40 sein, intellektueller Typ, der Typ, auf den ich fliege. Vor Verlegenheit hörte ich nicht, was er bestellte: Einen Tee? Ein Schinkenbrot?

Aus seinem blauen Cashmere-Pullover lugte ein rosa Hemdkragen. In seinem schmalen Gesicht blitzten unter der Hornbrille irritierend hellblaue Augen, amüsiert, spöttisch, streng, forschend – ich versank in diesen Augen für eine Ewigkeit. Eine ganz verrückte Neugierde auf diesen Menschen war das, fast so etwas wie ein Erinnern … eine Wiederbegegnung …

Karma, durchfuhr es mich, während ich immer noch in diesen spöttischen hellblauen Augen verhakt war. Er starrte, ich starrte, und das wäre wohl endlos so weitergegangen, bis einer von uns in Gelächter oder in Tränen ausgebrochen oder wir einander um den Hals gefallen wären – schließlich wandte er den Blick ab.

Wir sahen einander dann überhaupt nicht mehr an. Entweder starrte er aus dem Fenster und ich ins Abteil hinein, oder unsere Blicke kreuzten sich in Windeseile, dann starrte ich aus dem Fenster und er ins Abteil.

Mein Herz klopfte wie rasend. Mein Kopf glühte. Ich konnte nicht mehr durchatmen, rief alle guten Geister des autogenen Trainings und mein Mantra zu Hilfe, drückte unter dem Tisch alle möglichen

Akupunkturpunkte. Wurzelchakra total blockiert, dachte ich wütend. Und ich hatte geglaubt, mich und meine Chakren einigermaßen unter Kontrolle zu haben!

Atem zum Steißbein schicken …

»Bitte zahlen«, sagte ich zu der vorbeieilenden Serviererin, und meine Stimme klang tatsächlich ziemlich gelassen.

Aber nun fiel meine Handtasche auf den Boden, eine dieser riesigen schwarzen italienischen Stofftaschen mit vielen Fächern, die ich, weil ich meine, dafür keine Zeit zu haben, nie schließe, immer sind die Reißverschlüsse offen, eine Tasche, wie sie Reporter und Journalistinnen gern tragen, eine Tasche, die man sich einfach über die Schulter wirft, in der ich gelegentlich sogar ein Paar Schuhe verstauen kann, wenn ich mit flachen Schuhen irgendwo hinhetze, um dann bei der Veranstaltung mit den hochhackigen etwas langbeiniger zu wirken.

Also diese Tasche fiel nun auf den Boden. Glücklicherweise entleerte sich aber nicht der gesamte Inhalt, auf diese Weise kam sogar das Portemonnaie zum Vorschein, das ich andernfalls wahrscheinlich lange hätte suchen müssen, unter seinen strengen spöttischen Augen in den vielen überladenen Fächern der Tasche, nicht auszudenken.

Immer noch mit dem Versuch beschäftigt, durchzuatmen und mich mit dem Mantra zu beruhigen, kramte ich nun das Geld aus dem Portemonnaie und bezahlte, von Neuem verstört – diesmal durch den Anblick des Mittelfingers meiner rechten Hand, den ich mir vor Monaten fürchterlich in der Pferdebox eingeklemmt hatte. Der tiefblaue Nagel war zwar fast herausgewachsen, sah aber nun aus wie angeknabbert und zeigte tiefe Querrillen, diese Querrillen hatte ich mit silbernem Nagellack zu übertünchen versucht, ein total untauglicher Versuch, wie jedes Frauenmagazin bestätigen würde. Und meine viel zu groben abgearbeiteten Hände sind sowieso seit jeher mein Hauptproblem.

Durchatmen zum Steißbein, om namah shivaya …

Offenbar hatte er die ganze Zahlzeremonie, meine Hände, den garstigen ramponierten und dennoch silbern lackierten Nagel gar nicht zur Kenntnis genommen. Aus den Augenwinkeln beobachtete ich, dass er auf eine sehr ungewöhnliche Art gähnte, den Kopf weit nach hinten geworfen, den Mund unverschämt weit geöffnet. So kann nur jemand gähnen, der total unbekümmert ist. Vielleicht ein Italiener oder ein Slawe – bei Vertretern dieser Sorte Männer packt mich geradezu der Neid, weil sie sich offensichtlich überhaupt keine Gedanken machen über die Wirkung ihrer Körpersprache, in Hotelfahrstühlen zum Beispiel, wo andere, wie die Deutschen etwa und also auch ich, vor Verlegenheit nicht wissen, wo hinsehen – angestrengt die vorbeiflitzenden Zahlen fixieren, die die Stockwerke anzeigen, ja förmlich den Atem anhalten, um ja nicht den Geruch der Mitmenschen in die Nase zu kriegen.

Bestimmt ein ganz rücksichtsloser Typ, dachte ich, nun fast erleichtert, und erlag der Versuchung, einen kurzen Blick auf seine Hände zu werfen. Sie waren lang und schmal, wie zu erwarten. Kopfarbeiter, sicher ein Wissenschaftler, vielleicht macht der Kerl sogar Tierversuche, alles möglich bei dieser Art bodenlosen Gähnens, das sich sogar noch zweimal wiederholte.

In Gedanken probte ich einen einigermaßen eleganten Abgang. Gezahlt hatte ich. Nun saß ich da, meine monströse Tasche umklammert wie eine Bäuerin, die zum ersten Mal in die Stadt gekommen ist. Om namah shivaya, Griff um die Tasche gelockert … Das Kostüm, das mir eine Verkäuferin eingeredet hatte, trug ich an diesem Tag zum ersten Mal. Ich kann Kariertes nicht ausstehen, ich kann taillierte Jacken nicht ausstehen und ich kann Bermudas nicht ausstehen. Alle diese Merkmale zeichneten dieses Kostüm aus, das noch dazu verrückt teuer gewesen war, aber ohne Brille hatte ich in der Kabine das Preisschild nicht lesen können; beim Zahlen dann wäre ich zwar fast in Ohnmacht gefallen, war aber zu feige, der Verkäuferin zu sagen: Das nehme ich nicht, das ist mir zu teuer und das gefällt mir sowieso nicht, denn erstens mag ich nichts Kariertes, zweitens keine taillierten Jäckchen, sondern lange Blazer, und drittens keine Bermudas. Keiner Frau stehen Bermudas, nicht einmal jungen Mädchen, sie machen einen Elefantenpopo, werden aber aus unerfindlichen Gründen von den Frauen geliebt.

Jetzt ging es darum, einen einigermaßen akzeptablen Abgang zustande zu bringen – um in mein Abteil zu gelangen, müsste ich ihm beim Gehen den Rücken zudrehen. Auch das noch. Meine Haare waren überdies im Nacken zu lang und rollten sich zu einer Art Entensterz auf. Warum habe ich es auch wieder nicht geschafft, zum Friseur zu gehen!

Als sich zum dritten? vierten? Mal dieser Mund mir gegenüber zu diesem absolut unanständigen Gähnen öffnete, ohne dass dieser Mensch auch nur den geringsten Ansatz machte, dieses Gähnen zu registrieren, geschweige denn diese Höhle wenigstens mit der Hand abzudecken – da endlich bekam ich die Kurve. Packte fest meine kolossale Handtasche, quetschte mich samt ihr unter dem Tischchen hervor, gönnte meinem Gegenüber nur einen kurzen Streifblick, sah noch einmal in die hellblauen spöttischen Augen hinter der Hornbrille, brachte ein verhältnismäßig lässiges Auf Wiedersehen hervor, das er murmelnd beantwortete, machte auf dem Absatz kehrt und stürmte aus dem Speisewagen.

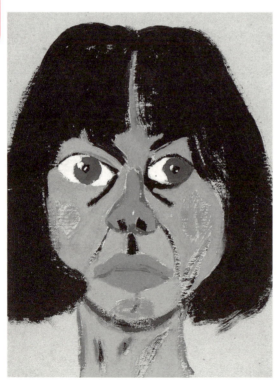

Selbstporträt (1975). »Als ich ein Kind fragte, wer das sei, antwortete es: ›Na, du doch!‹«

Und ging sofort auf die Toilette, um, auf Zehenspitzen balancierend und hüpfend, meinen Abgang im Spiegel nachzuvollziehen. Man kann mit diesen Spiegeln in etwa auch seine Rückseite erforschen. Es war nicht so schlimm, wie ich befürchtet hatte. Die Bermudashorts unter dem taillierten grünblau karierten Jäckchen, ebenso wie dieses zwar zerknittert, da aus edlem Leinen, machten keinen Elefantenpopo, die Beine in den dunkelblauen Strumpfhosen und flachen blauen Wildlederschuhen sahen eigentlich ganz rassig aus, die junge Kellnerin, die in Bonn Agrarwissenschaft studiert und die Serviererei nur als Job zum Geldverdienen ausübt, hatte sogar die Meinung geäußert, ich hätte eine tolle Figur.
Aber meine Augen! Ich erschrak. Untertassengroß, von einem geradezu irrwitzigen Grün, wie ein abgrundtiefer Gebirgssee …

Was tun bei **Kopfschmerzen** und Migräne?

Zunächst einmal gilt es, die Ursache herauszufinden. Sind lebensbedingte Spannungen der Grund? Schlafe ich auf einer Störzone? Habe ich Amalgam in den Zähnen, ernähre ich mich falsch? Liegt eine Leber-Galle-Störung vor oder Wetterfühligkeit? Ist ein Hormon-Ungleichgewicht schuld oder ein Schaden der Wirbelsäule?

Die Heilerin Louise L. Hay sieht in ihrer Schrift »Heal your body« die Ursache für Kopfschmerzen in der Verstümmelung des eigenen »Selbst«, in Selbstkritisiererei und Furcht. Die Zauberformel zum Heilen, die Affirmation, lautet in diesem Fall:
- Ich liebe und akzeptiere mich.
- Ich sehe mich und alles, was ich tue, mit den Augen der Liebe.
- Ich bin sicher.

Ich litt früher sehr stark an Kopfschmerzen, besonders bei Wetteränderungen, und habe es geschafft, so gut wie unabhängig von derartigen Einflüssen zu werden:
- durch die Umstellung der Ernährung auf Vollwertkost,

- durch gelegentliches Fasten,
- durch Wirbelsäulentraining,
- durch positives Denken und
- schließlich Selbstakupressur (wenn die Energie richtig fließt, können keine Blockaden entstehen und auch keine Schmerzen).

Tritt ein bohrender Schmerz hinter dem Auge auf, kann der Genuss von Alkohol, Eiern, Schokolade (enthält sehr häufig DDT, bei uns verboten, aber in den Entwicklungsländern auf die Plantagen gespritzt und über die Kakaobohne zu uns zurückgekehrt), fettes Schweinefleisch und auch Kaffee die Ursache sein.

Eine wunderbare *Übung gegen* Stressfolgen, *Kopfschmerzen*, verkrampfte Schultern usw.:
Sie sitzen oder stehen aufrecht und legen beide Hände auf den Bauch. Tief einatmen, dann ausatmen, dabei Kopf und Oberkörper so weit wie möglich nach links drehen (die Augen folgen der Bewegung), gleichzeitig das Becken nach rechts drehen.
Einatmen und in die Ausgangshaltung (mit Blick geradeaus) zurückgehen.
Nun das Ganze entgegengesetzt – Kopf und Augen und Oberkörper nach rechts drehen, Becken nach links.
Einatmend in die Ausgangslage zurückkehren.

Die Übung 4- bis 36-mal wiederholen.

Krank durch **Kränkung**

Angst essen Seele auf – Titel eines unvergessenen Fassbinder-Films. Als ich in den Sechzigerjahren in Hamburg Theater spielte, sprach mich im Postamt ein Mann an: »Wissen Sie, dass Sie schief sind? Ich habe Sie gestern Abend auf der Bühne gesehen. Ihre linke Hüfte ist mindestens einen Zentimeter höher als die rechte!«
Ich wusste es – Deformation professionelle –, alles Folgen zwanzig-

jährigen Theaterspielens. Auch die 250 Ohrfeigen, die ich als »Ehrbare Dirne« erhielt – aus voller Kraft, versteht sich, wir wollten echt spielen! –, haben ihre Spuren hinterlassen – beschrieben im Kapitel → *Tinnitus*.

Zu dieser Zeit hatte ich solche Beschwerden, dass ich oft auf allen vieren zum Telefon kroch, um den Chiropraktiker anzurufen, der mich alle paar Wochen einrenken musste.

Wider alle Hoffnung ließ ich mich also auch von Dr. med. Udo Derbolowsky behandeln, der mich auf dem Postamt angesprochen hatte. Und diese Behandlung war besser als alle vorher. Nach ihm heißt übrigens ein besonderer Griff, der »Derbolowsky-Griff«, allen Chiropraktikern wohlbekannt.

Er ist aber nicht nur ein Einrenker, sondern auch und vor allem Seelenarzt. Und hat in dieser Ganzheitlichkeit manchem Verzweifelten buchstäblich auf die Beine geholfen.

Die Seele wird krank durch Kränkungen – Kränkungen, die andere ihr antun, aber auch durch Kränkungen, die jeder sich selbst antut. Wenn ich sage: Ich ärgere mich, ich rege mich auf, ich kränke mich usw., mache ich mich selbst krank.

Wenn ich ausrufe: Ich Idiot, ich Hornochse usw., kränke ich mich selbst, mache ich mich krank. Das Gleiche bewirken Entmutigungen wie: Das schaffe ich nie, das lerne ich nie, das werde ich nie können usw.

So ist denn, nach Dr. Derbolowsky, ein ganz wesentlicher Schritt zur seelischen und damit auch zur körperlichen Gesundung das Sich-selbst-Annehmen, das Sich-selbst-Lieben und besonders das Sich-selbst-Verzeihen. In dem Maße, da ich das schaffe, gesundet meine Seele, gesundet mein Körper.

Wenn alle Stricke reißen, bleibt mir immer noch *Klaus Kinskis Lebensmotto*.

In mehreren Edgar-Wallace-Krimis waren wir Partner. Ich habe bis heute nicht begriffen, wer von uns – wenn überhaupt und wenn ja, warum – der Mörder/die Mörderin war. Letzten Endes haben diese Krimis dazu beigetragen, dass ich meine Filmkarriere beendete. Mir schien es nicht zu verantworten, wie da mit dem Tod umgegangen wurde. In Anbetracht der Brutalität heutiger Krimis und Killerspiele eine geradezu rührende moralische Haltung.

Trotz rätselhafter, völlig unverständlicher Zusammenhänge beziehungsweise gar keiner erfreuen sich die Edgar-Wallace-Krimis ungebrochener Beliebtheit sogar bei der jungen Generation.

In einer berühmten Szene fällt Klaus Kinski mit weit aufgerissenen Augen tot aus dem Fahrstuhl des herrschaftlichen Hauses, in dem ich, soweit ich mich erinnere, als Krimi-Autorin residierte.

Wie war er, werde ich oft gefragt. Ein lieber sensibler Junge war er, immer in irgendetwas Amouröses verstrickt, schüttete er mir oft sein Herz aus – wie einer älteren verständnisvollen Schwester.

Und ein Vermächtnis hat er mir hinterlassen, nämlich seinen Lieblingsspruch: Wer mich beleidigt, bestimme ich!

Ich hatte bereits viele Gelegenheiten, dieses Lebensmotto von Klaus zu beherzigen ...

Klaus Kinskis Lieblingsspruch: »Wer mich beleidigt, bestimme ich!«
B. R. mit Klaus Kinski in einem Edgar-Wallace-Krimi

Krefeld ... und das Baby aus der Obstkiste

1956 – meine Filmkarriere nahm gerade ihren Anfang – wollte ich, noch ohne jegliche Schauspielausbildung, unbedingt auch auf die Theaterbühne. Der Krefelder Intendant hörte davon und bot mir eine Rolle an in dem Stück von Pagnol »Die Tochter des Brunnenmachers«.

Ich hatte ein armes unglückliches Mädchen zu spielen mit unehelichem Kind (so nannte man das damals noch) von einem verschollenen Flieger.

Vor der Premiere war ich dermaßen aufgeregt, dass ich abwechselnd Sekt und Baldrian trank, weil ich nicht wusste, sollte ich mich anregen oder beruhigen. Habe dann offensichtlich gespielt, als ginge es um mein Leben. Noch Jahre später höre ich, die Zuschauer wären total erschüttert gewesen, weil sie den Eindruck hatten, ich spielte mein eigenes Schicksal.

Ein Gag in der Aufführung war ein echtes Baby. Mangels eines Kinderwagens hing es in einer Obstkiste zwischen den Ästen eines Baumes, während die junge Mutter, ich, Wäsche aufhängte. Allabendlich gab es großes Geraune im Publikum, wenn das Baby strampelnd die Füßchen aus der Kiste streckte: Schau bloß, ein echtes Kind!

Vor Kurzem war ich zu einer Lesung nach Krefeld eingeladen. Bei der anschließenden Autogrammstunde stand vor mir ein hochgewachsener schlanker wunderschöner Mann mit schwarzen Haaren und strahlenden Augen. Ich war total gebannt und fragte ihn: Wir kennen uns! Aber woher?

Seine Antwort: Ich bin das Baby aus der Obstkiste!

L

Lachen ist die beste Medizin

Es gibt eine Wissenschaft des Lachens, die Gelotologie. Danach lachen Kinder ungefähr 400-mal täglich, Erwachsene nur noch circa 15-mal, Depressive so gut wie nie.
Beim Erwachsenwerden ist offensichtlich vielen von uns das Lachen vergangen, kein Wunder – aber es gibt keinen Grund, es nicht wieder zu lernen. Wie sagen die Engländer: »It is never too late to have

Lachen ist die beste Medizin ...
B. R. mit Wellensittich

a happy childhood« – Es ist nie zu spät, eine glückliche Kindheit zu haben. Ausreden gelten nicht!

Dass es »guten« und »schlechten« Stress gibt, ist bekannt. Forscher am medizinischen Zentrum der Loma-Linda-Universität in Kalifornien haben in Experimenten mit Versuchspersonen herausgefunden, dass Lachen den »guten« Stress fördert, dass Lachen ähnliche Prozesse auslöst wie Sport.

Lachen steigert die Produktion »guter« Hormone wie glücklich machender Endorphine und Neurotransmitter, verringert die Stresshormone Cortison und Adrenalin, erhöht die Zahl der Antikörper produzierenden Zellen, aktiviert die Viren bekämpfenden T-Zellen und unsere natürlichen Killerzellen.

Sie brauchen also nur die Mundwinkel nach oben zu ziehen und schon geht es los. Denn interessanterweise wirkt auch ein »künstliches« Lachen. Auch wenn Ihnen durchaus nicht zum Lachen zumute ist, signalisieren die hochgezogenen Mundwinkel und das mit dem Lachen im Allgemeinen verbundene Lachgeräusch dem Gehirn: Dieser Mensch ist fröhlich, nun schütte mal Glückshormone aus!

Ich habe es wiederholt ausprobiert, gerade wenn ich traurig oder »sauer« bin: Mundwinkel nach oben gezogen, Zähne gebleckt, ein paar Minuten Hihihi oder Hahaha, das kann auch ruhig ganz meschugge und ausgeflippt klingen, je meschuggener, umso besser – und Sie sind ein anderer Mensch. Wetten?

Das Gelächter als Lebensbewältigungshilfe hat eine uralte Tradition. Ein Mönch aus Buddhas Gefolgschaft soll damit angefangen haben, bereits Hunderte von Jahren vor Christus. Der indische Mystiker Osho hat es wiederentdeckt und uns westlichen Menschen schmackhaft gemacht. In seinem Ashram in Indien habe ich die Technik der »Mystic Rose« kennen und lieben gelernt (s. dort). So viel lebenslang aufgestautes, nicht gelachtes Lachen wird da freigesetzt, so viele nicht geweinte Tränen.

Zurzeit erlebt das Lachen geradezu eine Renaissance. Nachdem ein Dr. Madan Kataria in den Straßen Bombays ganze Menschenmassen zum Lachen bringt, haben sich inzwischen nach seinen Anweisungen weltweit mehr als 300 000 Menschen in Lachclubs zusammengeschlossen.

Die Lachwelle schwappte von Indien nach Amerika über. Lachtherapeuten und »Clown-Doktoren« arbeiten äußerst erfolgreich in Kinderkliniken; Erwachsene lernen in Lachseminaren durch Rollenspiele ihre inneren Heilungskräfte zu mobilisieren. Im schweizerischen Basel treffen sich Humorforscher jährlich zu einem Kongress. Eine Woche lang wird ordentlich gelacht.

Denn dass Lachen die beste Medizin ist, diese alte Volksweisheit gilt auch heute noch. Den Grundstein für die Wissenschaft vom Lachen, die Gelotologie, legte Ende der Siebzigerjahre die aufsehenerregende Krankheitsgeschichte eines amerikanischen Journalisten. Dieser litt an Morbus Bechterew, einer schweren Knochen- und Gelenkerkrankung. Die Ärzte machten ihm wenig Hoffnung auf Genesung. Aber der junge Mann hatte bemerkt, dass sich seine Schmerzen nach einem kräftigen Lachanfall jeweils besserten. Er baute sich nach dieser Erfahrung seine eigene Therapie zurecht, die aus dem Anschauen von Slapstickkomödien, Comics und Witzen bestand, und soll damit seine Leiden verringert haben.

Auch und gerade wenn uns überhaupt nicht zum Lachen zumute ist – warum nicht einmal ausprobieren? Lachen aktiviert mehr als 20 Muskeln, eine Miesepetermiene dagegen weniger als zehn.

Lachen ist wirksam, billig und garantiert ohne schädliche Nebenwirkungen, Sie brauchen nicht einmal Ihren Apotheker zu fragen.

Noch ein paar Tricks:

Schalten Sie den Verstand aus (falls er Sie am Lachen hindert). Seien Sie albern, riskieren Sie, lächerlich zu wirken. Es gibt nichts zu verlieren, nur zu gewinnen!

Beobachten Sie, worüber Kinder lachen. Werden Sie erfinderisch!

Man kann sich darin üben, die auch unangenehmen Situationen innewohnende Komik zu erkennen. Lieber herzhaft lachen statt sich zu ärgern!

Der Leiter eines »Lachclubs« erzählte mir, er habe mit einer Gruppe in der U-Bahn angefangen zu lachen und schlussendlich habe der ganze Waggon gewiehert.

Einen herzhaften Lachanfall löste bei mir ein eleganter Herr aus, der, genau wie ich, am Münchner Flughafen am Fließband auf seinen Koffer wartete, inmitten der üblichen Menge übel gelaunt aussehender, abgehetzter Menschen.
Ich hielt einen riesigen Blumenstrauß im Arm. Er sah mich streng an, hob die Hand und sagte: »Nein danke!« Wie zu einer Blumenverkäuferin, die in der Kneipe Rosen zum Verkauf anbietet.
Zuerst lachte nur ich, minutenlang, dann lachte auch er, dann die Gruppe um ihn herum und schließlich mindestens ein Dutzend anderer Wartender, ohne dass diese wussten, warum sie lachten. Sie wurden einfach angesteckt.
Vielleicht war diesen ursprünglich schlecht gelaunten Leuten durch die Lacherei der ganze Tag versüßt.

An den Regisseur Fritz Kortner habe ich eine eigene lustige Lacherinnerung. Kortner wurde von seinen Schauspielern geliebt und

»Fritz Kortner wollte nicht unter ›seinem Niveau‹ lachen.«
B. R. mit dem Regisseur Fritz Kortner

gefürchtet, weil er sehr von Stimmungen abhängig war. Er erschien stets im Anzug und mit Krawatte zu den Proben. War der Anzug grau, war äußerste Vorsicht angeraten. Dann konnte er sehr ungnädig sein.

Romy Schneider und ich haben unter seiner Regie die »Lysistrata« von Aristophanes für das Fernsehen gedreht, Sie wissen schon, das Stück, in dem die Frauen sich den Männern so lange verweigern, bis diese aufhören, Kriege zu führen. Romy war die Myrrhine, ich die Lysistrata.

Wolfgang Kieling spielte meinen Ehemann. Während der Proben probierte er einen Gag aus, über den der im Zuschauerraum sitzende Regisseur Kortner laut lachen musste. Der hocherfreute Kieling ging selbstverständlich davon aus, dass dieser gelungene Gag nun in die Inszenierung eingebaut werden würde. Mitnichten!

»Aber Herr Kortner, Sie haben doch darüber gelacht!«, meinte er enttäuscht.

Darauf Kortner in seinem unnachahmlich näselnden Tonfall: »Jaaaa, aber unter meinem Niveau!«

Lachen Sie – wenn Ihnen danach zumute ist. Ruhig auch unter Ihrem Niveau!

Vielleicht haben Sie Lust bekommen, sich einem Lachclub anzuschließen. Oder Sie gründen selbst einen!

Übrigens: Nicht darum kümmern, wie andere lachen. Finden Sie zu Ihrem eigenen Lachen. Manchmal hilft es, dabei die Augen zu schließen.

(s. Literatur)

Laune, schlechte → Übersäuerung

M

Masken machen müde Mienen munter

Die Schönheitsmasken für das Gesicht werden, gut verrührt, mit Pinsel oder Spachtel auf die gereinigte Haut aufgetragen, 20 bis 30 Minuten draufgelassen und dann mit lauwarmem Wasser abgewaschen. Sie straffen, glätten und nähren, sind leicht herzustellen und billig. Und enthalten keine Konservierungsstoffe.

Das Rezept für die Eigelb-Olivenöl-Zitronensaft-Maske habe ich von Olga Tschechowa. Diese große alte Dame des Films, die eine eigene Kosmetikserie kreierte und auch ein Buch über Schönheitspflege schrieb, verfügte über einen unglaublich warmherzigen Humor. »Werde nie zu dünn, Kind!«, sagte sie einmal zu mir. Und widersprach damit Barbara Hutton, die bekanntlich geäußert haben soll, eine Frau könne nie dünn und reich genug sein …

Olga Tschechowa, schön weiblich gerundet, verriet mir überdies ihr Lieblingsrezept für eine Nachspeise und sagte dazu: »… und dann rasple ich leider auch noch Schokolade drüber …«

Olga Tschechowas Schönheitsmaske
1 Eigelb mit einigen Esslöffeln Olivenöl verrühren und ein paar Tropfen Zitronensaft zugeben. Anwenden wie oben angegeben.

Die Gänseblümchen-Maske für fette, unreine Haut
Eine Handvoll gut gewaschene Blüten und Blätter fein hacken und mit 2 Esslöffeln Joghurt verrühren. Anwenden wie oben

beschrieben. Auch beruhigend für vom Rasieren strapazierte Männerhaut.

Die Apfel-Maske zur Straffung und Durchblutung
Einen halben Apfel fein reiben und mit 3 Esslöffeln Joghurt mischen. Anwenden wie oben angegeben.

Die Avocado-Maske für trockene Haut
1 Avocado entkernen und das Fleisch mit einer Gabel zerdrücken. Mit 1 Eigelb und ein paar Tropfen Zitronensaft verrühren. Anwenden wie oben angegeben.

Die Heilerde-Maske zur Straffung
3 bis 4 Esslöffel Heilerde (für äußerlichen Gebrauch) mit Wasser zu einem dicken Brei verrühren. Anwenden wie oben angegeben (oder bis die Heilerde getrocknet ist).

Kartoffelsaft-Maske zur Straffung
1 Kartoffel durchschneiden und damit Gesichtshaut und Hals einreiben. Anwenden wie oben angegeben.

Meditation – wenn ja, warum?

Aus – begreiflicher – Sorge, in die Fänge irgendwelcher Sekten zu geraten, sperren sich viele Mitmenschen gegen alles Neue (neue Alte), was uns heute aus fernöstlichen Ländern überflutet.
So antwortete mir eine Bekannte, der ich gegen ihre Depressionen Meditation empfahl, ganz entsetzt: »Nein, nein, ich bleibe bei dem Glauben meiner Kindheit!«

In allen Epochen und in allen Religionen wurde meditiert, wurde gebetet. Es ist schade, wenn wir aus Unkenntnis auf die segensreichen Wirkungen uns zunächst fremd erscheinender Meditationen und Gebete verzichten. Um aber die Spreu vom Weizen trennen zu können, muss ich mich erst einmal mit dem fremden Gedankengut beschäftigen.

Was empfiehlt der Apostel Paulus? »Verachtet nicht prophetische Gaben. Prüft alles, das Gute behaltet.«

Die Worte »Meditation« und »Medizin« entstammen der selben Wurzel, beide haben mit »Mitte« zu tun. Auch den Worten »heil«, »heilen«, »heilig« ist ein gemeinsamer Ursprung eigen. Ich zitiere aus Oshos »Buch der Heilungen«:
»Meditation heilt. Sie macht dich heil – und heil zu sein, bedeutet, heilig zu sein. Nichts fehlt dir, du bist erfüllt. Du bist so, wie die Existenz dich haben wollte. Du hast dein Potenzial verwirklicht.«
Ist mensch in seiner Mitte, ist alles gut. Dann gibt es keinen Stau, keine Blockade, es fließen die Säfte – nicht zufällig hat das Wort »Humor« im Lateinischen die Bedeutung »Saft«. Ich zitiere aus dem Brockhaus: »Humor – die allgemeine Gemütsbeschaffenheit, Stimmung, Laune, wobei das Heitere überwiegt; sie glaubte man durch Mischung der Säfte (humores) im Körper bedingt.«
Und auf Hippokrates schließlich geht die Lehre zurück, dass »Veränderungen der Körpersäfte wie Blut, Lymphe, Galle, Schleim, Gewebswasser u. a. die Grundlage der Krankheiten seien.«
Tun wir also alles, damit unsere Säfte fließen, damit wir in Harmonie, im Lot sind, damit unser Humor nicht zu kurz kommt. Meditation ist hier das beste Mittel.
Nachdem ich verschiedene Meditationstechniken ausprobiert habe, komme ich zu dem Schluss: Egal, wie du meditierst – Hauptsache, du meditierst! Wobei der Weg das Ziel ist.
Ob Zen, Transzendentale Meditation oder die Osho-Meditationen – der Weg ist das Ziel.

Die meisten wissenschaftlichen Untersuchungen dürften über Maharishis Transzendentale Meditation angestellt worden sein. Sie hat mich in einer schweren Lebenskrise gerettet. Mit Hilfe des Mantras konnte ich wieder schlafen, das Leben wieder meistern.
Das Mantra – ein spezieller, harmonisierender Klang, der auf systematische Weise wiederholt wird – lässt unsere Aufmerksamkeit sanft und wohltuend in immer feinere, stillere Bereiche gleiten, bis wir schließlich Momente klarer, gedankenfreier Stille in uns erfahren.

Diese einfache Methode, so weisen es Hunderte Untersuchungen aus Medizin und Psychologie nach, hat umfassende wohltuende Wirkungen. Wer durch regelmäßige Meditation Stress und Müdigkeit abbaut, wird naturgemäß weniger krank, und zwar um etwa 50 Prozent. Durch den Abbau nervlicher und psychischer Blockaden bringt man sein kreatives Potenzial zutage. Kreativität und Lebensfreude sind kein Zufall. Auch die Probleme unserer »Weltfamilie« sind nicht höheres Schicksal, sondern selbst geschaffen und können somit auch von uns gelöst werden. Hauptursache kollektiver Krisen ist die tägliche Anhäufung von Stress und Spannung.

Man sucht überall nach Ursachen: in der Umwelt, beim politischen Gegner, in der Wirtschaft oder sonstigen äußeren Bereichen. Stress ist jedoch zunächst einmal eine höchst individuelle Angelegenheit. TM baut in schneller und gründlicher Weise Stress ab. In größeren Gruppen praktiziert, kann sie dies auch für ganze Städte und Länder leisten. Kriminalität, Krankheitsrate, Verkehrsunfälle und andere kollektive Stresssymptome lassen sich schnell und sicher reduzieren. Über 40 soziologische Studien zeigen die Wirksamkeit dieser Technologie des 21. Jahrhunderts.

Selbst in der von Kriminalität heimgesuchten und geplagten US-Hauptstadt Washington konnte im Sommer 1994 innerhalb weniger Wochen die Verbrechensrate durch eine große Gruppe TM-Meditierender gesenkt werden. Auf die öffentliche Ankündigung dieses Projekts meinte der Polizeichef von Washington nur sarkastisch: »Um das zu bewirken, brauchen wir einen halben Meter Schnee in der Stadt.«

Den Statistiken der Polizei war allerdings nach erfolgreichem Abschluss des Projekts zu entnehmen, dass die Kriminalität tatsächlich um 18 Prozent gesunken war – obwohl es nicht geschneit hatte.

Ein Wunder? Nein, eine uralte, natürliche »Technologie des Bewusstseins«, die Maharishi Mahesh Yogi uns wieder in Erinnerung gerufen hat (s. »Der Maharishi-Effekt« von Elaine und Arthur Aron).

Auch den Zen-Meditationen habe ich viel zu verdanken, vor allem aber den auf Zen aufgebauten Osho-Meditationen, nicht nur den

stillen, sondern auch und gerade den lauten, kathartischen Bewegungsübungen wie der dynamischen Meditation und der Kundalini, die besonders geeignet sind, Verspannungen zu lösen.
Einfach ausprobieren und dann sehen, was einem liegt, was einem gut tut.
Die Kundalini soll den Stockholmer Busfahrern zu einem ausgeglicheneren Gemüt verholfen haben.

Aber: Alles Meditieren auf der Matte nützt nichts, wenn ich es nicht schaffe, die Meditation in mein tägliches Leben einfließen zu lassen, sie muss auch den Anforderungen des »Marktplatzes« standhalten.

(Kontaktadresse für die TM und Hinweise auf weiterführende Literatur im Anhang)

»Die Meditation hat mich in einer schweren Lebenskrise gerettet.«

Melancholisch? Dann sind Sie in guter Gesellschaft

»*Die Melancholie ist niemals Krankheit, sondern ist eine wunderbare Charaktereigenschaft, voll von Tiefgang, innerer Kreativität, Frieden und (stiller) Leidenschaft ... eine – vielleicht tragische – Auszeichnung, die den von der Tiefe des Lebens durchwobenen Menschen aus den grauen Durchschnittsmassen hervorhebt, ob die Betroffenen dies wollen oder nicht.*«

So schreibt der Arzt und Psychotherapeut Dr. Josef Zehentbauer in seinem Buch »Melancholie – die traurige Leichtigkeit des Seins«.
»*Der melancholische Mensch geht nie konform mit dem Modischen, dem Zeitgeist oder dem Trend von Werbung oder Showbusiness, er durchschaut die oberflächlich leeren Fassaden und leidet an der Hohlheit der derzeitig herrschenden Religion des Konformismus ..., der Melancholische ... zeigt durch sein resigniertes Verhalten und durch sein betrübtes Gesicht, dass er das blendende Theater voll von Pseudo-Fröhlichkeit nicht teilen mag, ... die Melancholischen fungieren ein wenig als Spielverderber, ... sie haben gewissermaßen den göttlichen Auftrag, allen Menschen das Endliche und Tiefgründige des menschlichen Seins vorzuleben ... Nicht vermindern, sondern vermehren sollte man die Melancholie auf Erden. Wäre mehr Melancholie auf dieser Welt, dann gäbe es weniger Gewalt, weniger Elend in der Dritten Welt, vielleicht keine Kriege mehr und weniger Ungerechtigkeit und Ungleichheit, es entstünden mehr Gleichklang mit den natürlichen Rhythmen dieser Erde und ein Mehr an tiefem Wissen und ... mehr Liebe.*«

Habe ich es doch gewusst! Wir MelancholikerInnen sind einfach die besseren Menschen, die anderen wissen es bloß nicht! Und sollen endlich damit aufhören, trösten zu wollen mit Reden wie: »*Schau doch nicht immer so traurig, es ist doch gar kein Grund da*« – »*Geh doch raus in die Sonne und mach was Schönes*« – »*Zieh dich doch mal ein bisschen sexy an*« – »*Komm doch mit auf die Grillparty, das wird lustig*« ... (Zitat aus dem Buch von Josef Zehentbauer).

Das siebenjährige Mädchen, das bei dem Bericht der Kreuzigung Jesu mit einem Nervenzusammenbruch ins Bett gebracht werden muss, weil es in einer Welt, in der Menschen so etwas tun, nicht leben will (nämlich ich), würde man heute vermutlich als »verhaltensauffällig« mit Ritalin zugedröhnt in eine Sonderschule stecken. Ritalin war damals glücklicherweise noch unbekannt.

Wie verschoben unsere Wertmaßstäbe sind, wurde mir bewusst, nachdem ich in New York versucht hatte, mir das Leben zu nehmen. Es folgte die übliche Einlieferung in die Psychiatrie. Daraus entlassen und zunächst glücklich, wieder draußen zu sein, packte mich eine ungeheure Sehnsucht nach der »Geborgenheit« (!) in den gefürchteten Mauern, nach meinen Leidensgenossinnen, die alle immer wieder betont hatten, dass sie »draußen« einfach nicht funktionierten – »I just did not function«. Die »drinnen« schienen mir jetzt plötzlich die »Normalen«, die Empfindsamen, und die »draußen« die »Ver-rückten« – abgestumpfte Unsensible, in der Gesellschaft aber integriert, weil sie eben »funktionierten«.

Sogar für die Depression bricht der Autor eine Lanze: *»Depression ist ein deutliches Zuviel an Melancholie, doch ist auch die Depression nicht primär Krankheit (auch wenn die Psychiatrie anderes behauptet), … die Frage, ob und wann Depression zur Krankheit wird, lässt sich einfach beantworten: Ein depressiver Mensch ist dann krank, wenn er sich selbst als krank empfindet. Jedoch: Nicht jedes Leiden ist Krankheit …*

Die Depression wird oft – auch medienwirksam – zur Volkskrankheit Nr. 1 erklärt: Man schätzt, dass in Mittel- und Nordeuropa dreißig bis vierzig Prozent der Bevölkerung wiederholt oder dauernd unter depressiven Beschwerden leiden. Die Depression, zur Krankheit erklärt, wird so zu einem bedeutenden Wirtschaftsfaktor. Die Pharmaindustrie bringt immer neue und angeblich bessere Psychopharmaka auf den Markt und verdient dabei Milliarden, und die Ärzte, Psychotherapeuten und Privatkliniken kümmern sich – gegen Bezahlung – um die depressive Klientel …

In der Psychotherapie soll, zumindest primär, nicht versucht wer-

den, den depressiven Menschen zu ändern, um ihn wieder in die oberflächliche Normalität anzupassen, sondern der Depressive soll akzeptiert werden, so wie er ist. Dieses »Akzeptiertwerden« bringt beruhigende Stille in die aufgebrachte Seele und setzt einen heilsamen Harmonisierungsprozess in Gang.«

Ein wunderbar tröstliches Buch für alle, die auch nicht so funktionieren, wie die Gesellschaft gern hätte.
Es kann ihnen helfen, mehr Selbstbewusstsein zu entwickeln und ihr So-sein anzunehmen – unterstützt von den »Übungen zum traurigen Glück«.
(s. Literaturverzeichnis im Anhang)

Fazit aus meinen Erfahrungen von acht Jahrzehnten Umgang mit Melancholie und Depressionen: Nicht bekämpfen oder verdrängen, sondern annehmen – und in Kreativität umsetzen. Kann durchaus genussvoll sein.
»Wenn ich die Welt nicht gestalte, zerfällt sie mir in Stücke« – hat ein anderer Arzt und Schriftsteller gesagt – Anton Schnitzler.

Aus dem Tagebuch einer Melancholikerin –
ich leide, also bin ich.

Stundenlang im warmen Wasser liegen,
Sehnsucht zurück in den Mutterbauch.
Nur der menschliche Säugling
schreit vor Entsetzen
beim Eintritt in diese Welt.

November
Gute Nacht, meine schönen Blümchen,
morgen früh
seid ihr erfroren.
Guten Morgen, meine toten Blümchen.

Auf der Wiese dicke Büschel wilder
Schneeglöckchen.
Nicht pflücken,
lass sie leben, sage ich mir und freu mich.
Eine Stunde später
hat der Bauer mit seiner Egge
sie alle zermalmt.

Auf die Frage des Reporters »Sind Sie glücklich gnädige Frau?«
Ich habe mich positiv denkend
auf glücklich programmiert.
Brillanten auf den Blättern des Frauenmantels
sprechen dafür.
Bei den Tannen
kaum Lamettasyndrom,
das Ozonloch in Maßen,
auch zwingt mich niemand,
mich klonen zu lassen.
Da wird Nachbars Kälbchen
vom Viehhändler abgeholt,
staksige Beine die Schräge hinauf,
Strick um den Hals,
die Tränen der Mutter.
Der Stock des Händlers trifft mich.
ICH bin auf dem Karren zum Tod.
Wie kann ich glücklich sein,
Herr Zeitung.

Die Unterseite des Igels nämlich
ist weich.
Nur auf dem Rücken
trägt er die Stacheln.
Ich aber
habe nicht einmal da
welche.

Miniskusriss! Und Kreuzbandriss noch dazu!

Mein spielender Hund hatte mir einen Miniskus- und Kreuzbandriss beschert.
Eine Operation war unumgänglich. Obwohl die Fußballer nach derlei Lappalien angeblich vier Wochen später bereits wieder Tore schießen, konnte ich ganze drei Jahre lang nur mit heftigen Schmerzen gehen, hatte fast die Hoffnung aufgegeben, jemals wieder richtig auf die Beine zu kommen, aber nur fast. Alle Anstrengungen machten sich letztlich doch bezahlt, die Gymnastik, das Extra an Mineralstoffen und Vitaminen, das Hin-Atmen an die schmerzenden Stellen. Selbstmassagen taten ein Übriges, nicht zu vergessen die Fußbäder mit Kräuterzusätzen oder Salz.
Allerdings ohne Schweiß offenbar tatsächlich kein Preis. Nur tägliches Üben führt zum Erfolg.

Mystic Rose – die mystische Rose

Die »Mystic Rose« ist eine der schönsten Therapien, die Osho geschaffen hat.
Sie dauert drei Wochen und besteht aus ebenso vielen Teilen. In der ersten Woche wird jeden Tag drei Stunden gelacht, in der zweiten Woche täglich drei Stunden geweint und in der dritten Woche bin ich »watcher on the hill«, der reine Beobachter.
Ich habe die Mystic Rose zweimal mitgemacht, zuerst als Teilnehmerin, dann als zukünftige Trainerin, kann diese wundervolle Therapieform also jetzt »unter die Leute bringen«.
Osho geht davon aus, dass wir im Laufe unseres Lebens so viel Lachen unterdrückt haben und so viele Tränen, dass wir von einem regelrechten Panzer von Verhärtungen umgeben sind. Diesen Panzer gilt es aufzubrechen. Man erlaubt sich in einer geschützten Runde unter liebevoller Begleitung sieben Tage lang, ohne Grund zu lachen, zu weinen und Beobachter zu werden.

Einige Aufzeichnungen aus meinem Tagebuch:
»Ashram in Pune, Indien, 21. Januar, 9 Uhr. Treffen vor dem Lao-Tzu-Haus. Das übliche, mehr oder minder vorsichtige Sich-gegenseitig-Beäugen. Zuerst die praktischen Hinweise. Wir sollen viel Wasser trinken, alle möglichen Gifte werden sich während des Prozesses lösen und müssen weggespült werden. Jeder erhält eine Matte und ein Kopfkissen und schon geht die Lacherei los, unterstützt von den drei Meditationsleitern und fröhlicher Musik.
Bei meiner ersten Mystic Rose konnte ich anfangs überhaupt nicht lachen, war am zweiten Tag sogar so wütend, dass ich aufhören wollte. Zu sehr im Kopf.
Ratschläge von Osho vom Tonband für diejenigen, denen es ähnlich geht:
Sei verrückt, so verrückt wie möglich. Lache ohne Grund, experimentiere mit dem Lachen, brabbele wirres Zeug, finde dein inneres Kind, kreiere Lachenergie. Welche Emotionen auch immer kommen, transformiere sie in Lachen.
Am dritten Tag lache ich so, wie ich es nie für möglich gehalten hätte: Sitze auf meiner Matte, johle, kreische, wie ich als Kind nie gekreischt habe – ich war immer ein artiges, vorbildliches Kind –, brülle vor Lachen, muss nach Luft schnappen, die Tränen laufen mir übers Gesicht, ich muss mir auf die Schenkel schlagen vor Lachen, den Bauch halten, bin nur noch Lachen.
Dann die Woche der Tränen. Die Fenster sind jetzt dunkel verhängt, Trauermusik. Das Adagio von Albinoni, das »Ave Maria« von Bach – kaum sitze ich auf meiner Matte, stürzen mir schon die Tränen aus den Augen, sind um mich herum die ersten Schluchzer zu hören. Neben jeder Matte eine Schachtel mit Kleenex zum Tränentrocknen und eine Plastiktüte, um die nassgeweinten Taschentücher hineinzustopfen. Mit der Musik schwillt unser Geheul zum infernalischen Crescendo an – im Fegefeuer kann es kaum wüster zugehen.
Manchmal liegen wir nur noch da wie Kinder, die sich in den Schlaf geweint haben – 49 Menschlein aus 19 Nationen; Russen, Koreaner, Japaner, Chinesen, Europäer, Amerikaner, eine Wahnsinnsmischung.
Drei Stunden täglich sind fast zu wenig. Ich weine und weine, um

meinen Vater, der irgendwo in einem Massengrab verscharrt liegt, um meine Mutter, der ich bei ihrem Sterben an Krebs nicht beigestanden habe, um die Kinder, die ich mir wünschte, aber nicht bekommen konnte, um den kleinen toten Bruder, den ich, vier Wochen alt, in seinem winzigen Sarg liegen sehe. Ich brülle über all die Verletzungen, die ich meinen Geliebten zugefügt habe und sie mir, ich schluchze, weil ich nie einen tantrischen Liebhaber hatte, und haue auf mein Kissen, weil ich es plötzlich doch traurig finde, alt zu werden …

Am vierten Tag bin ich leer geweint. Denke ich. Minutenlang stehe ich, still mein Kissen in den Armen wiegend, tränenlos da – als mich eine zierliche Koreanerin, die ich besonders ins Herz geschlossen habe, umarmt. Nun heulen wir beide los, aneinandergeklammert, ihre Tränen laufen mir den Hals herunter, meine Tränen über ihr Gesicht. Nachdem meine privaten Kümmernisse nun offenbar abgehakt sind, bricht der große kollektive Schmerz aus – ich weine um die Kinder, die durch Minen ihre Gliedmaßen verloren haben, um die Großmutter, die während des Golfkrieges ihre tote Enkelin durch den Schnee schleppte, um die Soldaten, die immer wieder in Kriege hineingepeitscht werden. Go on digging, go on digging, geh hinein in den Schmerz, mach ihn bewusst und transformiere ihn in Tränen …

Dann die dritte Woche: Beobachter auf dem Hügel sein. Einfach dasitzen und den inneren Film anschauen. Osho sagt, dass es drei Schlüssel zur Meditation gibt: Entspannung, Achtsamkeit (oder Beobachter sein) – und eine Haltung, die nicht urteilt: Akzeptanz.

Gedanken, Gefühle, Körperbewegungen, Geräusche von draußen – alles nehme ich wahr und beobachte, absolut distanziert – als ob ein Fluss vorbeifließt, alles Mögliche vorbeischwimmt, eine Blume, ein Stück Holz, ein totes Tier – ich nehme wahr, beobachte – und lasse los. Nichts tun. Nur sitzen und loslassen.

Der Name »Mystic Rose« geht auf eine Geschichte um Buddha zurück. Buddha soll eines Tages dagesessen haben, eine rote Rose in der Hand, schweigend, endlos. Seine Jünger werden schon nervös. Was ist los, warum sagt der Meister nichts? Einer sitzt wie gewöhnlich abseits unter einem Baum, er redet nie. Plötzlich aber fängt dieser an zu lachen. Alle sind entsetzt. Buddha aber überreicht dem Lachenden die rote Rose mit der Aufforderung: Geh hinaus in die Welt und verbreite meine Lehre!

Eine kurze Trauer, aus dieser Stille wieder hinaus auf den Marktplatz des Lebens zu müssen, aber dann überwiegt das Glücksgefühl, dass ich es immer besser schaffe, sowohl diese Stille als auch den Trubel des Lebens zu genießen, den Buddha und den Zorba zu leben.

(Informationen zur Mystic Rose wie auch den übrigen Osho-Meditationen im Anhang)

»Im Ashram in Pune, Indien. Zur Erlernung der ›Mystic Rose‹, einer der schönsten Therapien, die Osho geschaffen hat.«

Brauchen wir **Nahrungsergänzungsmittel?**

Natürlich nicht – sagt sogar die Deutsche Gesellschaft für Ernährung.
Vorausgesetzt, wir essen nur Lebensmittel aus biologischem Anbau, auf ökologisch gepflegten, gesunden Böden gewachsen – ohne Gentechnik. Dann liefern sie – auch heute noch! – alles, was mensch braucht, um gesund zu bleiben.

148

Die **Nasendusche** tut gut

Die Nasendusche pflegt die Nase, wäscht Schleim und Schmutzstoffe heraus und tut besonders gut in Erkältungszeiten und bei Pollenallergie.
Nasendusche samt richtig dosiertem Nasenspülsalz führen die Apotheken.

Nervenkekse – und das Gipfeltreffen
mit Werner Schmidbauer

Das im Fernsehen ausgestrahlte Gipfeltreffen mit Werner Schmidbauer auf der Chiemseer Hochplatte hat ähnliche Begeisterung ausgelöst wie einstens meine Rolle als Geierwally, bei Jung und Alt, quer durch alle Bevölkerungsschichten, vom Bahnschaffner über die Bäuerin bis hin zu hohen kirchlichen Würdenträgern und dem Landtagspräsidenten.

Die klare Bergluft pustet offensichtlich den Kopf frei von Überflüssigem, dem Bedürfnis, Eindruck zu machen. Mensch wird wesentlich. Das erklärt wohl den Reiz dieser beliebten Fernsehsendung.

Ich hätte ja mit immerhin Ende 70 bei der glühenden Hitze weniger geschnauft als der junge Schmidbauer, höre ich zu meinem Vergnügen – ob das wohl an meiner Ernährung läge, gar an den Hildegard-von-Bingen-Keksen, die ich als Proviant dabeihatte, ob ich ein paar Tipps und das Rezept verraten würde?

Das tue ich gern und wiederhole: Eine gesunde, vitalstoffreiche Ernährung ist das A und O zum Gesundbleiben. Die Lebensmittel sollten möglichst aus Bio-Anbau stammen, saisonal und regional eingekauft. Wichtig sind Vollkornprodukte, viel frisches Obst und Gemüse, ein gutes Öl. Gemieden werden sollten Fertigprodukte, das »schöne« weiße Mehl und der »schöne« weiße Zucker – beides Vitalstoffräuber!

Unsere Bauern müssen für ihre gesunden Lebensmittel besser bezahlt werden. Ich werde nicht müde, das als ernährungspolitische Sprecherin meiner Fraktion auch im Landtag immer wieder zu betonen. 1960 wurden im Haushalt durchschnittlich 30 % des Haushaltsgeldes für Lebensmittel ausgegeben, heute gerade noch 12,3 %! Das ist eine Entwicklung in die falsche Richtung. Für das Auto darf es das teuerste Öl sein, für den Salat genügt das billigste – da stimmt doch etwas nicht!

Nun zu den berühmten Keksen.
Hildegard von Bingen soll geschrieben haben:
»Nimm Muskatnuss, im gleichen Gewicht Zimt und etwas Nelken

und pulverisiere das. Und dann mach mit diesem Pulver, mit Mehl und etwas Wasser Törtchen, und iss diese oft, und es dämpft die Bitterkeit des Herzens und des Sinnes, es öffnet dein Herz, macht deinen Geist fröhlich, mindert alle schädlichen Stoffe in dir, es verleiht deinem Blut einen guten Saft und es macht dich stark.«

Natürlich backe ich auch diese Kekse mit Dinkelvollkornmehl. Als Zimtfan nehme ich ziemlich viel von diesem köstlichen Gewürz, deshalb ist die gleiche Menge Muskatnuss zu viel. Nelken und Muskatnuss sehr sparsam verwenden.
Mein Rezept lautet also:

1,5 kg fein gemahlener Dinkel
200 g geriebene Mandeln
375 g Butter
etwa 300 g Honig
4 Eier
1/2 TL Salz
etwas Wasser
45 g Zimt (oder weniger)
gemahlene Nelken und geriebene Muskatnuss (sparsam verwenden)!

Alles gut miteinander verkneten, den Teig ruhen lassen, dann dünn ausrollen und Plätzchen in beliebiger Form ausstechen. Im vorgeheizten Ofen bei 180 °C 5–10 Minuten backen.

Ich wünsche viel Erfolg bei der Stärkung von Nerven und Gemüt!

P. S. Eben schreibt mir eine Nach-Bäckerin, sie könne dank der Wirkung der Kekse endlich wieder durchschlafen!

O

Omega-3-Fettsäuren –
Omega diesmal ohne Alpha

Die Omega-3-Fettsäuren sind wichtiger für die Gesundheit als bisher angenommen. So scheint ein Ungleichgewicht zwischen Omega-6- und Omega-3-Fettsäuren erhebliche Gesundheitsstörungen zu verursachen.

Esst Fisch, wurde uns doch immer eingetrichtert, nur im Fisch findet ihr die gewünschten Omega-3-Fettsäuren – falsch! Besonders im Leinöl sind sie enthalten, im Rapsöl, im Hanföl.

Ideal wäre z. B. ein Esslöffel Leinöl pro Tag – für meine Spreewälder Großmutter war das selbstverständlich. Sie tunkte sich ihr Frühstücksbrot in Leinöl und streute Salz drüber.

Mein Favorit nach wie vor: Leinöl mit etwas Stein- oder Kräutersalz zu Pellkartoffeln!

Wussten Sie übrigens, dass Schwangeren geraten wird, nicht öfter als höchstens zweimal pro Woche den angeblich so gesunden Meeresfisch zu verzehren, wegen der hohen Belastung durch Schwermetalle, besonders Quecksilber.

Osho in meiner Wohnung

Eine Freundin, die als Kind von strenggläubigen Christen erzogen worden war, meinte angesichts der Osho-Fotos in meiner Wohnung: Das ist ja Götzenanbetung!

Vor ein paar Jahren wurde ich Sannyasin. Das heißt, ich erkannte den indischen Mystiker Osho als meinen Meister, wurde in Sannyas initiiert und trage seitdem den Namen Anand Taruna (»Anand« bedeutet im Sanskrit »Glückseligkeit«, »Taruna« »für immer jung«). Wenn das keine Verpflichtung ist!

Viele meiner alten Freunde reagierten mit heftigem Befremden, mit Ablehnung und Angst. Aber auch große Neugier war zu spüren: Irgendetwas muss dran sein an der Sache, wenn Barbara – oder jetzt Taruna – zunehmend so gut drauf ist.

Aber diese Fotos von Osho an der Wand – ist sie von einem Guru abhängig geworden?

Ich behaupte, das Gegenteil ist der Fall. Osho hat mich in die totale Unabhängigkeit und Freiheit gestoßen. Ich bin Sannyasin geworden, weil Osho für mich nicht nur der größte Mystiker des letzten Jahrhunderts war, sondern auch der größte Therapeut, weil er mein Leben unglaublich bereichert und weil ich mit Sannyasins die glücklichsten Stunden verbringe.

Den Rest meines Lebens möchte ich gern dazu verwenden, an Oshos Vision des neuen Menschen mitzuarbeiten, eines Menschen, der sowohl die Stille der Meditation als auch den Trubel des Marktplatzes leben und genießen kann. Ich möchte dazu beitragen, dass es auf dieser Erde ein bisschen menschlicher und liebevoller zugeht als vor meinem Eintritt in diese Welt. Jawohl, so unbescheiden bin ich, dass ich das für möglich halte.

Für mich ist Osho ein Katalysator, eine unerschöpfliche Quelle, die mich immer von Neuem mit Energie speist, wenn mich Alltagstrott runterzuziehen droht, wenn all die Kriege, all die Not in der Welt, wenn der ganz normale Wahnsinn ringsum mich zur Verzweiflung bringen.

Sannyasin-Sein heißt für mich nicht nur, immer wieder alles in Frage zu stellen, sondern möglicherweise sogar zu zertrümmern, was mir das Dasein heimelig und gemütlich macht, mich immer wieder von allen alten und auch neuen Konditionierungen zu befreien, um total ich selbst zu werden und die volle Verantwortung für mein Leben zu übernehmen, mit allen Konsequenzen.

Vermutlich wäre jeder von uns gern erleuchtet. Aber wie steht es mit unserem Durst nach Erleuchtung wirklich? Mit unserem Durst nach Wahrheit?

Dazu eine der Geschichten: Buddha besuchte einmal ein Dorf. Ein Mann fragte ihn: »Du sagst, dass jeder Mensch erleuchtet werden kann. Warum wird dann nicht jeder erleuchtet?« Buddha forderte den Mann auf, eine Liste von allen Leuten des Dorfes zu machen und ihre Wünsche neben den Namen zu schreiben. Sie gaben viele Wünsche zu Protokoll – aber nicht ein einziger den Wunsch nach Erleuchtung. Und Buddha antwortete: »Ich sage nur, dass jeder Mensch zur Erleuchtung fähig ist. Ich sage nicht, dass jeder Mensch auch die Erleuchtung will.«

Osho ermuntert uns immer wieder, unsere Wünsche, unseren Durst nach Wahrheit zu hinterfragen. Ist dieser Durst groß genug? Oft verspüren wir Sehnsucht nach der Wahrheit, doch ist diese Sehnsucht ebenso oft verbunden mit einer gewissen Hoffnungslosigkeit. Osho meint dazu: »Wenn der erste Schritt optimistisch unternommen wird, dann endet auch der letzte Schritt optimistisch. Wenn du willst, dass der letzte Schritt erfolgreich ist und dich zufriedenstellt, dann muss der erste Schritt voller Optimismus getan werden.«

Jeder kann sein Leben und dessen Entfaltung in die eigenen Hände nehmen, nicht länger wie Treibholz träge im Fluss des Lebens dahinziehen. Es gilt, die eigene Energie anzuheben und zu transformieren.

»Wann immer du Zeit hast, sinne über Wahrheit, Gutes und Schönheit nach. Und immer, wenn du im Begriff bist, etwas zu tun, werde dir bewusst, ob du in Einklang mit der Wahrheit, mit dem Guten und der Schönheit handelst oder dagegen. Überlege, ob der Ablauf deiner Gedanken der Wahrheit, dem Guten und der Schönheit dienlich ist. Wenn das Gegenteil der Fall ist, dann halte sofort an und

gib den Gedanken keine Nahrung mehr. Sie schaden dir nur, sie ziehen dich herunter und zerstören dein Leben. Sei dir also bewusst, welche Art von Gedanken du hast, und lenke sie mutig, entschlossen und beharrlich in Richtung Reinheit und Wahrheit.«
Vermutlich könnten wir tatsächlich alle im Himmel leben statt, wie die meisten von uns, in der Hölle.

Ein weiterer Tipp von Osho: »Tue jeden Tag ein oder zwei Dinge, für die du nichts zurückbekommen willst ... Das sind die Handlungen, die aus Liebe geschehen. Sie werden deine Liebe stärken und deine Freundlichkeit wird immer mehr wachsen ... Du musst deinem Leben eine Disziplin geben, um dich auf den höchsten Augenblick vorzubereiten, wo du deine Liebe über die ganze Welt ausdehnen kannst. Doch dazu bedarf es einiger Anstrengung. Mache also jeden Tag etwas Liebevolles.«
Freundlichkeit, Mitgefühl, Fröhlichkeit und Dankbarkeit: Das sind die Qualitäten, an denen wir hauptsächlich arbeiten sollen.
»Traurigkeit ist nur eine Angewohnheit, die du dir zugelegt hast. Genauso gut kannst du dir Fröhlichkeit angewöhnen ... Das Leben muss in Lachen verwandelt werden. Das Leben und selbst der Tod müssen zu einer Freude werden.«

Osteoporose – kein unvermeidliches Schicksal!

Beim Welt-Vegetarier-Kongress im Sommer 2000 im kanadischen Toronto trauten einige Teilnehmer ihren Ohren nicht. Einer Verschwörung gleich wetterten die Referenten, alle international renommierte Ernährungswissenschaftler und Ärzte, gegen die Milchprodukte.
»Milch, das tödliche Gift«, war da zu hören, »Milch hat schon mehr Menschen umgebracht als alle Kriege zusammen«, »Milch schuld an Osteoporose« – »Keine Milch – starke Knochen«, »Milch, der Calcium-Räuber« usw.
Was mein geliebter Lehrer Dr. Max Otto Bruker schon seit Jahr-

zehnten predigt, ist nun endlich wissenschaftlich anerkannt. Milchprodukte stärken die Knochen nicht, sie verhindern nicht die Osteoporose, sie fördern sie sogar.

Ich zitiere aus einem Bericht von Dr. John McDougall:

»Mysteriöserweise ist die Häufigkeit von Osteoporoseerkrankungen extrem hoch in den USA, Kanada, England, Finnland, Schweden und Israel, trotz des hohen Calcium-Verzehrs in diesen Ländern, und am allerhäufigsten bei den Eskimos, die täglich ca. 2200 Milligramm Calcium zu sich nehmen – eine riesige Menge. Dagegen ist die Osteoporose am wenigsten verbreitet in Asien und Afrika, Ländern, in denen viel weniger Calcium konsumiert wird.«

McDougall weiter: »Alter Mythos – Sie kriegen Osteoporose, wenn Sie nicht genug Calcium zu sich nehmen. Aber das ist falsch, falsch, falsch!

Alter Mythos: Kuhmilch baut starke Knochen auf! Aber das ist falsch, falsch, falsch!

Tatsächlich hat bereits eine vergleichende wissenschaftliche Studie überzeugend gezeigt, dass Kuhmilch die Knochen schwächt, und – Ironie des Schicksals – diese Studie wurde ausgerechnet von der nationalen Milchindustrie in Auftrag gegeben (abgedruckt im *American Journal of Clinical Nutrition*). Verständlicherweise hat die Milchindustrie nie wieder eine ähnliche Studie durchgeführt.«

Was aber ist die wissenschaftliche Erklärung? Wie kann Milch die Knochen schwächen?

John McDougall: »Die Antwort ist, dass Kuhmilchprodukte tierisches Eiweiß in sehr konzentrierter Menge enthalten. Und wenn Sie zu viel (tierisches) Eiweiß essen, so landet das nicht in Ihren Muskeln, sondern in Ihrer Leber und in Ihren Nieren – und dann buchstäblich mit Ihrem Urin in der Toilette. Das Problem ist, dass dieser Eiweiß-Verteilungsprozess auch Calcium aus Ihrem Blut löst. Auch dieses Calcium verschwindet in der Toilette. Ihr Körper gerät in ein Calcium-Defizit … und Ihr Darm kann nicht genügend Calcium aufnehmen, um es zu ersetzen. Das Ergebnis ist Osteoporose.

Aber es gibt einen Weg, dieser Falle zu entkommen: eine optimale Ernährung – bestehend aus einer Gruppe von vier Lebensmitteln:
- frischen Früchten,
- Vollkornprodukten,
- Linsen und Bohnen,
- Gemüse.«

Was McDougall und mit ihm alle fortschrittlichen Ernährungswissenschaftler empfehlen, ist also unsere gute alte vegetarische Vollwertkost.

»Osteoporose kann man durch eine gesunde Ernährung und ausreichende Bewegung vermeiden.«

P

Mach mal Pause ... Pause ... Pause!

Hier möchte ich wieder an das »Ent-schleunigen« erinnern. Also immer mal wieder innehalten, Pause machen, durchatmen, sich aus der Hetze des Alltags herauslösen – das tut Körper und Seele gut – und fördert sogar die Effizienz der Arbeit.

Das Pareto-Gesetz

Eine interessante – und gerade in Bezug auf vegetarische Perfektion auch tröstliche – These: Drei Fleischesser, die ihren Fleischkonsum halbieren, dienen der Tierwelt mehr als ein Voll-Vegetarier, zwei Menschen, die Ovo-lacto-Vegetarier werden, mehr als ein Veganer.
Danach soll Ovo-lacto-Vegetarismus bei mäßigem Genuss von Milchprodukten und Eiern immerhin eine Reduzierung des durch Tiernutzung verursachten Tierleids um ca. 80 bis 90 Prozent bewirken.
Diese These fußt auf einer Studie des italienischen Wirtschaftswissenschaftlers Pareto. Diesem war vor 100 Jahren beim Kartoffelernten aufgefallen, dass eine Stunde gebraucht wurde, um 80 % der Kartoffeln aus der Erde zu holen, hingegen zwei Stunden nötig waren, um auch die restlichen 20 % auszubuddeln.

Daraus wurde das sogenannte Pareto-Gesetz: 80:20.

Mit anderen Worten: Perfektion kostet unverhältnismäßig viel. Sind Zeit und Mittel knapp, empfiehlt es sich also nachzudenken, ob es sinnvoll ist, auf Vollendung zu beharren, oder ob es auch ein bisschen schlampiger geht.

Dennoch: Jeder Verzehr von Milchprodukten bedingt, dass eine Kuh dazu verdammt ist, ununterbrochen trächtig zu sein – und ihr immer wieder die Kälbchen entrissen und umgebracht werden.

Die Kuhmütter weinen beim Verlust ihrer Kinder.

Die evangelische Pfarrerin Christa Blanke, Gründerin der Tierschutzorganisation »Animals' angels« und Vegetarierin, sagt: »Ich kann doch nicht meinen Kindern die Kinder anderer Mütter zu essen geben!«

Phytotherapie in der Küche

»Die Nahrungsmittel sollen unsere Heilmittel und die Heilmittel unsere Nahrungsmittel sein.«

Das forderte bereits 400 Jahre v. Chr. der griechische Arzt Hippokrates und beschrieb die heilende Wirkung verschiedener Pflanzen. Seit es Menschen gibt, haben sie die Heilkräfte der Natur erforscht und sich zunutze gemacht. Zunächst mündlich überlieferte, von Generation zu Generation weitergegebene Erfahrungen wurden später aufgezeichnet und führten zu einer regelrechten Wissenschaft, der Phytotherapie (Pflanzenheilkunde). Zu Unrecht verdrängt durch chemische und synthetische Arzneimittel, sind die Naturheilmittel heute wieder auf dem Vormarsch und erfreuen sich bei immer größeren Teilen der Bevölkerung wachsender Beliebtheit.

Auch die Wissenschaftler beschäftigen sich zunehmend wieder mit der Wirkung der Heilpflanzen. Ein zweischneidiges Schwert. Denn Wissenschaftler neigen dazu, nur anzuerkennen, was sie im Labor nachweisen, was sie messen, wiegen und sichtbar machen können. Die Wissenschaftler wissen genau, woraus ein Apfel besteht. Warum ist keiner von ihnen in der Lage, einen Apfel herzustellen?

Virchow soll gesagt haben, er habe soundso viele Leichen seziert, aber nie eine Seele angetroffen. Womit bewiesen werden sollte, dass es keine Seele gäbe. Ich denke, dazu erübrigt sich jeder Kommentar! Leider, muss man fast sagen, werden sämtliche, seit Jahrhunderten bewährte Heilpflanzen nun im Labor getestet. Dabei bleibt manche wegen nicht mess- und wägbarer Heileigenschaften auf der Strecke. So darf die gute alte Brennnessel nicht länger, wie Hippokrates es tat, zur Leib- und Blutreinigung angepriesen werden. Ebenso ergeht es der *Rauwolfia serpentina*, einer in Indien heimischen und seit Jahrhunderten beliebten Heilpflanze, die unter anderem das blutdrucksenkende Reserpin und das herzregulierende Ajmalin enthält. Sie verfügt über zahlreiche Spurenelemente, Salze und womöglich noch gar nicht bekannte Stoffe, die eine chemische Analyse einfach nicht erfassen und deshalb auch nicht wiedergeben kann. Man begann nämlich, das Reserpin zu isolieren und im Labor synthetisch herzustellen. Nach 20 Jahren stellte sich dann heraus, dass diese chemische Nachahmung offenbar eine schlechte Kopie war und beim Menschen Brustkrebs und schwere Depressionen auslöste. Wirkungen, die die natürliche Pflanze nicht verursacht. Ähnlich verhält es sich mit dem natürlichen, aus der Weidenrinde gewonnenen Salicin und den synthetischen Salicylaten, die man gern in der Rheumabehandlung anwendet.

Ebenso in Verruf geraten ist der Beinwell.

Kaum ein Tag vergeht, ohne dass mir ein Brief ins Haus flattert: »Sie schwärmen in Ihrem Kochbuch vom Beinwell als der Wunderdroge. Nun hat mir aber mein Apotheker vom innerlichen Gebrauch der Beinwellblätter dringend abgeraten, weil sie, ebenso wie die Blüten, Alkaloide enthalten, die Leberschäden hervorrufen und zur Lähmung des zentralen Nervensystems führen können.«

Bei Kräutern und Arzneipflanzen beziehe ich mich auf alte Kochbücher, Rezepte, die seit Jahrhunderten von Generation zu Generation weitergegeben worden sind. Und da wird nun mal der Beinwell über den grünen Klee gelobt.

In den letzten 100 Jahren hat sich jedoch zunehmend das bereits erwähnte Labordenken breitgemacht. In Tierversuchen vornehmlich werden den armen Opfern ungeheure Mengen einer Substanz eingetrichtert und dann wird gemessen, bei wie viel Gramm oder Kilo der betreffenden Substanz die Ratte oder die Maus oder der Hund oder die Katze Krebs bekommt.

Wenn es Sie beruhigt, hören Sie auf Ihren Apotheker – verwenden Sie von Beinwell nur die Wurzel. Ich allerdings schnipple mir weiterhin mein Blättchen Beinwell in den Salat.

Als Tee hilft der Beinwell bei Hals- und Rachenbeschwerden: 1 EL der klein gehackten Wurzel auf einen Viertelliter Wasser geben. 3 bis 4 Minuten kochen. Täglich 2 bis 3 Tassen trinken.

In meiner Küche haben einen festen Platz – getreu dem Leitsatz des Hippokrates, dass die Kunst, mit Pflanzen zu heilen, ja bereits beim Zubereiten der täglichen Mahlzeiten beginnt: Liebstöckel, Majoran, Pimpinelle, Rosmarin und Thymian. Sie würzen nicht nur die Speisen, sie entwässern auch (Liebstöckel), wirken krampflösend (Majoran), regen den Kreislauf an (Rosmarin), lindern Husten und Bronchitis (Thymian).

Dazu kommen die Wildkräuter Brennnessel und Löwenzahn, Brunnenkresse und Sauerampfer – sie veredeln unseren Frühlingssalat auf delikate Weise und reinigen so ganz nebenbei unseren Organismus von angesammelten Winterschlacken.

Auch Wildkräuter werden immer häufiger auf dem Gemüsemarkt angeboten. Bitte danach verlangen, denn die Nachfrage schafft das Angebot.

Da Wildkräuter häufig einen etwas bitteren Geschmack haben, ein Rezept, wie sie zu einer Gaumenfreude ohne Bitternis werden können: Ganze Händevoll gehackter Wildkräuter wie Bärentatzen (Bärenklau), Brunnenkresse, Brennnesselblätter, Spitzwegerich, Bärlauch und Giersch mit Zitronensaft, Kräutersalz und viel Sauerrahm (Veganer nehmen Sojasahne) anmachen und diesen Salat mit grob zerdrückten, noch heißen Pellkartoffeln vermischen. Schmeckt super!

Meine liebsten Küchen- und Wildkräuter
Basilikum
appetitanregend, verdauungsfördernd; für Suppen und Saucen, Salat.

Bärlauch
wilder Knoblauch, den die Bären lieben; als Suppe, Pesto.

Beinwell (s. oben)

Bohnenkraut
appetitanregend, verdauungsfördernd, harntreibend; als Gewürz an Salat, Gurken, Tomaten etc.

Brunnenkresse
entwässernd, blutreinigend, gegen Rheuma; schmeckt wunderbar im Salat und enthält viel Vitamin C. Darf in der Frühjahrskur nicht fehlen.

Dillkraut
appetitanregend, verdauungsfördernd, harntreibend; als Gewürz an Salat, Gurken, Tomaten etc.

Estragon
appetitanregend; als Gewürz zu Salaten, für Essig.

Fenchel
bei Husten, Magen- und Darmstörungen; als Gewürz für Brot – so zusammen mit Koriander, Kümmel und Leinsamen im »Barbara-Rütting-Brot«. Als Tee: 1 Teelöffel auf 1 Tasse, mit kochendem Wasser überbrühen. Täglich 1 bis 3 Tassen. Wirkt stimmungsaufhellend – gut für die Wechseljahre!
Frauen, die viel Fencheltee trinken, sind ausgeglichen.
In Indien knabbert man Fenchel- und Kümmelkörner nach dem Essen zur besseren Verdauung.

Frauenmantel
blutreinigend, stärkt die weiblichen Organe; ganze Blättchen im Salat. Als Tee: 1 Teelöffel auf 1 Tasse, mit kochendem Wasser überbrühen. Täglich 2 bis 3 Tassen trinken.
In den Blättern des Frauenmantels halten sich die Tautropfen, wie

Diamanten glitzernd. Wer damit die Gesichtshaut benetzt, wird wunderschön – sagen alte Kräuterbücher. Ich möchte mich dafür aber nicht verbürgen – anno dazumal gab es noch keinen sauren Regen …

Heidelbeeren
bei Durchfall (stopfende Wirkung); täglich 2 bis 3 Teelöffel voll Beeren gut kauen. Als Tee: 1 Teelöffel auf 1 Tasse, kurz aufkochen. Täglich 2 bis 3 Tassen.

Holunderblüten
ergeben im Sommer ein sehr erfrischendes Getränk: Holunderblüten in kaltem Wasser über Nacht ansetzen, am nächsten Tag mit Honig und Zitronensaft abschmecken. In einer Glaskaraffe gekühlt angerichtet, mit einigen frischen Melisseblättchen garniert, ist dieser Holunderblütentrank auch ein optischer Genuss.

Koriander
bei Magen- und Darmstörungen; als Brot-, Suppen- und Saucengewürz.

Kümmel
verdauungsfördernd, gegen Blähungen; als Brotgewürz. Kümmel macht Kohl verträglicher.

Kürbiskerne
stärken die Harnorgane, gut für Blase und Prostata; über den Salat streuen. 1 bis 2 Esslöffel gut kauen.

Leinsamen
hat eine leicht abführende Wirkung. Innerlich: bei Reizungen der Magen- und Darmschleimhaut (geschrotet und eingeweicht). Äußerlich für Umschläge: mit kochendem Wasser übergießen und quellen lassen. So heiß wie möglich auflegen. Hilft bei Entzündungen, Prellungen etc.

Liebstöckel, auch Maggikraut genannt
entwässert; im Salat, in Suppen und Gemüsegerichten.

Löwenzahnblätter
blutreinigend, galletreibend, entwässernd; unentbehrlich bei der Frühjahrskur, am besten im Salat.

Lorbeerblätter
appetitanregendes Gewürz; für Suppen, Saucen, Gemüse.

Majoran
gegen Blähungen; als Gewürz im Salat, auf Pizza etc.

Pfefferminze
bei Magen- und Darmstörungen, Blähungen; fördert die Gallebildung. Als Tee: 1 Teelöffel auf 1 Tasse, mit kochendem Wasser überbrühen. Täglich 1 bis 2 Tassen trinken.

Rosmarin
stärkt Herz und Kreislauf und die Nerven; Gewürz für Suppen, Saucen, überbackene Kartoffeln. Als Tee: 1 Teelöffel auf 1 Tasse, mit kochendem Wasser überbrühen. Täglich 1 bis 3 Tassen trinken.

Salbei
verhindert Schwitzen, angezeigt bei Hitzewallungen in den Wechseljahren; magenstärkend, gegen Blähungen. Als Gurgelmittel bei Halsschmerzen; stärkt das Zahnfleisch. Als Gewürz für Suppen und Saucen, in Butter gebraten. Als Tee: 1 Teelöffel auf 1 Tasse, mit kochendem Wasser überbrühen. Täglich 1 bis 2 Tassen trinken.

Thymian
gegen Bronchitis, Husten, Blähungen; als Gewürz auf Pizza, im Salat, in Suppen. Als Tee: 1 Teelöffel auf 1 Tasse, mit kochendem Wasser überbrühen. Täglich 2 bis 3 Tassen (mit dem Tee auch gurgeln).

Wacholderbeeren
regen die Harnbildung an, stärken den Magen, entwässern; als Gewürz in Sauerkraut und allem milchsauer Eingelegten.

Zitronenmelisse
beruhigende und nervenstärkende Wirkung; gemütserheiternd. Ganze Blättchen gebe ich an den Salat. Als Tee: 1 Teelöffel auf 1 Tasse, mit kochendem Wasser überbrühen. Täglich 2 bis 3 Tassen trinken. Übrig gebliebenen Tee schütte ich abends ins Badewasser – wirkt schlaffördernd.

Dazu kommen noch die Exoten wie Kreuz- und Schwarzkümmel und das Trio Galgant, Ingwer und Gelbwurz (Kurkuma) zur Stärkung der Gelenke (s. das Stichwort → *Gelenke*).

Aktiv in der **Politik** als Abgeordnete

B.R. bei den Demonstrationen gegen die Nachrüstung in Mutlangen im September 1983, bei der sogenannten ›Prominentenblockade‹«.

Mich einmischen in die Politik – das mache ich nun schon seit Jahrzehnten.
2003 – als 75-Jährige (!) – wurde ich von den Grünen als Kandidatin für die bayrische Landtagswahl aufgestellt und – gewählt!
Mein Leben ist nun total von meiner Arbeit als Landtagsabgeord-

nete geprägt. Hier einige Aufzeichnungen aus meinem Tagebuch. Trotz vieler, oft auch aussichtslos scheinender Bemühungen gibt es auch Entwicklungen, die Mut machen ...

20. Februar 2003: Heftiges Gedrängel um die sicheren Listen-plätze sorgt für Nervosität unter Oberbayerns Grünen
Nervös, das beteuern sie alle, seien sie nicht. Es werde, hofft einer, »schon gutgehen«. Wenige Wochen vor der Aufstellung der Oberbayernliste für die Landtagswahl herrscht bei den Grünen heftiges Geschiebe und Gedrängel um die aussichts-reichsten Plätze.
Derzeit sitzen fünf Grüne aus Oberbayern im Maximilianeum. Nach dem derzeitigen Stand bewerben sich vier Frauen und sechs Männer um eine dieser Top-Positionen ... bekommen zudem Konkurrenz von der früheren Schauspielerin Barbara Rütting, die in Rosenheim-West auf Stimmenfang geht. Die 75-jährige Autorin gilt in Tier- und Umweltschutzkreisen so-wie unter Friedensaktivisten als überaus populär – und zwar über Parteigrenzen hinweg. Das macht Rütting zu einer ge-fährlichen Konkurrentin auf der Überholspur, die von einem der hinteren Plätze zum Sprung nach vorne ansetzt und damit alte Hasen rauskegeln könnte.

Donau-Kurier

Sommer 2003: Brief an alle meine vernachlässigten Freunde
... die Grünen haben mich als Kandidatin für die Landtagswahl am 21. September aufgestellt, und ehe ich mich versah, war ich auf Platz 9 der Kandidatenliste. Also, wenn ich Pech habe, komme ich noch in den Landtag!!!
Da es nun einmal ist, wie es ist, erledige ich die Sache mit der mir eigenen Inbrunst, aber dennoch gelassen, da ich ja nicht auf einen Posten aus bin, sondern Inhalte vermitteln möchte – als Landtags-abgeordnete kann ich das vermutlich mit mehr Nachdruck. Wenn es also sein soll, wird es sein – Que sera, sera ...
Sollte ich reinkommen, gibt es ein rauschendes Fest. Liebe Grüße Euch allen und Umarmung, wenn gewünscht ...

22. September 2003

Ich bin tatsächlich gewählt worden – mit über 15000 Stimmen! Ein großer Teil davon sogar Erststimmen aus meinem »schwarzen« Stimmkreis. Den größten Batzen brachten dann allerdings die Zweitstimmen aus München und Umgebung, und das habe ich überwiegend den Tierfreunden zu verdanken, die von Haus zu Haus tingelten, um Wahlprospekte zu verteilen.

Am Abend vorher sah es noch ganz anders aus. Ich dachte, nun kann ich mich gemütlich zurücklehnen, es wird nichts mit dem Landtag – fast erleichtert –, schlief selig wie ein Murmeltier, während, wie ich höre, in der Münchner Grünen-Fraktion bei den Berichten über die Auszählung Entsetzensschreie zu vernehmen waren und den meisten wohl die Haare zu Berge standen, als ich deutlich aufholte. Kommentare soll es gegeben haben wie: Das darf doch nicht wahr sein!

Am nächsten Morgen ein Anruf von Bernhard Fricke von »David gegen Goliath«: Ich gratuliere! Ich: Wozu? Er: Du bist drin! Ich: Wo drin? Er: Im Landtag!

Der Warnungen gibt es viele: Entweder du resignierst und wirst verbittert – oder ein Ellenbogenmensch wie alle anderen. Das gehört nun mal zur Politik! Wenn du einen guten Antrag 15-mal stellst, wird er 15-mal abgelehnt, schließlich gibt ihn die CSU als ihren eigenen heraus und so weiter.

Ich werde weder verbittert noch ein Ellenbogenmensch werden, sondern weiterhin versuchen, mit meinen Mitmenschen so sanft und liebevoll umzugehen wie nur möglich.

In die angeblich unumgänglichen Machtkämpfe werde ich mich nicht verstricken lassen, sondern unbeirrbar parteiübergreifend arbeiten, gegebenenfalls auch mal gegen die Meinung der grünen Fraktion einem guten Antrag der CSU zustimmen.

Ich behaupte, dass die Grünen ihren neuen zusätzlichen Platz im Landtag immerhin auch mir und meinen jahrzehntelangen Bemühungen um die Verbesserung von Verbraucher-, Tier- und Umweltschutz und dem Einsatz in der Friedensbewegung zu verdanken haben. Denn unter meinen Wählerinnen waren nicht nur Grüne.

Schließlich vertrete ich durchaus wertkonservative Inhalte im Sinne von »Hütet und bewahret die Schöpfung«.

Die vor uns liegenden Aufgaben sind zahllos, und das bei einer Zweidrittelmehrheit der CSU: Ausstieg aus der Atomwirtschaft, der Agro-Gentechnik, der Käfighaltung der Legehennen, Verbot von Subventionen für Lebendtransporte und von Tierversuchen, um nur einige zu nennen. Zumindest kann ich Sand ins Getriebe streuen. Wenn es mir zu bunt wird, strapaziere ich einfach das Lebensmotto meines Filmpartners Klaus Kinski: Wer mich beleidigt, bestimme ich. Ich werde also tatsächlich fünf Jahre lang Abgeordnete der Grünen im Bayerischen Landtag sein. Ich, die ich nie »in die Politik« wollte!

6. Oktober 2003
Beginn der 15. Legislaturperiode
Als Älteste im Landtag und damit Alterspräsidentin hatte ich die Legislaturperiode zu eröffnen.
Eine grüne Quereinsteigerin eröffnet den Bayerischen Landtag!
Die Alterspräsidentin hat nichts weiter zu tun, als die Eröffnungsrede zu halten. Allerdings: Sollten sowohl der Landtagspräsident wie seine beiden Stellvertreter alle gleichzeitig von einem tückischen Virus dahingerafft werden, zum Beispiel von der Vogelgrippe – dann dürfte ich den Landtag leiten!
Hat mir der Landtagsbibliothekar aus dem Gesetzbuch vorgelesen.
Ich kam mir vor wie in einer Filmrolle, war konzentriert, aber überhaupt nicht nervös, als ich da hoch oben unter dem Blitzlichtgewitter der Fotografen und Fernsehteams thronte und entsprechend den Anweisungen der Staatssekretäre mit meiner Glocke bimmelte, dem direkt unter mir sitzenden Ministerpräsidenten Stoiber vergnügt zulächelte und nach vollbrachtem Tun die Hand schüttelte.
Meine Rede wurde allgemein gelobt. Die Medien berichteten, ich hätte das alles so souverän absolviert, als hätte ich mein Leben lang nichts anderes getan.
Die 30 Jahre Schauspielerei scheinen sich bezahlt zu machen.
Der Bayerische Landtag ist mit 48 neuen Frauen ein Stück weiblicher geworden.
Das kann dem Parlament nur guttun.

Ein Jahr später

Das erste halbe Jahr war mörderisch. Kaum Zeit zu schlafen, kaum Zeit zu essen. Um eine bessere Lebensqualität für andere zu erreichen, bin ich angetreten – und die eigene bleibt auf der Strecke? Nicht gut.

Man hatte mir ja prophezeit: Entweder du wirst verbittert in diesem Betrieb, weil du ständig scheiterst, oder du wirst ein Ellenbogenmensch wie alle anderen. Beides konnte ich vermeiden. Oder: Du musst als Grüne einen guten Antrag 15-mal stellen, 15-mal wird er von der übermächtigen CSU abgelehnt, schließlich aber als eigener Antrag eingebracht und verabschiedet.

Stimmt. Und ist mir bereits passiert, jedenfalls die Ablehnung: nämlich beim Antrag für eine vollwertige biologische Ernährung der Schulkinder. Eine CSU-Abgeordnete anschließend zu mir: Sie haben ja recht, aber ich kann doch nicht dem Antrag einer Grünen zustimmen!

Ich schlug darauf im Plenum vor: Meine Damen und Herren von der CSU, dann frisieren Sie doch meinen Antrag um und geben Sie ihn als Ihren eigenen aus!

Der Parteikonformismus ist das eigentlich Frustrierende an diesem Job. Ich werde mich gegebenenfalls darüber hinwegsetzen, von Anfang an bemüht, parteiübergreifend zu arbeiten.

Macht oder Ohnmacht einer grünen Abgeordneten im Bayerischen Landtag – von Macht kann eigentlich keine Rede sein.

Zahllose Veranstaltungen zu den Themen Ernährung, Tier- und Umweltschutz und da speziell zur Gentechnik habe ich in den vergangenen Monaten durchgeführt, Anträge und Anfragen ins Parlament eingebracht. Ob es jedoch um den Ausstieg aus der Atomwirtschaft, aus der Agro-Gentechnik, der Käfighaltung der Hühner, den Tierversuchen, um das Verbot von Subventionen für Lebendtransporte von Tieren geht – von den sogenannten christlichen Parteien, von den unionsgeführten Ländern ist kaum Unterstützung zu erwarten, nur Widerstand. Oder vielleicht doch, irgendwann?

Aber es gibt auch kleine Erfolge. Deshalb fängt die Arbeit an, mir Freude zu machen. Die Landtagsgaststätte führt ein inzwischen beliebtes Vollwertgericht auf der Speisekarte. Mit Privatschulen ist die Einführung vollwertiger biologischer Ernährung der Schulkinder geplant. Eine dreitägige Ausstellung im Landtag mit Bio-Produkten fand großen Anklang, der Knüller: ein Tag mit Renate Künast – 650 begeisterte Besucher!

Ich muss nicht wiedergewählt werden, das ist mein Trumpf. Ich drohe: Wenn Ihr nicht lieb zu mir seid, kandidiere ich 2008 noch einmal! Gelegentlich wird mir vorgeworfen, ich weiche die Grenzen zwischen den Parteien auf. Na wunderbar!

Mein Buch »Lachen wir uns gesund« ist ins Arabische übersetzt worden. Fehlt noch die Übersetzung ins Hebräische. In einem der Kapitel habe ich geschrieben:

»… muss insbesondere das völkerverständigende und friedensstiftende Element des Lachens hervorgehoben werden. Ein lachender Mensch schießt nicht auf einen anderen lachenden Menschen. Das wäre ja geradezu paradiesisch: Gelächter in der Knesset und bei der Hamas, gemeinsames Lachen verbindet Bosnier, Serben und Kroaten, Menschen in Russland mit Menschen in Tschetschenien, die Fehde zwischen Katholiken und Protestanten wird einfach weggelacht … Juden, Palästinenser, Moslems, Christen, Agnostiker und Atheisten – alle vereint in einem gigantischen Gelächter … eine unrealisierbare Utopie? Durchaus nicht! Wie hat es Ben Gurion ausgedrückt: »Wer nicht an Wunder glaubt, ist kein Realist!«

Vielleicht habe ich Glück und mir bricht nicht vor Ende der Legislaturperiode das Herz. Die chinesischen Artisten kündigen ihre Darbietungen mit dem Spruch an: »Möge die Übung gelingen!« Sollte meine Übung also gelingen, so möchte ich mich von diesem Landtag mit einer kolossalen Lachmeditation verabschieden.

Und dann gehen, ohne mich noch einmal umzusehen …

7. Juli 2006

Halbzeit der 15. Wahlperiode im Bayerischen Landtag – und für mich als Abgeordnete.

»Lieber auf neuen Wegen stolpern, als in alten Bahnen auf der Stelle treten«, habe ich in meine Homepage geschrieben.

Eine »Spielzeit« riskiere ich, mehr nicht – das war von Anfang an klar. Mehr ist nicht drin. Die außerparlamentarische Arbeit liegt mir entschieden mehr als die parlamentarische. Ich kette mich lieber am Tor des Pharmakonzerns Schering gegen Tierversuche an wie 1982 in Berlin – tatsächlich vor einem Vierteljahrhundert? – oder beteilige mich an der gesetzwidrigen Freilassung von 7000 eingesperrten Hühnern, als stundenlang endlose Debatten in Ausschüssen und Plenum über mich ergehen zu lassen. Zumal so gut wie sicher ist: Wird ein Antrag von uns Grünen eingebracht, wird er abgelehnt. Kein Wunder – bei 15 Grünen gegen 124 CSU-Mitglieder!

Privatleben gleich null.
Gesundheit hat sehr gelitten. Zu wenig Schlaf, meistens nur vier Stunden, zu viel Hetze, unregelmäßiges Essen beziehungsweise gar keins, weil »keine Zeit«, oft erst abends auf dem zugigen Bahnsteig des Ostbahnhofs, im Schneegestöber eine erkaltete Pizza. Gelenkprobleme, Herz- und Kreislaufprobleme, da »keine Zeit« und auch keine Kraft mehr, alle meine wundervollen Ratschläge selbst durchzuführen. Bin gespannt, ob ich dieses Jahr überlebe.
Die vielen entsetzlichen Probleme im Tierschutz, mit denen ich mich auseinandersetzen muss, die Ohnmacht, die ständige Frustration, weil alles rückwärts geht im Tierschutz, zermürben.
Jeder Antrag wird von der CSU abgelehnt, das Verbot der Anbindehaltung von Pferden – abgelehnt. Das Verbot des Imports von Hunde- und Katzenfellen – abgelehnt. Verbot der Pelztierzucht – abgelehnt. Das unter der ehemaligen Regierung erlassene Verbot der tierquälerischen Batteriehaltung von Legehennen, dem alle Bundesländer zugestimmt haben, auch Bayern – rückgängig gemacht. Die Legehenne soll nun auch in Zukunft in einem Käfig, gerade um eine Postkarte größer als eine DIN-A4-Seite, dahinvegetieren müssen. Und das nennt sich »Kleinvoliere« – ein Betrug an den Verbrauchern, von denen inzwischen 80 % Käfigeier ablehnen. Das Verbot des betäubungslosen Schächtens – abgelehnt. Der Antrag auf eine Novellierung des Jagdgesetzes mit dem Verbot, Hunde und Katzen abzuschießen – abgelehnt. Die Forderung nach einem Verbandsklagerecht für anerkannte Tierschutzverbände, ohne das der ganze Tierschutz ein zahnloser Papiertiger bleibt – abgelehnt. Und, und, und.

Manchmal geschehen aber auch Wunder.

So fand ich zu meiner Freude wesentliche Punkte unseres (abgelehnten) Antrags für eine gesunde vollwertige Verpflegung der Schulkinder in der neuen CSU-Broschüre wieder!

Auf der Speisenkarte hält sich beharrlich das tägliche Vollwertgericht, oft in Bio-Qualität. Nach wiederholten Protesten wurde auch das Kantinenessen verbessert (ja, da gibt es immer noch ein 2-Klassen-System!) und ein regelmäßig beratendes Gremium mit je einer Vertreterin von CSU, SPD und mir als Grüner geschaffen, unter dem Vorsitz der Landtagsvizepräsidentin (deren Tochter Vegetarierin ist!).

Als Mitglied im Landesgesundheitsrat habe ich erreicht, dass in Zukunft endlich Patienten und Naturheilkundler eine Stimme erhalten.

Auch das ein Erfolg zäher Bemühungen: Die katastrophale Versuchstierhaltung und -zucht von Primaten im Keller der chirurgischen Klinik der Universität München wurde geschlossen – aber nicht etwa aus Liebe zum Tier, sondern weil aufgrund unserer ständigen Proteste hohe Auflagen die Weiterführung unrentabel gemacht hätten. Es gilt also immer wieder, Sand ins Getriebe zu streuen. »Wo Unrecht Recht ist, wird Widerstand zur Pflicht« – eins der Mutlanger Motti gegen die amerikanischen Pershing-Raketen. Hat ja auch gewirkt.

Ebenso wurde die letzte Nerzfarm in Süddeutschland geschlossen. Die bundesweite Kampagne gegen Pelzmode zeigt Erfolg. Immer mehr Unternehmen verbannen Tierpelze aus ihrem Sortiment. Die EU fordert jetzt, was die CSU abgelehnt hat – ein Importverbot von Wildvögeln und ein Importverbot für Hunde- und Katzenfelle. Ich frage mich, wozu wir eine Föderalismusreform brauchten, wenn die CSU doch ständig schreit, der Bund oder die EU soll's machen.

Meine Funktion in diesem Leben ähnelt der eines Maulwurfs: Der arme Kerl buddelt und buddelt, irgendwann hat er einen schönen weichen Erdhaufen aufgetürmt, auf dem andere dann säen und ernten können.

Auch okay.

Aber meine Hauptaufgabe sehe ich nach wie vor »draußen«, in der Sensibilisierung der VerbraucherInnen und – der Kinder. Macht das einen Spaß, mit ihnen das Eier-Quiz zu spielen! Oft wissen die Kleinen besser als ihre Mütter, was auf dem Ei von einem glücklichen Huhn stehen muss, nämlich eine Null! (Null ist cool) und was absolut boykottiert werden muss, nämlich das Ei mit der Zahl 3 – denn 3 = Quälerei!

Politik beginnt mit dem Einkaufskorb. Mit dem, was ich kaufe und esse, trage ich dazu bei, ob diese wunderschöne Welt doch noch zu retten ist oder zugrunde geht.

»Die Erde hat genug für jedermanns Bedürfnisse, aber nicht für jedermanns Gier« (zitiert nach Mahatma Gandhi).

Ab und zu gibt es doch Erfolgserlebnisse. Mein schönstes:

Als Gefängnisbeirätin versuche ich, den Häftlingen bei der Vorbereitung auf das Leben nach dem Knast zu helfen. Bei einem Häftling schien das absolut aussichtslos – wiederholter Betrug, keine Chance, lautete das allgemeine Urteil. Sein Wunsch war, in eine andere Vollzugsanstalt verlegt zu werden, da er dort einen Arbeitsplatz erhalten würde. Der könnte es schaffen, dachte ich, setzte Himmel und Hölle in Bewegung, redete mit anderen Gefängnisbeiräten aller Parteien, mit den Leitern diverser Vollzugsanstalten, deren Ärzten – es hieß, eine Verlegung des Inhaftierten sei nicht möglich, er sei insulinpflichtig, in der von ihm gewünschten Anstalt sei nicht die entsprechende Betreuung gewährleistet etc., etc., etc. Ich ließ nicht locker und das Wunder gelang – er wurde verlegt. Auf dem Weg in die neue Vollzugsanstalt rief er mich im Landtagsbüro an, aus dem Zug. Er werde jetzt als Freigänger den neuen Arbeitsplatz antreten, ohne meine Hilfe hätte er das nicht geschafft. Ich sagte: Herr XYZ, wenn Sie mich enttäuschen – ich bringe Sie um! Er lachte: Ich verspreche es – ich halte durch!

Vor ein paar Tagen erhielt ich einen Brief mit Hochzeitsfoto! Der Knast ist vergessen, er ist erfolgreich in seinem Beruf und hat eine liebe Frau gefunden. Ich habe vor Freude geheult.

Hier »thront« die Alterspräsidentin im Bayerischen Landtag.

Die Kraft des positiven Denkens

Manche Menschen bringen es zu wahrer Meisterschaft in der Disziplin des negativen Denkens. Schon morgens nach dem Aufwachen geht es los: Heute wird mir bestimmt wieder nichts gelingen, das oder das wird bestimmt schiefgehen! Ich bin hässlich und dumm und tauge zu nichts. Und immer sind die anderen schuld.

Dieses negative Denken bewirkt eine ungeheure Schwächung des Energiepotenzials. Umgekehrt kann sich jeder morgens programmieren, erfolgreich, liebenswert und glücklich zu sein.

Mit einer einfachen Personenwaage können Sie einen verblüffenden Test machen:

Die Waage in beide Hände nehmen. Langsam und so kräftig wie möglich zwei Sekunden drücken. Als Anhaltspunkt merken, wie viel Kilo sie anzeigt. Die Zahl spielt jedoch objektiv keine Rolle.

1. Versuch: Nochmals die Waage drücken – dabei an etwas Ärgerliches denken. Sie werden feststellen: Die Waage zeigt weniger an.

2. Versuch: Nochmals die Waage drücken – dabei an etwas Angenehmes, Glücklichmachendes denken. Die Waage zeigt jetzt mehr Kilo an – Sie haben mehr Kraft! Angenehme Gedanken schaffen einen Energiezuwachs. Sportler wissen das und pflegen zunehmend mentales Training.

Mit negativen Gedanken kann man nicht nur sich selbst, sondern auch die nächste Umgebung, Kinder in der Schule, Kollegen im Büro oder die Familie kleinkriegen, mit guten, positiven Gedanken dagegen stärken und aufbauen. Denn Gruppenexperimente zeigten: Sowohl Sender als auch Empfänger spüren die gleiche Auswirkung der jeweiligen Gedanken.

»Warum bist du immer so glücklich?«, fragt ein Mönch den anderen. »Jeden Morgen, wenn ich aufstehe, kann ich mich entscheiden, ob ich glücklich oder unglücklich sein will«, antwortete der. »Und ich entscheide mich immer dafür, glücklich zu sein.«

Dieser kleine Dialog macht deutlich, dass man einen ganz ansehnlichen Teil seines Schicksals selbst in der Hand hat. Es liegt an uns selbst, unser Leben in andere, bessere Richtungen zu lenken. Jeder ist seines Glückes Schmied – der Volksmund sagt's doch!

Wie wichtig es ist, sich selbst anzunehmen, gern zu haben und sich morgens so zu stärken für die Aufgaben des Tages, dürfte einleuchtend sein. Dass sich mit der Kraft des Geistes aber auch Krankheiten besiegen lassen, wird manchen vielleicht doch erstaunen. Fast unglaublich, aber dennoch nachweislich wahr sind die Erfolge, die positives Denken bei der Heilung physischer Leiden bewirken kann; sehr eindrucksvoll dargestellt in dem Buch »Heal Your Body« von Louise L. Hay.

Die Autorin, die als Heilerin in einem amerikanischen Institut arbeitet, ist als Kind geprügelt und im Alter von fünf Jahren vergewaltigt worden. Als erwachsene Frau erkrankte sie an Scheidenkrebs – und war sich sofort bewusst, dass diese Krebskrankheit ihr als Aufgabe geschickt war, die sie zu bewältigen hatte, in der festen Meinung, dass »alles zu mir kommt, was ich brauche« – also auch ihr Krebs.

Eine Operation lehnte sie ab, wohl wissend, dass alles Operieren nichts nützen würde, solange sie ihre geistige Einstellung nicht änderte – und Krebs dann entsteht, wenn der Mensch (wie sie) von »tiefem Ressentiment« erfüllt ist, was sich vielleicht hier am besten als andauernde unbewältigte Verstimmung, Groll deuten lässt. Eine solche andauernde tiefe Verstimmung kann, nach Meinung von Louise L. Hay, den Körper regelrecht langsam auffressen.

Bei einer Operation ohne Änderung ihrer falschen Denkmuster könnten die Ärzte an ihr herumschneiden, »bis keine Louise mehr da wäre«, erkannte sie. Und auch, dass eine Operation nur bei veränderter Bewusstseinslage einen Sinn hätte; ferner, dass Krebs und jede andere Krankheit nicht deshalb wiederkommen, weil der Arzt »nicht alles weggekriegt hat«, sondern weil der Patient selbst keine geistige Wandlung durchgemacht hat und so die gleiche Krankheit von Neuem »kreiert«.

Der Arzt gab Louise noch ganze drei Monate. Sie begann, mit ihrem Lehrer die Ressentiment-Muster durchzuarbeiten. Gleichzeitig stellte sie ihre Ernährung um und bemühte sich, den Körper total zu entgiften. Nach sechs Monaten war der Krebs verschwunden. Ohne Operation.

Louise L. Hay ist der Meinung, dass so gut wie jede Krankheit zu heilen ist, wenn der Patient den festen Willen hat, loszulassen und zu verzeihen. Das Wort »unheilbar«, das so viele Menschen schreckt, kann in ihren Augen nur bedeuten, dass das spezielle Krankheitsbild nicht durch äußere Methoden geheilt werden kann, sondern dass wir nach innen gehen müssen, um die Heilung zu erreichen.

Loslassen und vergeben – anderen und vielleicht vor allem sogar vordringlich sich selbst –, Ströme von Freude durch die Adern und den ganzen Körper fließen lassen, sich selbst annehmen und genießen können – das sind dann auch überwiegend die Zauberformeln, die »Affirmationen«, die Louise ihre Patienten sprechen lässt, täglich mehrere Male. Ich habe über diese Methode von einer Freundin erfahren, die sich weigerte, eine mandarinengroße Zyste in der Gebärmutter operieren zu lassen – und die nach fünf Monaten täglicher »Affirmation« sich selbst geheilt hat.

Ich behalte hier das Wort »Affirmation« bei und bringe einige Beispiele aus diesem meiner Meinung nach ungeheuer wichtigen kleinen Buch, welche Affirmationen bei welcher Krankheit gesprochen werden sollten.

Die geistigen Ursachen körperlicher Krankheiten und der metaphysische Weg, sie zu besiegen, bei:

Alkoholismus:
Ursache: Gefühl von »Was soll das Alles«?, von Nutzlosigkeit, Schuld, Unzulänglichkeit, Selbstablehnung.
Affirmation: Ich lebe im Hier und Jetzt. Jeder Augenblick ist neu. Ich erkenne meinen Wert. Ich liebe und akzeptiere mich.

Allergien:
Ursache: Verleugnung der eigenen Kraft. Wichtig: Herausfinden, gegen wen/was Sie allergisch sind.
Affirmation: Die Welt ist sicher und freundlich. Ich bin sicher. Ich bin in Frieden mit dem Leben.

Hoher Blutdruck:
Ursache: Lang andauernde, nicht gelöste emotionale Probleme.
Affirmation: Ich lasse freudig die Vergangenheit los. Ich bin mit allem in Frieden.

Niedriger Blutdruck:
Ursache: Zu wenig Liebe in der Kindheit. Defätismus. Gefühl von »Was soll's, es wird sowieso nicht klappen«.
Affirmation: Ich entschließe mich, im ewig freudigen Jetzt zu leben. Mein Leben ist Freude.

Cellulitis:
Ursache: In frühkindlichen Schmerzerfahrungen stecken geblieben. Am Vergangenen kleben. Angst, den eigenen Weg zu gehen.
Affirmation: Ich vergebe jedem, ich vergebe auch mir selbst. Ich bin frei.

Falls Ihnen das alles zu einfach oder gar spanisch vorkommt: Wenn es nichts nützt, schaden kann's auf keinen Fall, wenn man die Zauberformeln Selbstannahme, Vergebung, Freude und Frieden so oft wie möglich wiederholt – wenn es geht, laut. Wichtig ist auch, dass der Patient annimmt, sich bereits im Zustand der Heilung zu befinden.

Doch auch das positive Denken hat seine Grenzen. Ein amüsantes Beispiel schilderte anlässlich einer Veranstaltung die Management-Trainerin Vera F. Birkenbihl: Wenn ein Pilot sein Flugzeug starten will und es leuchtet ein rotes Alarmsignal auf, hat es keinen Sinn zu sagen: »Ach was, ich fliege trotzdem los, Hauptsache positiv denken« – dann sollte er besser die Ursache des Schadens beheben lassen, bevor er startet!

(Louise L. Hays Bücher und Kassetten sind z. T. im Buchhandel erhältlich, ansonsten über die Adresse im Anhang zu beziehen. Dort finden auch ihre Seminare und Workshops statt.)

Meine **Qi-Gong**-Übungen

Zu meinen Yogaübungen habe ich auch Übungen aus dem Qi Gong aufgenommen. Hier gilt ebenfalls das Prinzip, die Energie, Qi, muss fließen – dann ist der Mensch gesund. Wie wir atmen müssen, wissen wir zwar in der Theorie, aber wenn Sie sich einmal beobachten, werden Sie vermutlich feststellen, dass Sie nicht Ihren ganzen Körper beatmen. So ertappe ich mich immer wieder dabei, dass mein Atem bis zu den Hüften geht und nicht weiter. Die Beine und die Füße kriegen nichts ab von dem köstlichen Odem. Wenn aber ein Körperteil nicht richtig beatmet und durchblutet wird, wie kann er dann gesund sein?
Die Silbe Qi in der Wortverbindung Qi Gong bedeutet Atmen und die Silbe Gong bedeutet anhaltendes bewusstes Training des Atmens und der Übungen.
Qi Gong zu praktizieren heißt also, Qi und Gong zu trainieren oder, mit anderen Worten, mithilfe des Willens die Zirkulation von Qi zu fördern. Das führt zur Sauerstoffanreicherung der inneren Organe. Vor 2000 Jahren haben die Weisen in China es bereits gewusst: Die Wut verletzt die Leber, maßlose Freude schädigt das Herz, überflüssiges Grübeln die Milz, Trauer die Lunge, Angst die Nieren – aber ein paar Minuten Qi Gong morgens und abends genügen, um alles wieder ins Lot zu bringen.
Im Qi Gong werden alle Übungen bewusst langsam ausgeführt und jeweils drei, sechs oder neun Mal – fragen Sie mich nicht, warum.

Meine Qi-Gong-Übungen:
Die Grundposition:
Sie stehen – die Knie locker, das Becken nach vorn und oben gekippt, die Schultern entspannt. Die Arme hängen frei nach unten. Die Augen sind geschlossen, Sie atmen durch die Nase ein und aus und entspannen nacheinander alle Muskelgruppen.

1. Übung: Sie bewegen das Kinn nach oben und nach unten.
2. Übung: Sie beschreiben mit dem Kinn eine Acht nach links und nach rechts.
3. Übung: Sie beschreiben Kreise mit den Händen (gut zur Vorbeugung von Arthrose).
4. Übung: Mit den Armen Kreise nach vorn und zur Seite beschreiben, so ähnlich wie beim Brustschwimmen.
5. Übung: Zuerst Schultern und Kopf hängen lassen, dann Kopf nach oben und Hände bis Schulterhöhe anheben. Die Spannung von Kopf, Schultern und Po in einem Punkt zwischen den Schulterblättern konzentrieren. Stärkt die Wirbelsäule.
6. Übung: Kreisen mit dem Oberkörper, links herum, dann rechts herum.
7. Übung: Kreisen mit dem Becken, links herum, dann rechts herum.
8. Übung: Kreisen mit den Knien, links herum, rechts herum.
9. Übung: Kreisen mit den Füßen, indem ich jeweils auf einem Bein stehe, links herum, rechts herum.
Alle Übungen sollten möglichst von einem Lächeln begleitet sein. Und das Atmen nicht vergessen!

R

Rheuma – Linderung durch gezielte Ernährung

Die Erkrankungen des Bewegungsapparates wie z. B. Rheuma sind häufig ernährungsbedingt. Durch Umstellung der Ernährung auf eine vitalstoffreiche Vollwertkost zwar nicht zu heilen, zumindest aber zu lindern.

Meine Mutter erkrankte so fürchterlich an Rheuma, dass ihre Hände schließlich nicht mehr zu öffnen, zusammengekrümmt wie Klauen waren. Als ich damals – in den Sechzigerjahren – die behandelnden Ärzte fragte, ob diese Erkrankung nicht mit der Ernährung meiner Mutter zusammenhängen könnte, wurde ich ausgelacht.

Meine Mutter durfte sich also mit ärztlichem Segen weiterernähren wie bisher: Sie bekam ja Rheumamittel verordnet. Die übrigens inzwischen vom Markt genommen werden mussten, weil sie – obwohl im Tierversuch getestet – beim Menschen zu schweren Schäden und in Einzelfällen sogar zum Tode geführt haben. Ich bin heute fest davon überzeugt: Meine Mutter ist weniger an ihrem Rheuma gestorben als an den ihr gegen dieses Rheuma verordneten Medikamenten, die ein Leberleiden zur Folge hatten.

Trotz aller meiner Bitten war sie von der in der Nachkriegszeit so beliebten »üppigen Mangelernährung« (Prof. Kollath) nicht abzubringen. Endlich gab es wieder alles, Kaffee, weiße knusprige Brötchen, Fleisch und Wurst und Kuchen. All die Kräutertees, die ich ihr schickte, fand ich nach ihrem Tod im Küchenschrank gestapelt – sie hatte weiterhin ihren geliebten Bohnenkaffee getrunken.

»Man geht eben immer den Weg des geringsten Widerstandes«, sagte sie einmal, schon ganz schwach in ihrem Krankenhausbett, als ich sie besuchte.

Dieser Satz hat sich mir ins Gehirn gestanzt: Nie würde ich den Weg des geringsten Widerstandes gehen. Nie! So schwierig mein Leben auf diese Weise auch verlaufen würde.

Als sich bei mir die gleichen Symptome bemerkbar machten, begann ich mich mit der Wechselwirkung von Ernährung und Krankheit zu beschäftigen, las die Bücher von Waerland, Professor Kollath, später von Dr. Bruker. Und konnte so mein eigenes beginnendes Rheuma durch Umstellung der Ernährung in den Griff bekommen. Wenn Sie es allein oder mithilfe von Büchern nicht schaffen, Ihre Ernährung und Ihr Leben zu ändern, schließen Sie sich einer Gruppe an. Und: Wenn sie auch nicht alles bewirkt – die Frischkost bewirkt jedenfalls viel. So basenüberschüssig wie möglich sollte sie

Viel Freude ins Leben bringen! Ziege Olympia kontrolliert: Alles echt, alles bio!

sein. Vielleicht beginnen Sie mit Heilfasten und lassen danach totale Frischkost folgen. In schweren Fällen kann es nötig sein, auf alle erhitzten Getreideprodukte, sogar auf Brot, zunächst einmal ganz zu verzichten, ebenso auf Obst, das bei Veranlagung zu Rheuma sogar einen Rheumaanfall auslösen kann.

Und viel Freude ins Leben bringen. Viel singen und lachen, am besten immer für etwas begeistert, immer verliebt sein, in alles und alle! (s. a. besonders das Stichwort → *Gelenke*)

Sich selbst den Rücken stärken

Wenn jemand einem in den Rücken fällt, man zu viel am Hals hat: Mit Yoga, den taoistischen Übungen und natürlich mit vegetarischer Vollwertkost kann man sich selbst den Rücken stärken.

S

Die Sauna härtet ab

Wer zur Sauna hingehen kann, kann auch hineingehen, sagen die Finnen. Ich finde, sie haben recht. Regelmäßiges Saunagehen härtet ab, entgiftet den Körper und beugt Erkältungen vor. Hat einen die Erkältung allerdings bereits erwischt, ist es für die Sauna zu spät – dann verschlimmert sie das Übel.

Ich gehe mit Vorliebe abends in die Sauna, denn mich macht sie müde – andere wieder gehen tagsüber und fühlen sich danach erfrischt. Das ist je nach Konstitution ganz verschieden. Ich bemühe mich, an Sauna-Tagen ab mittags nichts mehr zu essen – auch nach der Sauna nicht –, so wirkt sie gleichzeitig als Gewichtsregulativ. Getrunken wird vorher und nachher nur Wasser und Kräutertee (Melisse oder Hopfen). Alkohol – sowohl vorher als auch nachher – beeinträchtigt die Wirkung der Sauna.

Ein paar Grundregeln:
• Bei Betreten der Sauna sollte man warm, trocken und natürlich sauber sein. Vorher duschen, eventuell ein heißes Fußbad nehmen.
• Zwei Handtücher mitnehmen, eins zum Drauflegen, eins zum Abtrocknen.
• Nur so lange drinnen bleiben, wie es angenehm ist – im Normalfall etwa zwischen 10 und 20 Minuten.
• Nach dem 1. Saunagang zuerst an die frische Luft gehen und tief durchatmen, danach die Güsse folgen lassen, am besten mit dem

Schlauch. Man beginnt am rechten Fuß und gießt in Richtung Herz – wie bei den Kneipp-Güssen. Wer's verträgt, taucht danach ins Kaltwasserbecken.

• Es sollte eine Ruhepause von etwa fünf Minuten folgen.
Man darf dabei weder frieren noch schwitzen. Ich nehme in dieser Zeit ein heißes Fußbad, das holt eine eventuelle Blutfülle aus dem Kopf zurück.

• Die Saunagänge auf diese Art und Weise zwei- oder dreimal wiederholen, jedes Mal bildet bei mir ein heißes Fußbad den Abschluss. Zwischendurch und vor allem nachher das Trinken nicht vergessen.

Manche lieben es, sich in der Sauna zu unterhalten. Ich kann mich nur erholen, wenn vollkommene Ruhe herrscht. Dann schlafe ich danach wunderbar und wache äußerst erfrischt auf.
Ärzte raten bei schweren Herz- und Kreislauferkrankungen, Schilddrüsen- und Leberleiden vom Saunabesuch ab.

Schlafstörungen – wenn Körper und Seele keine Ruhe finden

Vielleicht verursacht durch die Bombennächte meiner Kindheit, vielleicht auch erblich bedingt (mein Vater verbrachte wegen seiner Schlafstörungen halbe Nächte mit Kneipp-Güssen in der Badewanne), habe ich mit dem Schlafen seit jeher meine Probleme.

Ursel Fuchs, Journalistin und seit einem Rundfunk-Interview mit mir über die Vorzüge der Vollwertküche auch eifrige Verfechterin derselben, Ursel also, wissend um meine Einschlafnöte, schenkte mir eines Tages eine Stimmgabel.
Ich machte große Augen. Eine Stimmgabel zum Einschlafen? Die Stimmgabel mit dem Ton Cis würde beruhigen, erklärte Ursel, sie habe es ausprobiert.
Diese Stimmgabeln werden von Hand geschliffen, schwingen bis zu

Mit dem geliebten Vater

drei Minuten, sind in verschiedenen Frequenzen erhältlich und werden von Medizinern, Therapeuten und auch führenden Musiktheoretikern angewandt.

Ihr Schöpfer ist der Mathematiker und Musikwissenschaftler Hans Cousto, in der Musikwelt vor allem bekannt geworden durch die Berechnung der »harmonikalen Kammertöne«, die er von astronomischen Gegebenheiten ableitete. Er fand heraus, dass diese Töne exakt übereinstimmen mit denjenigen, die in anderen Kulturkreisen seit Jahrtausenden meditativ erfahren werden, wie das Ur-Mantra »OM« der fernöstlichen Kulturkreise, das unserem »Amen« entspricht.

Das mit der Stimmgabel funktioniert übrigens. Man schlägt sie sich kurz gegen das Knie, so wie der Arzt, der die Reflexe kontrolliert, setzt dann das dicke Ende gerade auf die Mitte des Kopfes und danach auf das Brustbein rechts vom Herzen und lässt den Ton ausklingen …, dann schnell hinlegen.

Unübertroffene Trösterin in traurigen schlaflosen Nächten: die gute alte Wärmflasche!

Auch das gesunde Bett spielt eine Rolle. Eine große sogar. Denn wie heißt es so schön: Wie man sich bettet, so liegt man. Das gilt, sprichwörtlich, für alle Materialien im und am Bett. Oberstes Prinzip: Nur Naturmaterialien verwenden. Nächste wichtige Regel: In Wolle und Seide schläft sich's besser als unter Federn und Baumwolle.

Das gesunde Bett soll naturklimatisiert sein, d.h., Luft und Feuchtigkeit können optimal zirkulieren. Holz fürs Gestell und Rosshaar, Naturkautschuk, Jute, Leinen, Wolle für die Matratzen sind die Basis für einen ruhigen, erholsamen Schlaf, in dem der Körper neue Kraft schöpfen kann. Wie hart oder weich Lattenrost und Matratze sind, ist Sache des eigenen Rückens, Gewichts und Geschmacks.

Kenner schlafen auf und in Textilien aus Kamelhaar, Schurwolle oder Seide, und zwar am besten nackt. Felldecken brauchen keine Bettwäsche – in die Sonne hängen zum Lüften – fertig! Im Winter hat man's kuschelig warm, im Sommer angenehm kühl.

Australische Untersuchungen haben ergeben, dass Wärmestrahlen nur 1,5 Zentimeter tief in den Pelz der Schafe eindringen – ein Grund dafür, dass diese Tiere auch starke Temperaturschwankungen leicht aushalten. Angeblich werden Radiumstrahlen von der Schafwolle nicht aufgenommen, sogar Erdstrahlen sollen bis zu 80 oder 90 Prozent durch Schafwolle abgeschirmt werden.

Genauso gut, dazu edel und zum Glück nicht ganz so teuer, wie es auf Anhieb klingt, ist Seidenwäsche. Das Problem: Dafür kommen Seidenraupen um. Also nichts für Veganer. Der harmonisierende Seidenschlaf war empfindsamen Schläfern zu allen Zeiten bekannt. Besonders Leute mit Rheuma oder Neuralgien fühlen sich in der feinen Seidenwärme wohl. Rheumatiker ertragen allenfalls noch Schafwollbetten.

Wolle wie Naturseide bestehen aus Eiweißsubstanzen, die denen unserer Haut ähneln. Sie klimatisieren ideal. Das Federkleid von Gans oder Ente hingegen ist nicht geeignet, Feuchtigkeit aufzunehmen (was auf dem Teich ja auch äußerst unpraktisch wäre), und so blockieren Federbetten den Abtransport von menschlicher Feuchtigkeit mehr, als viele ahnen, die oft verschwitzt und zerschlagen aufwachen.

Ich kriege Zustände, wenn mir eine Verkäuferin doch Wäsche oder andere Kleidungsstücke aus Synthetik andreht. Handelt es sich gar um einen Schlafanzug oder ein Nachthemd, rotiere ich regelrecht im Bett, selbst bei einem Gemisch mit nur 10 Prozent Kunstfaseranteil.

Kein Wunder: Die meisten Kunststoffe sind dem menschlichen Biosystem fremd. Synthetik wirkt auf den Energiekreislauf blockierend und behindert den Abtransport der Hautausscheidungen. Das gibt einen kreislaufbelastenden Wärme- und Dunstrückstau und führt langfristig zum Zusammenbruch des Hautstoffwechsels.

Also genau hinschauen und -fühlen, wenn es um den Einkauf von Materialien für die zweite Haut geht – ob das Wäsche, Kleidung oder eben Bettzubehör ist. Da die Marktübersicht nicht leicht und auch nicht alles gut ist, was teuer daherkommt, empfiehlt sich oft eine Rückfrage bei Verbraucherberatungen, die es in vielen Städten gibt.

»Unter Strom« schläft sich's schlecht. Noch so eine Weisheit, die nicht an den Haaren herbeigezogen ist.

Auf den Zusammenhang zwischen Schlaf, Wohlbefinden und elektrischen Störfeldern kam ich vor langer Zeit bei einer Theatertournee. In einem Hotelzimmer in einer bergischen Kleinstadt konnte ich einfach nicht schlafen – der Geschäftsführer machte, obwohl es ihm unbegreiflich erschien, einen Zimmerwechsel möglich. Ergebnis: Ich schlief wie ein Murmeltier. Hernach stellte sich heraus: Das erste, »schlaflose« Zimmer lag direkt an der Wand mit der Neon-Leuchtreklame des Hotels …

Inzwischen weiß ich, dass nicht nur Erdstrahlen und Wasseradern stören, sondern ebenso heftig Abstrahlungen aus Elektrogeräten, Verkabelungen sowie Magnetstörfelder von Metallmöbeln, Sprungfedern in Matratzen. Krankenhausbetten in diesem Zusammenhang gesehen sind daher – bei aller Hygiene – eine Katastrophe.

Elektroinstallationen rund ums Bett geben ständig – auch ausgeschaltet – Voltmengen an den Körper ab, der daran ankoppelt und quasi »unter Strom« steht. Da der Körper selbst seine eigene Stromspannung hat (bei EKG und EEG z. B. ablesbar), kommt er durch zusätzlichen Fremdstrom aus dem Rhythmus, wird in vieler Hinsicht überanstrengt. Ebenso verhängnisvoll wirken sich Magnetfeldstörungen aus, wobei meist geschweißte Metallteile die Übeltäter sind.

Vor allem geht es um den Schlafplatz, weil gerade im Schlaf der Körper stundenlang allen Störungen ausgesetzt ist.

Empfehlenswerte Maßnahmen sind:
• Störfeld-Diagnose mit Stromspannungs-Messgeräten und / oder Wünschelrute,
• Entschärfung der Störquellen, z. B. durch Einbau eines Netzfreischalters, damit während der Nacht kein Strom fließt (oder die Sicherung ausschalten), Quarzuhren auf zwei Meter Abstand stellen,
• Schlafen auf Naturmatratzen (Strohkern, Rosshaar, Naturkautschuk, Seegras, Kokoskern),
• Schlafen in metallfreien Betten (Latten statt Sprungfedern, Holzschrauben),
• keine elektrisch verstellbaren Kopf- oder Fußteile im Bett, keine elektrischen Heizdecken,
• kein Fernseher im Schlafraum.
(Übrigens: Ein Tipp zur Entschärfung der Fernsehröntgenstrahlung: echte Bienenwachskerze aufs TV-Gerät stellen.)

Inzwischen kommen auch in- und ausländische Mediziner und Gesundheitsämter solchen Störfeldern und ihren krank machenden Wirkungen auf die Spur:
Wie eine Untersuchung in den USA ergab, fanden sich Berufsgruppen, die ständig starken magnetischen oder elektrischen Feldern ausgesetzt sind, häufiger in den Statistiken von Leukämie-Erkrankungen als andere. Das Bundesgesundheitsamt weist darauf hin, dass in diesem Zusammenhang besonders der Kopfbereich als anfällig gilt. Deshalb wurden jetzt obere Grenzwerte für elektromagnetische Felder festgelegt, um die Gefährdung des betroffenen Per-

sonenkreises in Grenzen zu halten (s. in diesem Zusammenhang auch die Adresse des Institutes für Baubiologie im Anhang).

Bei Schlafstörungen kann Folgendes hilfreich sein:
• Kneipp-Anwendungen,
• Kräutertees,
• Meditation und Hören von Meditationsmusik.

Manchmal hilft jedoch gar nichts. Da kann man nur versuchen, sich wenigstens nicht über die Schlaflosigkeit zu ärgern, denn dadurch wird alles nur noch schlimmer.

Während einer Theatertournee hatte ich einmal ein besonders miserables Bett, in dem ich mich stundenlang schlaflos herumwälzte. Schließlich kam mir die Eingebung: Ich stellte mich (im zudem eiskalten Zimmer) neben das Bett, das ich schön zudeckte, und blieb so lange stehen, bis ich vor Kälte schlotterte und sogar dieses Bett wie eine Erlösung schien. Danach schlief ich tatsächlich ein.

Zum Schluss noch ein Teerezept für einen ruhigen Schlaf: Das Rezept für diesen Kloster-Schlaftee habe ich von drei lustigen Benediktinernonnen und ihrer Oberin im Zug zwischen Salzburg und München erhalten. Die Damen kannten meine Kochbücher, waren dann ganz begeistert und es entstand eine so angeregte Unterhaltung, dass sie um ein Haar das Aussteigen versäumt hätten.

Hier das Rezept:
50 g Schlüsselblumen
25 g Lavendelblüten
10 g Johanniskrautblüten
15 g Hopfen
 5 g Baldrian

Die Mischung mit kochendem Wasser übergießen und 1/4 Stunde ziehen lassen.

Schönheit – Ich soll schön sein, ich?

Viele Frauen dürften sich das, von Komplexen gequält, schon irgendwann mal gefragt haben!

Wie (fast) alles lässt sich offensichtlich auch das Sich-schön-Fühlen trainieren. Eine gar nicht besonders hübsche Kosmetikerin erzählte mir während der Massage glückstrahlend: »Ich habe mir gerade ein ganz tolles Kleid gekauft – weil ich so eine schöne Frau bin.«

Im Tarot gibt es eine Karte, die alle diejenigen vermutlich ziehen, die sich ständig mit anderen vergleichen und sich ewig als Mauerblümchen fühlen. Die Karte zeigt einen Bambus und eine Eiche. Ist der Bambus schöner als die Eiche? Oder ist die Eiche wertvoller als der Bambus?

Irgendjemand ist immer schöner, talentierter oder glücklicher als ich. Es gilt, alle Vergleiche zu lassen und die zu werden, die ich bin. Wie ist meine Vision von mir? An dieser Vision muss ich arbeiten. Ab 30 ist man für sein Gesicht verantwortlich, heißt es – ich denke, das stimmt.

Da ich mich immer noch nicht zu einem noch so kleinen »Abnäher« im Gesicht entschließen konnte, versuche ich, mein Gesicht auf natürliche Weise zu ent-falten. Einziger Haken dabei: Man muss die Übungen wirklich täglich durchführen, sie müssen zur Gewohnheit werden wie Yoga. Alles eine Frage der Disziplin, denn – es gibt nichts Gutes, außer man tut es.

Ich weiß genau, wie ich mit 90 oder 100 aussehen will: nicht geliftet, daher vermutlich etwas runzlig – aber die Augen blank, mageren Körpers und sehr heiter.

Sogar die berühmtesten Models sehen übrigens »nackt« nicht so toll aus wie auf den Fotos.

Cindy Crawford soll geäußert haben: »Alle wollen aussehen wie Cindy Crawford, aber ich sehe auch nicht aus wie Cindy Crawford.« Die Presse befand weiter: Cindys Mund sei schlecht durchblutet.

Na, so was! Also das zumindest verbindet uns, Cindy Crawford und mich – meiner ist auch schlecht durchblutet.

Die Augen von Models und Schauspielerinnen wirken nur durch die Schminke so groß und ausdrucksvoll. Abgeschminkt sind sie so klein wie Ihre morgens nach dem Aufwachen!!

Dennoch ein paare kleine Tricks zur Gesichtsstraffung:
Sehr bewährt hat sich der Korken, den ich immer in der Handtasche habe. Sie nehmen den Korken z. B. einer Weinflasche in den Mund und versuchen dabei zu sprechen, was Ihnen gerade einfällt. Dieser Korkentrick kräftigt die Muskeln um den Mund herum und verbessert gleichzeitig die Aussprache.
Schließlich sei noch das Schmollen empfohlen, geht auch beim Kochen zum Beispiel: Man spitzt die Lippen so sehr es nur geht, als schmolle man fürchterlich, bis die ganze Mundpartie spannt. Gut schmoll!

Und so geht die Giraffenübung:
Schultern nach hinten drücken, Kopf zuerst nach unten vorn senken wie ein angriffslustiger Stier, dann so weit wie möglich nach oben drücken und Mundbewegungen machen, als ob Sie wie eine Giraffe am höchsten Baumwipfel knabbern wollen, dabei immer die Unterlippe vorschieben bei gleichzeitiger langsamer Bewegung des Kopfes nach links und nach rechts, bis alles schön spannt.
Alles klar? Können Sie machen, wenn Sie bei Rot an der Ampel stehen. Oder im Zug, vorausgesetzt, Sie sind allein im Abteil. Hat mal einen ganzen Waggon zum Lachen gebracht, weil ich in meinem Eifer nicht merkte, wie viele Fahrgäste inzwischen eingestiegen waren. Uns allen zum Trost ein Ausspruch von Billy Wilder: Eine Frau ist immer dann am schönsten, wenn sie sich schöner fühlt, als sie eigentlich ist.

Mit Schüßler-Salzen geht es besser

Die 12 **Schüßler-Salze** sind aus meinem Leben nicht mehr wegzudenken.
Wir kennen alle die Qual der Wahl bei homöopathischen Mitteln: Welches ist das richtige, welche Potenz? Es gibt so viele …
Genau das hat sich der Arzt Dr. Wilhelm Schüßler vor über 100 Jahren auch gedacht und entdeckt, dass ganze 12 Mineralsalze entscheiden, ob mensch gesund oder krank ist.
Mittels dieser Salze und ihrer entsprechenden Salben kann ich Mangelerscheinungen im Körper ausgleichen, die Beschwerden selbst behandeln und so die Selbstheilungskräfte anregen.
Bei einem plötzlich aufgetretenen Überbein würde ich zu Calcium fluoratum greifen (beugt gleichzeitig Osteoporose vor und bügelt, unterstützt von Calcium-fluoratum-Salbe, auch noch meine Falten glatt und kräftigt meine Nägel!).
Zehn Tabletten von Magnesium phosphoricum wiederum, in heißem Wasser aufgelöst und getrunken, lindern fast augenblicklich Krämpfe und Schmerzen wie z. B. nächtliche Wadenkrämpfe.
Immer mehr Eltern helfen heute ihren Kindern mit Schüßler-Salzen. So beruhigt sich der Zappelphilipp durch Gaben von Calcium phos-

»Ein Zappelphilipp war ich offensichtlich nicht – auch ohne Schüßler-Salze.«

phoricum, die Angst vor Spritzen nimmt Silicea, bei allgemeiner Nervosität ist Kalium phosphoricum angesagt, bei Angst vor Einsamkeit Calcium carbonicum.
Bei Mobbing und nervlicher Erschöpfung wird Kalium phosphoricum empfohlen. Manche Therapeuten halten dieses Salz für das wichtigste überhaupt.

Das Buch »Schüßler-Salze – 12 Mineralstoffe für die Gesundheit« von Heilpraktiker und Medizinjournalist Günter H. Heepen ist für mich zu einem der wichtigsten Gesundheitsratgeber geworden (s. Anhang).

Humanes Leben, humanes Sterben

Rede zum 25-jährigen Geburtstag der DGHS

Meine sehr geehrten Damen und Herren, liebe Mitglieder und Freunde der Deutschen Gesellschaft für Humanes Sterben – der DGHS!

Selbst Mitglied, ist es mir eine ganz große Freude, heute hier den Festvortrag zum 25-jährigen Geburtstag der DGHS zu halten.
Der Tod gehört zum Leben. Mir ist der Tod seit meiner Kindheit vertraut. In meinem winzigen Heimatdorf war mein Vater Lehrer, und Lehrers wohnten natürlich neben dem Friedhof. So erlebte ich bereits als Kind sämtliche Beerdigungen mit und weiß noch genau, wie einmal ein neues Grab ausgehoben wurde, in dem eine Schwester meiner Großmutter geruht hatte. Sie war als kleines Mädchen gestorben. Man hatte ihr ihre Lieblingspuppe mit in das Grab gegeben. Diese Puppe nun hatte unversehrt überlebt – die körperliche Hülle des Kindes hingegen war vergangen. Ich dachte mir schon damals: Irgendetwas von uns bleibt übrig, ist unvergänglich – wie die Liebe dieses kleinen Mädchens zu seiner Puppe. Vermutlich ist der Vorgang des Sterbens so ähnlich wie die Verwandlung einer

Raupe in einen Schmetterling. Die Raupe hat Angst vor dem Übergang in eine neue Form – der Schmetterling aber flattert selig hinauf in den blauen Himmel.

In meinem nicht immer leichten Leben, das vor allem in der ersten Hälfte von Lebensüberdruss und Todessehnsüchten begleitet war, schien der Gedanke geradezu tröstlich, dass ich dieses Leben selbst beenden könnte. Ich behaupte nach wie vor, der Freitod ist die einzige Freiheit, die der Mensch überhaupt hat.
Unendlicher Trost und Hilfe, es zu ertragen.

Dennoch wird dieses Thema in unseren Breitengraden so stark verdrängt wie kaum ein anderes. Der Sterbende lügt, um seine Lieben zu schonen, obwohl er weiß, dass er gehen muss, die Angehörigen lügen, um den Sterbenden zu schonen. Ich meine, da könnten wir von anderen Kulturkreisen lernen. Ich wünsche mir, dass mein Tod zu einem Fest wird, dass ich ihn bewusst erleben kann, im Kreise lieber Menschen, meinen letzten Hund, meine letzte Katze im Arm, bei Kerzen und Musik – am liebsten wäre mir natürlich, ich würde es schaffen wie ein Yogi – einfach aufhören zu atmen. Vielleicht gelingt es …

Zur aktuellen Situation: Es tut sich etwas. In der Geschichte der Bundesrepublik Deutschland hat es wohl noch nie so eifrige Diskussionen zum Thema Sterben und Sterbehilfe gegeben wie seit Beginn unseres neuen Jahrhunderts und in den vergangenen Monaten. Der Ruf nach einer gesetzlichen Regelung der Sterbehilfe wird lauter.

Im Jahr 2001 verabschiedeten die Niederländer eine gesetzliche Regelung. Die Medien in Deutschland verkündeten zunächst, es hätte überwiegend Stellungnahmen und eine Mehrheit dagegen gegeben. Hochrangige Politiker wurden zitiert. Als dann die DEUTSCHE GESELLSCHAFT FÜR HUMANES STERBEN (DGHS) mit einer aktuellen Repräsentativ-Umfrage bekannt machte, die Mehrheit der Bevölkerung sei dafür, legten andere Umfragen nach.

Wieder einmal zeigte sich die Schere zwischen politischen Meinungs-Eliten und der Bevölkerung.
Über das Sterben einzelner Menschen kann natürlich nicht in demokratischen Wahlen abgestimmt werden. Aber wir können uns in unserer Gesellschaft dahingehend einigen, dass jeder Bürger möglichst so sterben können darf, wie er selbst möchte, und nicht, wie andere Gruppen, Verbände oder Parteien dies für richtig halten.

Heutige Umfragen zeigen, dass 70 % der Bevölkerung eine Sterbehilfe befürworten und eine Gesetzesänderung verlangen.
Nach der niederländischen Regelung folgten die gesetzlichen Regelungen in Belgien und in Frankreich. Und schließlich wurde bekannt, dass es auch in der Schweiz eine sehr liberale Regelung der Suizidbegleitung gibt, den begleiteten Freitod.

Wesentlich haben Einzelfälle dazu beigetragen, die Diskussionen in die Printmedien, in den Hörfunk und ins Fernsehen zu bringen. Für mich beispielhaft der Freitod der Schriftstellerin Sandra Paretti. Sie hat ihre Freunde zu einem Festmahl eingeladen und sich anschließend von dieser Welt verabschiedet. Ich erinnere auch an den berühmten Fall Ramon Sampedro in Spanien, ein Querschnittsgelähmter, der sich schließlich mithilfe enger Freunde das Leben, das er als entwürdigend empfand, nehmen konnte; oder an den Fall von Terri Schiavo, der in den USA die Lager spaltete und intensiv auch in Europa diskutiert wurde. Viele von Ihnen werden noch den Namen Diane Pretty in Erinnerung haben, die nach langem Leiden im Jahr 2002 starb und vergeblich versucht hatte, bis zum Europäischen Gerichtshof ein Recht auf Suizid in England zu erstreiten. Der Gerichtshof hatte geurteilt, dass das Grundrecht auf Leben nicht das Recht einschließe, mithilfe eines Dritten zu sterben.

Ich weiß, dass wir alle hier das anders sehen, und danke der DGHS, dass sie für dieses Recht kämpft. Ich bin Mitglied geworden, weil ich verzweifelt mit ansehen musste, dass meine eigene Mutter nicht in Würde sterben durfte. Ich habe damals ein Gedicht geschrieben:

Meine Mutter

In Schaumgummi verpackt von Kopf bis Fuß,
so wund.
Schmerzverkrümmte Finger, nicht mehr zu öffnen,
meine Mutter.
Petersilie, lallt ihr Mund ohne Gebiss,
die Kinder kommen und wieder ist keine
Petersilie im Haus!
Haben wir sie so ausgepowert,
der Krieg oder einfach das Leben?
Es wird schon, lügt der Arzt,
wir stärken das Herz, es wird schon!
Nichts wird.
Die Kehle ihr zudrücken, das müsste ich,
aber ich habe nicht den Mut.
Und muss zusehen,
wie sie langsam krepiert,
meine Mutter.

Das war 1970. Ich weiß nicht, wie sie als gläubige Christin sich zur Sterbehilfe geäußert hätte. Aber ich weiß, dass ich nicht so sterben will wie meine Mutter. Ich will, dass mir geholfen wird, mein Leben selbst zu beenden. Ich weiß, das klingt für viele provokant – aber dieses Recht gestehe ich ja auch meinen geliebten Haustieren zu, wenn ihr Leben unerträglich geworden ist. Und ich nehme es für mich ebenfalls in Anspruch.

Die zentrale Frage, die in Deutschland, im Land der Glaubens- und Religionskriege (doch nicht nur hier) eine Rolle spielt, ist die Frage nach der Verfügungsgewalt des Menschen über sein eigenes Leben. Ich bin der Auffassung, dass der Mensch über sein Leben und Sterben selbst entscheiden können sollte. Wer sonst? Dennoch wird in der öffentlichen Diskussion direkt oder indirekt meist die kirchliche Dogmatik entgegengehalten: Gott habe das Leben gegeben, nur er dürfe es nehmen.

»Meine Mutter oben links, mein Vater oben rechts, neben mir meine Brüder. Damals noch eine glückliche Familie.«

Ich bin der DGHS dankbar, dass sie überprüfen ließ, wie die Bevölkerung darüber denkt. Im Jahr 2000 gab die DGHS eine repräsentative Umfrage bei Forsa in Auftrag. Nur 17 Prozent der Befragten waren der Ansicht, Gott habe das Leben gegeben, nur er dürfe es wieder nehmen und dies würde bedeuten, dass der Mensch das Leiden bis zum Schluss ertragen müsse. 34 % waren der Auffassung, der Mensch sei alleiniger Besitzer seines Lebens und niemandem zur Rechenschaft verpflichtet; und 42 % waren der Auffassung, Gott habe dem Menschen zwar das Leben als Geschenk gegeben, damit aber könne der Mensch in eigener Verantwortung darüber verfügen, d. h. auch über das Ende bestimmen. Nur ein sehr geringer Prozentsatz machte keine Angaben, wusste nicht zu antworten oder meinte, keine der drei Antworten sei zutreffend.

Damit haben sich insgesamt 76 % für die Verfügungsgewalt des Menschen über sein eigenes Leben ausgesprochen, also die gleiche Anzahl wie bei heutigen Umfragen.

Die Diskussion wird in Deutschland häufig unehrlich geführt. Die DGHS hat einen wesentlichen Beitrag dafür geleistet, dass sachlichere Informationen bekannt werden, dass die Begriffe, um die es geht, klarer definiert werden und dass sorgsamer mit Begriffen umgegangen wird. Der Frei-Tod muss immer freiwillig sein.

Artikel 1 GG lautet: »Die Würde des Menschen ist unantastbar. Sie zu achten und zu schützen ist Verpflichtung aller staatlichen Gewalt.« Dieser Verpflichtung wurde bislang nicht ausreichend nachgekommen. Die DGHS hat über viele Jahre darauf hingewiesen, welche gravierenden Missstände es im Pflegebereich und Sterbealltag gibt. Die DGHS hat gefordert, dass mehr für bessere Schmerzbekämpfung getan werden muss. Die DGHS hat sich in Presseerklärungen, Verlautbarungen, Stellungnahmen und in ihrer Verbandszeitschrift dafür eingesetzt, dass die Palliativmedizin ausgebaut werden muss. Die DGHS hat mehr Lehrstühle für Palliativmedizin gefordert, schon vor Jahren, nochmals abgedruckt in der aktuellen Verbandszeitschrift.

Das Grundgesetz der Bundesrepublik Deutschland und das Bundesverfassungsgericht unterstreichen: »Der Mensch darf keiner Behandlung ausgesetzt werden, die ihn zum bloßen Objekt degradiert.« Und: »In der Regel kommt es entscheidend darauf an, was der Betroffene empfindet.«

Es ist nicht Sache von Staat oder anderen Gruppen, dem einzelnen Menschen seine Empfindungen auszureden. Vielmehr müssen wir diese Würdeempfindungen ernst nehmen!
Viele von Ihnen werden gelegentlich die Fernsehsendungen über in Pflegeheimen dahinvegetierende Patienten gesehen haben, die nicht mehr entscheiden können, ob sie weiterleben oder lieber sterben wollen. Einer der Betreuer, der übrigens betonte, wie gern er seinen

Beruf ausübe, erklärte dennoch, dass er sich in einer ähnlichen Situation für den Freitod entscheiden würde – wenn er es dann noch könnte.

Als Abgeordnete im Bayerischen Landtag stehe ich mit meiner Meinung natürlich ziemlich allein, bekomme aber viele Hilferufe von verzweifelten Menschen, die nicht mehr leben, aber sich auch nicht vor einen Zug werfen oder sich erhängen wollen. Das zeigt, wie wichtig eine Institution wie die DGHS ist und dass die Politiker Stellung zu den Problemen nehmen müssen, selbst wenn diese ihnen unangenehm sind.

Zweifellos genügt es nicht, bei der Schmerzbekämpfung allein stehen zu bleiben. Zweifellos genügt es nicht, nur diese zu fördern. Zweifellos hat auch die Hospizbewegung nicht auf alle Fragen eine Antwort. Die DGHS zeichnet sich dadurch aus, dass sie in einem sehr breiten und integrativen Sowohl-als-auch-Ansatz neben einer Sterbebegleitung und guter Palliativmedizin auch eine rechtsstaatlich abgesicherte passive, aktive indirekte und aktive direkte Sterbehilfe fordert, Letztere wohlgemerkt nur in seltenen Extremfällen, insbesondere dann, wenn der Patient selbst nicht mehr in der Lage sein sollte, seinen letzten Lebensabschnitt von eigener Hand abzukürzen. Er soll dann gemäß dem verfassungsrechtlich verbürgten Gleichbehandlungsgrundsatz nicht schlechter gestellt sein als ein Patient, der dies noch kann.

Allmählich spricht sich herum, dass es Fälle gibt, bei denen eine auch noch so gute Schmerzbekämpfung das Würdeempfinden Betroffener nicht ausreichend zu schützen vermag. Ich erinnere noch einmal an das Sterben meiner Mutter. Jedes Leben stößt eben an Grenzen, jede medizinische Machbarkeit auch.
Wir sollten uns hüten, Menschen wie Gebrauchtwagen zu behandeln. Wir sollten uns hüten, jeden Körperteil für ersetzbar zu halten. Wir sollten uns hüten, mit der modernen Apparatemedizin das stets Machbare in den Vordergrund zu rücken.
Maßgeblich muss das Selbstbestimmungsrecht (und damit auch

die Selbstverantwortung) des betroffenen Patienten bleiben. Diesen Grundgedanken hat die DGHS in ihrer Satzung verankert. Dieser Grundgedanke wird auch immer wieder von Verfassungsrechtlern bestätigt, nicht zuletzt auch von höchsten Gerichten wie dem Bundesgerichtshof.

Ich danke der DGHS und allen für sie Wirkenden für ihren Einsatz. Ich wünsche der DGHS auch für die nächsten 25 Jahre eine ebenso effektive und effiziente Vereinspolitik, ein Wirken in alle Bevölkerungsschichten hinein, Erfolge bei der Gewinnung von Mitgliedern bei den jüngeren Menschen, die bekanntlich oft so leben, als gäbe es nicht jene schweren Freizeit-, Haushalts-, Berufs- und Verkehrsunfälle, die ein Leben häufig grundlegend verändern. Oft höre ich: Ans Sterben will ich nicht denken, ich bin ja noch jung! Dabei wissen wir doch oder sollten es wissen, was die alten Chinesen wussten: Den Stock fürs Alter muss man in der Jugend schnitzen.

Lassen Sie mich zum Schluss eine Zen-Geschichte erzählen.
Ein Heiliger, der dafür berühmt und beliebt war, dass er alle Menschen zum Lachen brachte, schickt sich an, seinen Körper zu verlassen. Er verlangt, dass man ihn nicht waschen, sondern in seinen Kleidern auf den Scheiterhaufen legen solle. Und so geschieht es. Er hat überall in seinen Kleidern Feuerwerkskörper versteckt, und als nun die Flammen auflodern, gibt es ein fantastisches Feuerwerk. Die Menschen lachen und sagen: Er hat uns im Leben nur Freude gemacht und uns zum Lachen gebracht, und nun tut er das auch noch im Tode.

Als ehemalige Schauspielerin kann ich da nur sagen: Was für ein Abgang!

Leben wir ein pralles Leben mit allen Höhen und Tiefen, mit allen Freuden und Schmerzen. Es geht ja nicht darum, unbedingt mehr Jahre ins Leben zu bringen, sondern mehr Leben in die Jahre. Dazu wünsche ich uns allen viel Glück.

(7.11.2005, gekürzte Rede)

T

Tabak → Genussmittel

Taoistische Übungen

Das Wort Tao bedeutet natürliches Ordnungsprinzip des Lebens, die Einheit von Körper, Geist und Seele – uns allen auch bekannt als Yin-Yang-Prinzip.

Wie bei allen ganzheitlichen Ansätzen gilt auch beim Tao: Ein Mensch mit sich und seiner Umwelt im Einklang ist körperlich, seelisch und geistig gesund. Hört sich einfach an – und ist doch so schwer zu erreichen.

War es in Indien, Sri Lanka oder beim Welt-Vegetarier-Kongress in Thailand? Irgendwo hörte ich den Vortrag von Dr. med. Stephen T. Chang und war wie elektrisiert. Dr. Chang, weltweit anerkannter Mediziner und Gelehrter, studierte chinesische und westliche Medizin. Wie kaum jemand versteht er, beides miteinander zu verbinden, nachzulesen in seinem Buch »Das Handbuch ganzheitlicher Selbstheilung«, das ich Ihnen sehr ans Herz legen möchte (s. Anhang).

Viele der Übungen sind den Bewegungen von Tieren nachempfunden, wie die Schildkröten-Übung, die Hirsch-, Kranich-, Drache-, Tiger-, Bär-, Adler-Übung.

Es heißt von den Übungen:
- Der Bär fördert Denkprozesse und Ideen,
- der Drache hilft, negative Gefühle wie Ängste, Ärger, Depressionen zu überwinden, und stärkt den Geist,
- der Hirsch kräftigt die Fortpflanzungsorgane und soll, richtig angewandt, die Spiritualität erhöhen,
- der Kranich stärkt Verdauung, Atmung und Kreislauf,
- die Schildkröte dehnt die Wirbelsäule, kräftigt die Schultermuskulatur, beseitigt Müdigkeit und Steifigkeit von Nacken- und Schultermuskeln,
- der Tiger entgiftet und heilt die Leber, beruhigt die Nerven.

Die Tiere Hirsch, Kranich und Schildkröte zeichnen sich durch besondere Langlebigkeit aus. Die entsprechenden Übungen gehören für mich zu den wichtigsten Übungen.
Sie will ich hier vorstellen – darüber hinaus gibt es für jedes Organ eine heilsame Übung, ob Herz, Lunge, Magen, Nieren – ich empfehle sehr, das Buch zu kaufen.

Die Hirsch-Übung für die Frau kräftigt die weiblichen Geschlechtsorgane und verhütet dort Infektionen, stimuliert die natürliche Östrogenbildung, wirkt dadurch verjüngend, lindert Wechseljahresbeschwerden. Historische Aufzeichnungen berichten, dass wegen ihrer Schönheit berühmte Frauen seit Tausenden von Jahren konsequent die Hirsch-Übung durchführen.
Ideal wäre hierfür der Lotossitz, den ich früher perfekt beherrschte, seit Miniskus- und Kreuzbandoperation aber leider nicht mehr hinkriege. Im halben Lotossitz oder sogar liegend geht's auch.
Und so wird's gemacht – am besten gleich morgens nach dem Aufwachen und abends vor dem Schlafengehen, bei Zeitmangel einmal am Tag:

Erster Teil der Übung
So hinsetzen, dass die Ferse des einen Fußes einen gleichmäßigen Druck gegen die Klitoris ausübt. Wenn man das nicht schafft, hilft es, z. B. einen Tennisball gegen den Scheideneingang zu legen, denn

nur durch Druck gegen Klitoris und Scheideneingang kann die in den Geschlechtsdrüsen erzeugte Energie die Wirbelsäule entlang hinauf in die Brüste und in den Kopf steigen.

Dann die Hände kräftig gegeneinanderreiben, bis sie schön warm sind, auf die Brüste legen und die Brüste langsam mit nach außen kreisenden Bewegungen massieren.

Mindestens 36-mal sollten diese kreisenden Bewegungen durchgeführt werden, am besten zweimal täglich – maximal werden 360 Massagen angegeben! Ich kann mir nicht vorstellen, dass wir westlichen Frauen diese Geduld aufbringen. Oder?

Übrigens: Die nach außen kreisende Bewegung der Hände wirkt heilend und beugt Knotenbildung und Brustkrebs vor.

Wenn Sie die Brüste mit den Händen nach innen kreisend massieren, soll die Massage sogar bewirken, dass die Brüste größer werden! (?!)

Sie bestimmen also selbst, ob Sie die beliebten Äpfelchen gern größer hätten, dann wird so massiert (s. Zeichnung), mögen Sie sie lieber kleiner, anders herum. Und das alles ohne Silikon …

Vielleicht findet sich ja auch jemand, dem es Spaß macht, Ihnen diese Arbeit abzunehmen …?

(Schwangeren Frauen wird von der Übung abgeraten, sie könnte vorzeitige Wehen auslösen.)

Zweiter Teil der Übung

Den zweiten Teil der Übung kann man im Sitzen oder Liegen machen:

Die Muskeln von After und Scheide so anspannen, als wolle man beide Öffnungen verschließen, so lange, wie es ohne Anstrengung geht. Dann loslassen und von Neuem anspannen, beliebig oft.

Auch während dieses Übungsteils sollten Sie spüren, wie das Feuer (= Energie) in Ihren Geschlechtsdrüsen erzeugt wird und die Wirbelsäule entlang in die Brüste und den Kopf emporsteigt.

Hirsch-Übung für die
Frau mit Brustmassage

Hirsch-Übung im Liegen

Zunächst auf die linke Seite legen. (Da die Übung nicht lange dauert, kann man wahlweise auf der rechten oder, ohne das Herz zu belasten, auf der linken Seite liegen.)

Das linke Bein ist gestreckt, während das in Knie und Hüftgelenk gebeugte rechte Bein darüber liegt.

Der linke Arm liegt am Boden, die Hand parallel zum linken Oberschenkel, der rechte Arm angewinkelt mit der Handfläche nach unten vor dem Körper. Vielleicht ein Kissen unter den Nacken legen, um die Halsmuskeln nicht zu überanstrengen.

Halbseitenlage für die Hirsch-Übung im Liegen

Die Übung ergänzen mit 12 Atemzügen nach der Atemtechnik der Kranich-Übung (s. unten). Gleichzeitig werden die Analmuskeln rhythmisch kontrahiert. Die günstige Wirkung der Übung beruht vor allem auf der Anspannung der Analmuskeln.

Die alten Taoisten versprechen sich von dieser Übung überdies erstaunliche Verbesserungen des weiblichen Sexlebens...
Ich vermute, dass diese Übung, die man praktisch überall durchführen kann, wo man sitzt oder liegt, auch der Inkontinenz vorbeugt.

Die Kranich-Übung

Der Kranich faltet im Stehen ein Bein gegen den Bauch, übt dadurch Druck auf die Bauchmuskeln und inneren Organe aus und regt so Verdauung, Atmung und Kreislauf an. Nach Meinung der Taoisten trägt diese Haltung zur Langlebigkeit des Kranichs bei – und hilft auch uns Menschen.
Die Kranich-Übung stimuliert die Funktion der Lungen, steigert die Durchblutung der Bauchorgane und Bauchmuskeln und verringert dadurch die Anhäufung von Cholesterin und Fett. Wegen des Effekts auf die Lungen wirkt die Übung auch günstig bei Asthma und ist, da die Lungen mit der Haut eine funktionelle Einheit bilden, sogar heilsam bei Hautleiden wie Ausschlägen und Entzündungen.

Die Kranich-Übung kann stehend, sitzend oder auf dem Rücken liegend praktiziert werden.
Und so wird's gemacht:
Zunächst die Handflächen kräftig gegeneinanderreiben. Die in den Händen erzeugte Wärme leitet Energie in Handflächen und Finger. Die Handflächen zu beiden Seiten des Nabels auf den Unterleib legen.
Bei geschlossenem Mund durch die Nase einatmen.
Langsam ausatmen, während man den Bauch mit den Händen leicht nach innen drückt, sodass eine Kuhle entsteht. Dadurch wird die Luft aus den unteren Partien der Lungen gepresst. Die Hände wirken hier wie das Bein des Kranichs. Man stellt sich vor, dass sämtliche Schadstoffe die Lungen verlassen.

Nach dem vollständigen Ausatmen langsam wieder einatmen. Der Bauch soll sich beim Einatmen vorwölben. Dabei nicht den Brustkorb, sondern nur die Bauchmuskeln benutzen.

Sobald die Kranich-Übung beherrscht wird, können die Schließmuskelkontraktionen der Hirsch-Übung mit der Kranich-Atmung kombiniert werden (beim Ausatmen die Schließmuskeln anspannen, beim Einatmen lockern).
Morgens durchgeführt, bringt die Kranich-Übung Energie und entschlackt, abends beruhigt sie die inneren Organe und verhilft zu erholsamem Schlaf.

Kranich-Übung im Stehen
Die Übung »Stehender Kranich« verbessert den Gleichgewichtssinn, regt das Nervensystem an, kräftigt die inneren Organe, macht Knie-, Sprung- und Hüftgelenke geschmeidiger, steigert die Durchblutung der Beine und Füße und macht sie weniger anfällig für Bein- und Fußkrämpfe, Krampfadern und kalte Füße.

Achtung:
Schwangeren Frauen wird von der Kranich-Übung abgeraten, ebenso von der Hirsch-Übung.

Und so wird's gemacht:
Sie stehen aufrecht mit geschlossenen Füßen; die großen Zehen und Fersen berühren einander.
Einen Fuß anheben und die Fußsohle an der Wade des anderen Beins reiben.
Den Fuß nach und nach ruckweise am gegenseitigen Bein hochschieben, bis der Fuß an der Außenseite des Oberschenkels der Gegenseite ruht.
Nun Fußsohle und Zehen massieren und kneten, um Fußnerven und Durchblutung anzuregen.
Einatmen und dabei die Arme seitlich über den Kopf führen und die Hände über dem Kopf zusammenlegen.
Normal weiteratmen und so lange stehen bleiben, wie es geht.

Kranich-Übung im Stehen

Arme wieder sinken lassen, den hochgehobenen Fuß neben den anderen stellen und dabei ausatmen.
Dann die Übung mit dem anderen Fuß ausführen.

Ihr Gleichgewichtssinn wird von dieser Übung enorm profitieren!

Seit meiner Miniskusoperation kann ich leider nicht mehr so lange frei auf einem Bein stehen und mache die Kranich-Übung im Stehen, indem ich mich gegen eine Wand oder den Schrank lehne, damit ich nicht umfalle. Ferner nehme ich die gegenüberliegende Hand zu Hilfe, um den Fuß gegen den Oberschenkel zu pressen.

Die Schildkröten-Übung
Die »Schildkröten-Übung« mache ich immer dann, wenn sich Verspannungen in der Nackenmuskulatur ankündigen, also bei langem Sitzen am Computer, überhaupt wenn mir etwas »im Nacken sitzt«,

ich zu viel »am Hals« habe, wenn ich drohe, »hartnäckig«, gar »halsstarrig« zu sein. Der Volksmund kennt sich da aus: Da läuft einem »eine Laus über die Leber«, hat man »die Nase voll«, nämlich Schnupfen, oder wird sogar von einem Hörsturz heimgesucht, weil man längst nicht mehr alles hören kann und will.

Ach ja, würde man immer auf die Signale des Körpers hören!

Die Schildkröten-Übung stimuliert alle Nerven im Halsbereich, die zum Gehirn und zu den unteren Extremitäten führen, dehnt sie und versorgt sie mit Energie. Durch die gesteigerte Durchblutung werden Ablagerungen abtransportiert.

Sie wirkt anregend und kräftigend auf die Schilddrüse und die Nebenschilddrüsen und verbessert dadurch den gesamten Stoffwechsel.

Wer die Schildkröten-Übung täglich macht, fühlt sich jünger (kann ich bestätigen) und strahlt angeblich eine innere Schönheit aus … (?)

Sie können im Stehen oder im Sitzen üben, am besten gleich morgens nach dem Aufwachen und abends vor dem Schlafengehen.

Und so wird's gemacht:

Das Kinn fest gegen das Brustbein und die Schultern nach unten drücken, dabei langsam einatmen.

Den Kopf nach hinten strecken, als wollten Sie mit dem Hinterkopf den Nacken berühren. Dabei langsam ausatmen. Gleichzeitig die Schultern so hoch wie möglich ziehen.

Das Ganze 12-mal wiederholen.

Die Bewegungen der Schildkröten-Übung können mit der Atemtechnik der Kranich-Übung (s. S. 205) verbunden werden. Auch in diesem Fall ausatmen, während Sie den Kopf in den Nacken legen und das Kinn hochstrecken.

Und wichtig: Immer langsam üben – nichts erzwingen!

Dabei am besten die Augen geschlossen halten und die Finger um die Daumen legen, damit die Energie nicht durch die Finger abfließt.

Abb. a und b: Schildkröten-Übung

Wenn jede der drei Grundübungen Hirsch, Kranich und Schildkröte beherrscht wird, kann man sie in einer einzigen Übungsfolge vereinen.

Alles klar? Im chinesischen Zirkus heißt es: Möge die Übung gelingen!
Halten Sie durch – es lohnt sich!

Tinnitus verhindern

Bei einer sehr erfolgreichen Tournee mit Sartres Theaterstück »Die ehrbare Dirne« hatte mein Partner mir laut Regie eine Ohrfeige zu verpassen. Im Allgemeinen wird so etwas nur »markiert«, ich aber forderte ihn auf, ordentlich zuzuschlagen, weil ich dann so gut weinen konnte. Das tat er dann auch, zuerst widerstrebend, aber schließlich hatten wir uns beide daran gewöhnt und das Publikum schrie jedes Mal auf. Nach 200 Mal hatte ich ständig Kopfschmerzen und sah Sterne – so geht es vermutlich Boxern. Ein Arzt riet mir, mit dem Unfug Schluss zu machen, wenn ich mein Trommelfell retten wollte. Die restlichen 50 Aufführungen wurde dann nur noch so getan als ob.

Glücklicherweise habe ich nicht mehr zurückbehalten als eine leichte Störung im linken Ohr, eine Art Summen, muss aber immer dafür sorgen, dass beide Ohren offen bleiben – indem ich beide Nasenlöcher zuhalte und gleichzeitig wie beim Schnäuzen Luft in die geschlossene Nase und damit in die »eustachische Röhre« drücke.

Ein leichtes Quietschen in beiden Ohren zeigt, die Röhre ist offen.

Lust, es auszuprobieren?

Meint meine Haushälterin: Andere in deinem Alter haben ein Hörgerät auf dem Nachttisch – du Ohropax!

Um einen Tinnitus zu verhindern, bietet sich auch eine taoistische Übung für die Ohren an, das »*Schlagen der Himmelstrommel*«.

Sie stimuliert und besänftigt das Innenohr. Klingeln in den Ohren oder Schwerhörigkeit lassen sich so lindern oder heilen:

So wird's gemacht:

Mit den Zeigefingerkuppen auf die kleinen knorpeligen Erhebungen vor dem äußeren Gehörgang drücken, sodass die Ohren von außen verschlossen sind. Mit den Kuppen der Mittelfinger leicht gegen die Nägel der Zeigefinger klopfen. Es entsteht ein metallisches Geräusch, ähnlich wie Trommelschläge. Langsam und rhythmisch 12- bis 36-mal klopfen.

Kann man im Laufe des Tages immer mal wieder wiederholen.

Ich habe den Verdacht, dass auch Ablagerungen von tierischem Eiweiß in den feinen Kapillaren der Gehörgänge eine Rolle bei Ohrenproblemen wie Schwerhörigkeit und Tinnitus spielen.

Soweit ich weiß, ist darüber noch nicht geforscht worden, aber Beethovens Schwerhörigkeit und spätere Taubheit könnte also auch damit zusammenhängen, dass er, wie Zeitgenossen berichteten, sehr viel und noch dazu verdorbenes, stinkendes Fleisch gegessen hat ...

Der Tod – Feind oder Freund?

Aufs Sterben freu ich mich … mit diesem Ausspruch habe ich vor vielen Jahren die LeserInnen einer Zeitschrift verstört.

Heute allerdings, mit 80, möchte ich diese Aussage relativieren: Gevatter Tod darf sich ruhig noch etwas Zeit lassen!

Da mein Vater Lehrer in einem winzigen Dorf war und unser Schulhaus direkt neben dem Friedhof lag, bekam ich von Kindheit an sämtliche Begräbnisse mit. Es war schon erstaunlich: Eben noch wollte die trauernde Witwe ihrem gestorbenen Mann schreiend in die Grube nachspringen – wenig später zog die Trauergemeinde samt Witwe ins angrenzende Wirtshaus, wo es bald so lustig zuging wie (nicht immer) bei einer Hochzeit.

Sterben und Tod haben mich nie erschreckt, nur sehr neugierig gemacht: Was passiert da eigentlich?

Einmal wurde ein altes Grab ausgehoben, weil ein neuer Toter hinein wollte. Zum Vorschein kam die völlig unversehrte Puppe der Schwester meiner Großmutter. Sie war als kleines Kind gestorben, vor mehr als einem halben Jahrhundert.

Die Eltern hatten ihr die geliebte Puppe mit ins Grab gegeben. Die Puppe war unversehrt, von dem kleinen Mädchen nichts Materielles übrig. Dennoch war es auf eine tröstliche Weise präsent. Irgendwie erhalten, vielleicht nur wie ein Wassertropfen zurückgekehrt in den großen Ozean. Keine Energie geht verloren.

Die Raupe, die sich verpuppt, hat vermutlich Angst vor ihrer Verwandlung – weil sie ja nicht weiß, wie wunderschön und leicht sie als Schmetterling davonfliegen wird!

Leicht davonfliegen – so stelle ich mir ein gutes Sterben vor.

Ich frage mich, warum die Menschen derartig am Leben hängen. Es ist doch eigentlich mit all seiner Grausamkeit kaum zu ertragen. Und ausgerechnet die Christen müssten sich doch darauf freuen, dieses »Jammertal« endlich verlassen zu dürfen und »heimgeholt« zu werden! Wer ein pralles Leben geführt, seine Freuden und Schmerzen voll ausgekostet hat, sollte es doch eigentlich furchtlos und freudig loslassen können. Aber wir lernen ja nicht einmal die Kunst, zu leben – geschweige denn die Kunst, zu sterben.

Yogis schaffen das, auch Osho hat es geschafft, sanft hinüberzugehen. Und Scott Nearing. Das berühmte »Aussteigerpaar« Scott und Helen Nearing hat länger als 50 Jahre zusammengelebt. Beide haben eine Reihe Bücher über ihr Leben als Selbstversorger geschrieben. In ihrem Buch »Ein gutes Leben – ein würdiger Abschied – mein Leben mit Scott« beschreibt Helen Nearing, wie ihr Mann kurz vor seinem 100. Geburtstag beschloss, sich auf den Tod vorzubereiten, und wie sie ihm dabei half. Er entschied sich, zu fasten, und nahm danach nie wieder einen Bissen fester Nahrung zu sich, schließlich auch keine Flüssigkeit mehr. Sechs Wochen später verabschiedete er sich von Helen – »Es war ein leichtes und schönes Gehen, das Leben einfach ausgeatmet«, schreibt Helen. Und weiter: »Ich freute mich auf meinen eigenen Tod – ich war sozusagen entzückt davon, den Tod des Körpers als eine Erlösung vom körperlichen Leben zu sehen …«

In der ersten Hälfte meines Daseins litt ich ständig an Todessehnsüchten und Suizidgedanken.
Ganze Kartons voller loser Zettel zeugen davon: Das Tarot gefragt: Soll ich mich umbringen? Das I Ging gefragt – da erhielt ich einmal die lakonische Auskunft: Es gibt Wichtigeres als das Leben! Peng!

Eine Tagebuchnotiz am 14. Februar 1990
Werde ich dieses Leben tatsächlich noch jahrelang aushalten müssen?
Ich stelle mir mein Sterbelager vor und werde plötzlich von enormer Heiterkeit überwältigt. Meine Freundin Anna und ihre Tochter Maya sitzen an meinem Bett, drumherum tummeln sich andere Kinder, Hunde, Katzen. Alle sind fröhlich, zusätzlich entspannt durch Deuters Musik mit dem Vogelgezwitscher. Den für mich bereitgestellten weißen Sarg bemalen die Kinder, ganz bunt. Ich schaue ihnen vergnügt dabei zu. Sie sind farbenprächtig angezogen und freuen sich, dass mir ihre Malerei – sie bevorzugen meine geliebten Rottöne – gefällt. Auf den Sarg malen sie, rotbackig vor Eifer, die Worte: Hurra – sie hat es geschafft!
Anna sagt: Sie ist an Überanstrengung gestorben!

Sollte man sich beerdigen oder lieber verbrennen lassen? Was aber, wenn dabei die Seele angesengt wird? Was ist vom ökologischen Standpunkt her besser? Der Körper nährt den Wurm und bestenfalls vielleicht einen schönen Birnbaum wie den beim Herrn von Ribbeck auf Ribbeck im Havelland. Asche wiederum kann man in den Garten streuen. Oder bei Glatteis auf die Straße.
Wahrscheinlich gehupft wie gesprungen.

Versucht habe ich es mehrmals, einmal wäre es beinahe geglückt. In einem New Yorker Hotel, aus Liebeskummer. Alles richtig gemacht: 15 Valium geschluckt, hinuntergespült mit einer halben Flasche Whisky – mit der Rasierklinge beide Handgelenke aufgeschnitten, nicht quer, sondern längs, wie es sich gehört – und bin dennoch nicht gestorben.
Der chinesische Arzt, der meine Wunden nähte, auf meine Frage, warum nicht: »It was not your time, madam! – »Ihre Zeit ist noch nicht gekommen, Madame!«

Zur Frage »Gibt es ein Leben nach dem Tod?«:

Ich erfriere!,
weinte der Regentropfen,
fallen gelassen von der Wolke,
ich sterbe!
Und schwebte als Schneeflocke
zur Erde nieder.

Das ist das Ende!,
jammerte die Raupe
im selbst gesponnenen Kokon,
ich ersticke!
Der Frühling kam
und blind vor Wonne
taumelte der Falter
zum Himmel empor.

Lust und Frust einer Gesundheitsberaterin auf dem
Traumschiff

Eine Seefahrt, die ist lustig – eine Seefahrt, die ist schön ...
In meiner Schauspielzeit habe ich einige Kreuzfahrten auf dem Traumschiff als Aktrice mitgemacht, später dann ein halbes Dutzend Fahrten als Gesundheitsberaterin mit der Aufgabe, die Passagiere in puncto gesunder Ernährung zu beraten.
Vom Klimaschutz war da noch nicht die Rede ...
Diesmal startete die MS Berlin in Bridgetown auf der Insel Barbados.
Und diesmal waren drei Gruppen an Bord – die »normalen« Reisenden, die für die Traumschiff-Folge engagierten Schauspieler und das kleine Trüppchen der Gesundheitsfreaks.
An der Gangway werden wir Ankommenden wie üblich von der Mannschaft mit einem Glas Sekt begrüßt.
Frohgemut will ich an Bord gehen, da starren mich sowohl Produzent als auch Regisseur der Serie entgeistert an: Nanu, was machst du denn hier? Für welche Rolle haben wir dich denn engagiert? Um Himmels willen, haben wir da doppelt besetzt?

Ich genieße es, diesmal nicht als Schauspielerin, sondern als Gesundheitsberaterin diese herrliche Reise machen zu können. Und wünsche mir nur, dass dieses Traumschiff (und natürlich alle anderen Schiffe auch) eines Tages mit Wind-, Wasser- und Sonnenenergie angetrieben wird ...
Die tropische Wärme, das türkisblaue Meer, das luxuriöse Schiff, gut aufgelegte erwartungsvolle Menschen, bereit, aus diesen 14 Tagen alles, was nur möglich ist, an Glück herauszupressen – dazu James Lasts Traumschiff-Schnulze beim Auslaufen des Schiffes –, sämtliche Alltagsprobleme scheinen erst einmal weggefegt.

Wer 40 Jahre als »Person des öffentlichen Lebens« überlebt hat, bekommt Übung darin, in den Gesichtern, ja sogar an den Lippen abzulesen, was die Leute reden, bei meinem Namen mit den vielen Vokalen ein Leichtes.

Ich habe hier nur einiges von dem aufgeschrieben, was während der Kreuzfahrt getalkt wurde.

Diesmal wies die Palette der Kreuzfahrenden besonders viele bunte Farben auf.

Da waren, wie immer, die Neureichen – »Wir können uns das ja leisten« – mit ihren gegen das Konsumverhalten der Eltern opponierenden Kindern, Typ magersüchtige Tochter; andererseits die »eingefleischten« Vegetarier – mit »Nun erst recht!« trotzig Fleisch essendem, Pfeife rauchendem Sohn; die »alternativen« Familien, wegen der angebotenen Vollwertkost auf dieser Reise; die vielen Ehepaare in der Midlife-Crisis – er sitzt an der Bar und lässt sich volllaufen (»Ich weiß gar nicht, was sie will, sie hat doch alles«).

Eins dieser Ehepaare ging tatsächlich im dritten Hafen von Bord, um sich scheiden zu lassen!

Beim Kapitänsempfang treffen alle Passagiere zum ersten Mal zusammen, die »normalen« Reisenden, die »Filmfritzen« und die »Körndlfreaks«.

Alle sind bei diesem Anlass fein gemacht, animiert, voller Vorfreude.

Es entspann sich folgender Dialog:

Frau Neureich: Ist das nicht die Barbara Rütting da drüben?

Herr Neureich: Wer? Wo?

Frau Neureich: Na, die Schauspielerin!

Herr Neureich: Kenn ick nich.

Frau Neureich stößt ihren Mann an: Na klar kennste die! Die die Geierwally gespielt hat, und diese Wallace-Krimis!

Herr Neureich: Wat? Die lebt noch? Ick hab jedacht, die is längst dot!

Ein Vollwertköstler: Ich kenne sie nur als Kochbuchautorin. Hier an Bord ist sie als Gesundheitsberaterin. Deswegen machen wir überhaupt die Reise, weil wir unterwegs anständige Vollwertkost wollen!

Herr Neureich: Wat is dat denn?

Vollwertköstler: Die Nahrung sollte so natürlich wie möglich sein, vollwertig eben. Dann bleibt man gesund, wenn man sich so ernährt.

Hier sehen Sie ein echtes Vollwert-Kind, nie krank (zeigt seine kleine Tochter vor)! Was sagst du immer, wenn dir jemand einen Bonbon geben will?

Die Kleine lispelt: Zucker macht zahnlos!

Alle lachen.

Vollwertköstler-Frau: Und dann lehnt sie den Bonbon ab! Die Leute sind dann immer ganz sprachlos!

Frau Neureich: Und dann bettelt sie wahrscheinlich um Süßigkeiten bei der Nachbarin, das kennt man doch!

Nun meldet sich ein Rohköstler zu Wort: Der Begriff Vollwertkost wird völlig falsch verwendet. Vollwertig ist nur die Muttermilch – und die Rohkost. Kennen Sie das Buch »Willst du gesund sein, vergiss den Kochtopf«? Nicht? Das *müssen* Sie lesen! Das hat uns die Augen geöffnet!

Rohköstler-Frau: Seither essen wir nichts Gekochtes mehr, nur Rohkost!

Frau Neureich: Was, nur Rohkost? Ja, wovon leben Sie denn dann, um Himmels willen? Wie decken Sie denn Ihren Eiweißbedarf?

Rohköstler-Mann: Wir essen ja sowieso alle viel zu viel tierisches Eiweiß. Und dann noch zu Tode gekocht! Lauter Leichen! Deshalb ist die Menschheit ja so krank! Die Rütting hat auch zu viele Eier in ihren Rezepten. Außerdem trinkt sie Wein.

Rohköstler-Frau: Das lehnen wir ab!

Frau Neureich: Die muss doch schon uralt sein, die Rütting! Naja, bestimmt geliftet! Das sind die doch alle!

Herr Neureich: Nun mussten wir schon unterschreiben, dass wir nichts gegen die Dreharbeiten von diesen Filmfritzen haben für diese Traumschiff-Serie – nun auch noch die Körndlfresser dazu, na danke! Ich lasse mir meinen Schweinebraten jedenfalls nicht miesmachen.

Frau Neureich: Und als Statisten lassen wir uns auch nicht benutzen! (Später sind die beiden die Ersten, die sich darum reißen, Statisterie zu machen und immer wieder als »Ankommende in Reisekleidung« die Gangway rauf und runter zu tippeln.) Also ich höre mir diesen Gesundheitsschmarrn bestimmt nicht an! Jeden Tag liest man von einer anderen Wunderdiät. Was ich schon alles ausprobiert habe! Einen Haufen Geld zum Fenster rausgeschmissen und hinterher war der ganze Speck wieder drauf! Alles Humbug!

Vollwertköstler-Frau: Das kann Ihnen bei der Vollwertkost eben nicht passieren! Da halten Sie Ihr Gewicht konstant, ohne zu hungern, ohne Kalorienzählen. Da kommt eine Art Essbremse zur Wirkung!

Frau Neureich: Bei mir garantiert nicht. Bei mir versagt jede Bremse.

Rohköstler-Mann: Ich sage doch, der Begriff ist schon falsch! Vollwertig ist nur die Muttermilch! Und die Rohkost!

Von allen Tischen sind Satzfetzen zu hören:
Glauben Sie mir, ohne isometrische Übungen …
… die Fünf Tibeter haben mich leider nicht um 25 Jahre verjüngt, aber ich mache sie auch noch nicht lange …
… wenn Uranus im 5. Haus steht und Wassermann im MC, dann ist äußerste Vorsicht geboten …
… hoffentlich gibt es auch mal Hummer und Kaviar …
… bin gespannt auf die Band …
Mal sehen, ob ich den Sport mitmache, ein paar Kilo könnten schon runter …
Glauben Sie mir, nur die rechtsdrehende Milchsäure kann vom Körper verwertet werden, die linksdrehende können Sie vergessen …
Haben Sie schon mal von Kombucha gehört? Das ist ein Pilz, den man in Tee ansetzt, und dann …
… hoffentlich werd' ich nicht seekrank, ich bin so sensibel …
Ich hab's an der Galle, ich muss aufpassen …, ich hab mir die Gallenblase rausnehmen lassen …

Das Frühstücksbüfett ist für mich eine ziemliche Tortur, weil mir alle zuschauen – entweder auf die Finger, um sich auf den Teller zu tun, was ich mir auf den Teller tue, oder ins Gesicht, um meine Falten zu zählen. Da geht es dann weiter:

Was ist das denn, Hafer? Was, Dinkel? Nie gehört, was is denn Dinkel? Darf ich Joghurt zum Frischkornbrei nehmen oder ist Milch besser? Was, Sahne? Aber Sahne macht doch dick! Ich habe einen zu hohen Cholesterinspiegel …

Ich habe zu niedrigen Blutdruck, deshalb hat mir der Arzt Kaffee verordnet! Was, der ist auch ungesund?
Ich esse nie Butter, nur Margarine…
… die ist doch noch schlechter…
Ich nehme immer Süßstoff in den Kaffee, nie Zucker…
Sie sollten überhaupt keinen Kaffee trinken, Kaffee ist Nervengift…
Na, dann bleibt ja überhaupt nichts mehr übrig an Genüssen, da kann ich ja gleich über Bord springen…

Beim Mittagessen geht es dann genau so weiter, ein Gegacker wie im Hühnerhof:
Sie glauben nicht, wie sich Ihre Geschmacksnerven wieder schärfen, wenn Sie erst…
… also, ich habe gehört, Getreide und gekochtes Obst zusammen, das bläht…
… nein, das verwechseln Sie, Knoblauch und Zwiebeln zusammen gegessen, das bläht!
Haben Sie schon von der heiligen Hildegard gehört? Die hat den Lauch verboten und die Zwetschgen!
Ach, die Äbtissin? Die war ja selber magenkrank!
Ich halte mehr von Bachblüten…
Was sind denn das für Blüten, wachsen die am Bach?
Nein, ihr Entdecker hieß Bach, Dr. Bach!
Im Ayurveda wird überhaupt kein Knoblauch verwendet …
Was ist denn das nun wieder? Nie gehört! Aju – was?
Ich bin ganz süchtig nach Knoblauch, wir essen ihn knollenweise, ich würze alles mit Knoblauch, nur keinen Pudding, haha!
Aha, Sie sind wohl Pudding-Vegetarierin?
Was ist denn das für eine Richtung, essen die nur Pudding? Das kann doch nicht gesund sein…
Die beste Ernährung hilft nichts, wenn Sie falsch denken …, ich meditiere…
Ach, meinen Sie Yoga? Ohne Yoga wäre ich schon tot…
Aber Yoga gehört doch in den Osten, wir leben im Westen!
… wir sollten überhaupt nur essen, was hier bei uns zur Jahreszeit wächst!

Da bleiben Ihnen als Rohköstler im Winter nur ein paar verschrumpelte Äpfel, hahaha!

Aber es gibt doch das herrlichste Obst das ganze Jahr über, dank der Technik!

Da betreiben Sie ja wieder Umweltverschmutzung, wenn Sie Obst einfliegen lassen!

Ist doch völlig unökologisch!

Und mit diesem Luxuskahn hier, betreiben wir da keine Umweltverschmutzung?

… die MS Berlin hat die tollsten Entsorgungssysteme!

Ganz wichtig ist es, beim Essen nicht zu reden …

So'n Blödsinn! Schon Goethe führte Tischgespräche!

Der hatte ja auch was zu sagen, was man von Ihnen nicht behaupten kann!

Sesam soll besonders viel Calcium enthalten, 100-mal so viel wie Kuhmilch!

Das ist interessant, ich hab nämlich Osteoporose! Ich muss Calcium einnehmen!

Wenn Sie nicht genügend Vitamin D zu sich nehmen, hilft das ganze Calcium nichts!

Was halten Sie vom Liften?

Also, ich hab mir das Fett vom Bauch absaugen lassen und das Doppelkinn wegoperieren …

Igittigitt, tut das nicht weh?

Haben Sie sich die Augen machen lassen?

Wieso, sieht man das?

Ich hab mir die Gallenblase rausnehmen lassen, seitdem ist Ruhe. Mein Arzt sagt, die braucht man heute nicht mehr, die Gallenblase, die war für die Zeiten vorgesehen, als es nicht so viel zu essen gab, als man sich einen Vorrat anfuttern musste – heute braucht man das ja nicht mehr.

… das scheint sich hier an Bord aber noch nicht rumgesprochen zu haben!

Eine Frau stellt sich dicht hinter mich und schaut, ob ich gelifted bin. Immer wieder erstaunt mich bass, wie hemmungslos die Leute ihre

Untersucht er ihre Falten?
B. R. mit Michel Auclair im Film »Das zweite Leben«, 1954

Kommentare abgeben. Tuschelei mit der Freundin: »Keine Narbe hinter dem Ohr, und die Gelifteten kriegen doch immer so'n Froschmaul!« (Sie zieht mit den Händen die Haut an den Augen und die Mundwinkel zur Seite, um den Effekt zu demonstrieren.)
Nun bin ich dran; stelle meinen Teller weg, fabriziere die gleiche Grimasse, schräge Augen und Froschmaul und grinse die beiden, die nun total entgeistert sind, vergnügt an. Nee, nix geliftet!
Jetzt naht ein grantelnder Wiener: Die Leute streuen sich ja kiloweis Zimt aufs Müsli, haben Sie dös angeordnet? Und stimmt es, dass die Kaffeesahne sauer sein muss? Die Stewards behaupten, das gehört sich so, das ist vollwertig!
Die Lehmanns stellen sich jede Nacht den Wecker, um das Mitternachtsbüfett nicht zu verpassen!, teilt der Rohköstler-Mann einer Nachbarin mit.
Nachbarin: Woher wissen *Sie* denn das?
Rohköstler: Ich hab sie gesehen!

Nachbarin: Was? Beim Mitternachtsbüfett?

Rohköstler (ertappt): Ich bin an Deck spazieren gegangen, weil ich nicht schlafen konnte!

Nachbarin: Da haben wir's! Weil Sie nur rohe Körner essen, können Sie nicht schlafen! Wer nach 14 Uhr noch Rohkost isst, bekommt eine Schnapsnase! Nachts arbeitet der Darm nämlich nicht, also bleibt das ganze Grünzeug liegen, gärt vor sich hin und wird zu Fusel, wussten Sie das nicht?

Rohköstler: Also ich finde, die Rötung meiner Nase entspricht durchaus der mitteleuropäischen Norm!

Nachbarin: Also geben Sie schon zu, Sie waren auch am Mitternachtsbüfett, stimmt's? Und was haben Sie gegessen, wenn ich fragen darf? Wie ich gehört habe, gab's Prager Schinken in Brotteig! Haben Sie den gegessen oder nicht?

Rohköstler (stotternd): Nicht den Schinken ... aber ... ein bisschen vom Brotteig ...

Nachbarin: Aber da ist ja der Saft von dem Schinken drin, in dem Brotteig! So eine Heuchelei!

Je länger die Reise dauert, desto mehr essen die Leute!, seufzt der Bordsteward.

Einmal höre ich ihn ins Bordtelefon zur Küche rufen: Bringt bloß mehr Kuchen, sonst werd' ich gelyncht!

Gestern Abend hat der Steward Kaviar und Schampus über das A-Deck getragen!, berichtet aufgeregt Frau Neureich.

Herr Neureich: Bestimmt zu dem alten Wiener und seiner jungen Geliebten! Kein Wunder, dass die dauernd verstopft ist, die liegt doch nur rum!

Jemand fragt: Stopft denn Kaviar? Ich hab noch nie welchen gegessen, nur falschen. Von was für einem Fisch ist der eigentlich?

Frau Neureich (mit dem Unterton »Wir können uns das leisten«): Wir lieben Kaviar: Ein Kaviar-Frühstück mit Schampus, das ist schon was Leckeres!

Schüchterner Mann: Der Kaviar, das sind die Eier vom Stör! Für mich leider unerschwinglich.

Rohköstler: Der ist heutzutage doch auch schon verseucht! Ich sage Ihnen, das einzig Wahre ist die Rohkost! Und die Muttermilch!

Herr Neureich: Jaja, ick weeß, schmeiß de Bratpfanne in de Ecke – denn wirste 100!

Trinken Sie genug?

»Sie sind nicht krank, Sie sind nur durstig!«
Ausspruch eines indischen Arztes.

Die meisten Menschen essen zu viel – und trinken zu wenig. Ihnen ist der normale Durst ihrer Kindheit einfach abhandengekommen. Die Empfehlung, mehr zu trinken, wird häufig gegeben. Während einer zweistündigen Sitzung im Bayerischen Landtag leere ich glatt eine große Flasche Wasser – besonders gern heißes abgekochtes Wasser nach ayurvedischer Lehre – und werde dadurch weniger müde. Ich brauche viel Flüssigkeit.

Allerdings: Dass die Nieren »durchgespült« werden müssen und ihnen das guttut, ist ein Gerücht – diese wichtigen Organe müssen Schwerstarbeit leisten.

Trösten → Berührung

U

Übersäuerung

Schlechte Laune? Dann sind Sie vielleicht übersäuert!
Der Volksmund sagt's ja: Ich bin sauer.
Was aber macht so viele Menschen so »sauer«?
Vollwertköstler wissen es eh und vermeiden möglichst die Übeltäter: Harnsäure vom Fleischkonsum, Essigsäure aus Süßwaren, Gerb- und Chlorogensäure aus Kaffee und schwarzem Tee, Nikotinsäure aus Zigaretten, Acetylsalizylsäure aus Schmerztabletten, Kohlen- und Phosphorsäure aus Getränken, Salzsäure gebildet durch Stress, Angst und Ärger.
Alle diese Säuren werden zuerst mit den Mineralstoffen des Blutes abgepuffert, also neutralisiert. Es ist einleuchtend, dass bei ständiger Fehlernährung diese irgendwann erschöpft sind und es dann sozusagen ans Eingemachte geht, die Mineralstoffdepots von Haut, Haaren, Nägeln, Knochen angezapft werden, um der Säureüberflutung Herr zu werden.

Also: Die erwähnten Säurebildner drastisch reduzieren!
Ferner zu empfehlen:
• Pro Tag ein bis zwei Liter Kräutertee zur Schlackenlösung,
• eine vitalstoffreiche, mineralstoffreiche, möglichst vegetarische Ernährung,
• eventuell zusätzliche Mineralstoffe, um gelöste Säuren zu neutralisieren,

- basische Bäder zum Ausscheiden der Schlacken über die Haut,
- Leberwickel und Präparate auf der Basis von Löwenzahn, Artischocke und Mariendistel (unterstützen die Stoffwechsel- und Entgiftungsfunktion der Leber),
- Weißdornpräparate zur Unterstützung der Funktion des Herzens,
- Gymnastik, Massagen, Lymphdrainagen etc.,
- spezielle Kopfmassagen,
- grundsätzlich basische Körperpflege.

Ein Säure-Basen-Testsatz, in der Apotheke erhältlich, zeigt Ihnen genau an, wie das Säure-Basen-Verhältnis in Ihrem Körper aussieht. Anhand der 12 pH-Wert-Teststäbchen und einer Farbskala können Sie ablesen, wie »sauer« Sie sind – ideal wäre ein durchschnittlicher pH-Wert von 7 auf der Skala.
Eventuell nachhelfen mit einem alkalisierenden, also Basen bildenden Mineralstoffpulver.

Übrigens: Mit diesem Programm können Sie auch der Cellulitis, der Orangenhaut, zu Leibe rücken!
(s. Literatur, z. B. das Buch von Jentschura und Lohkämper)

V

Die Leiden einer (nicht mehr ganz jungen) Möchtegern-Veganerin

Spargelzeit!
Unvorstellbar, dass ich dieses mein Lieblingsgemüse, dem zu Recht gern als Königin der Gemüse geschmeichelt wird, Äonen her mit Schinken oder gar einem Steak verspeist habe.
Nach der Wende zur vegetarischen Ernährung blieb dann die Sauce hollandaise übrig oder die zerlassene Butter und der geriebene Parmesan.
Schmeckt ja auch lecker. Aber zunehmend sensibilisierter, fängt der Mensch an zu grübeln: Sollte aus dem Ei statt Holländischer Sauce nicht eigentlich ein Hühnchen krabbeln?
Als sich auf meinem ehemaligen Bauernhof entzückende frisch geschlüpfte Küken tummelten, war gerade der Musikwissenschaftler Marcel Prawy zu Gast. Seine Begleiterin betrachtete fasziniert die gelben Federbällchen und bemerkte entsetzt: Und so etwas essen wir als Rührei!
Von Hitchcock wird erzählt, er habe Blut, das er ja in seinen Filmen üppig fließen ließ, appetitlich, ein Ei hingegen eklig gefunden. Wenn ich heute höre, dass ein Großbauer 500 000 Hühner in Freilandhaltung – immerhin – hält, eigentlich zu begrüßen, erhebt sich doch die Frage, was aus all den vielen ebenfalls zur Welt gekommenen männlichen Küken wird!!!
Für Veganer heißt es also: Gar kein Ei mehr – für die anderen:

Weniger Eier, mehr Klasse statt Masse, und wenn schon Eier, dann von frei laufenden Hühnern.
Wie gesagt, Spargelzeit. Wenn ich vegan essen will, kommt die Holländische Sauce auch nicht mehr in Frage, keine zerlassene Butter, kein geriebener Parmesan. Soll ich jetzt warmes Öl über den Spargel gießen? Mittlerweile habe ich eine tolle Entdeckung gemacht: den Spargel schräg in Stücke schneiden und kurz in Olivenöl braten. Schmeckt köstlich!
Alte Gewohnheiten sitzen fest und tief. Angeblich braucht es zwei Generationen, um Irrtümer auszumerzen ...
Aber sieh mal einer an, was lese ich denn da in der *Welt am Sonntag?*
Unter der Überschrift »Harter Käse – weiche Knochen« bringt sie am 19. März 2002 einen Beitrag zum Problem Tiereiweiß und Osteoporose. »Unser Essen saugt uns die Substanz aus den Knochen. Zu viel Fleisch, weißes Getreide und Milchprodukte lassen im Körper Säure entstehen – Säure, die der Organismus mit Knochenmaterial neutralisieren muss. Basen, die chemischen Gegenstücke dazu, werden bei der Verdauung von Obst und Gemüse freigesetzt ...« Na also!

Vegetarische Vollwertkost – was denn sonst!

Man muss das Wahre immer wiederholen, weil auch der Irrtum um uns herum immer wieder gepredigt wird. Und zwar nicht von den Einzelnen, sondern von der Masse. Hat natürlich wieder mal Goethe gesagt. Also: Vollwertkost – was denn sonst?
Eine Frau schreibt mir: Seit Jahrzehnten ernähre ich mich und meine Familie vollwertig und es geht uns allen großartig damit. Jetzt höre ich, dass von wissenschaftlicher Seite Bedenken gegen die Vollwertkost bestehen, und bin sehr verunsichert. Was raten Sie mir?

Dazu eine Geschichte: Ein Mann hat streng nach den Vorschriften des gerade modernen Ernährungspapstes gelebt. Mit allen Zeichen einer Unterernährung wird er ins Spital eingeliefert. Seine letzten Worte: Keine Antibiotika bitte!

Auch der erleuchtete Meister schickt sich an, seinen Körper zu verlassen. Die Jünger sitzen um sein Bett, gespannt, welche weisen Worte der Verehrte am Ende seines Lebens wohl von sich geben wird.

Nur einer fehlt. Er ist in die ferne Stadt gerannt, um einen bestimmten Kuchen zu kaufen, des Meisters Lieblingskuchen. In der Stunde des Todes an einen Kuchen zu denken! Jeder schüttelt den Kopf.

Die Zeit vergeht, die Jünger warten. Der sterbende Meister schweigt. Auch er scheint zu warten. Immer wieder schaut er zur Tür – durch die schließlich der Bursche stürmt – mit dem Kuchen!

Der Meister lächelt: »Da bist du ja!« Mit letzter Kraft, aber genussvoll, verzehrt er den Kuchen, lächelt wieder: »Ah, dieser Kuchen ist köstlich!« – und scheidet dahin.

Zwei Menschen – zwei Arten, zu sterben, aber auch zwei Arten, zu leben. Der eine verweigert sich noch am Ende – der andere genießt bewusst bis zum letzten Augenblick. Was für ein trauriger Abgang: Aber keine Antibiotika bitte …

Natürlich gefällt mir der Meister besser und ich frage in diesem Fall nicht: War der Kuchen auch vollwertig? Kein Auszugsmehl, kein Industriezucker, sondern mit Vollkornmehl und Honig gebacken, vollwertig eben?

Je länger ich lebe – und das sind nun acht heftige Jahrzehnte –, desto vorsichtiger werde ich mit Behauptungen, was richtig ist und was falsch. Wir sind so verschieden! Und bekanntlich zerreißt den Schneider, was dem Schmied taugt.

So mache ich mich bei den Vertretern der reinen Lehre besonders unbeliebt, wenn ich nach meinen Vorträgen über gesunde Ernährung gern sage: Und nun vergessen Sie auch alles, was ich gesagt habe, hören Sie in sich hinein – wie fühlt sich Ihr Bauchklima an? Und haben Sie um Himmels willen kein schlechtes Gewissen, weil Sie doch wieder eine ganze Tafel Schokolade verschlungen haben. Das schlechte Gewissen ist schlimmer als die ganze Schokolade. Morgen geht's vielleicht schon ohne.

Die Verbraucher fühlen sich ständig verunsichert. Plötzlich ist das vorher verpönte Olivenöl wieder »in«, sind Kreta-Diät und Butter doch besser als Margarine. Aber mein Cholesterinspiegel! Und mein Body-Mass-Index sagt doch …

Der geniale Ernährungswissenschaftler Professor Kollath hat es auf den Punkt gebracht: »Lasst unsere Nahrung so natürlich wie möglich!« Es gibt Nahrungsmittel und es gibt Lebensmittel. Nähren tut vieles, aber nicht alles, was nährt, hält uns auch lebendig. Das heißt: Je weniger wir an einem Lebensmittel herummanipulieren und es damit zu einem bloßen Nahrungsmittel degradieren, desto lebendiger ist es – und desto lebendiger hält es uns.

Vegetarische Vollwertkost – wie sieht sie aus?

Mein Lehrmeister Dr. Max Otto Bruker schlägt vor:
Vier Dinge sollten Sie meiden – vier Dinge sollten Sie täglich zu sich nehmen, wenn Sie gesund bleiben oder wieder gesund werden wollen!

Was Sie meiden sollten:
• Jede Fabrikzuckerart (weißer oder brauner Zucker, Traubenzucker, Fruchtzucker etc.) und damit gesüßte Nahrungsmittel,
• Auszugsmehl und alle Produkte daraus (das heißt alle Mehlprodukte, die nicht aus Vollkorn hergestellt sind),
• Fabrikfette (z. B. Margarine, spezielle Bratfette, erhitzte Öle),
• Säfte, gekochtes Obst (gilt besonders für Leber-, Galle-, Magen- oder Darmempfindliche).

Was Sie täglich essen sollten:
• Frisches rohes Getreide (als Vollkornbrei),
• Vollkornprodukte (Vollkornbrot, Vollkornnudeln, Vollkorngebäck),
• Frischkost (Salate aus rohem Obst und Gemüse),
• natürliche Fette (Butter, Sahne, kaltgepresste Öle).

Also: »Lasst unsere Nahrung so natürlich wie möglich.«

Vegetarische Ernährungsformen – wer ist ein Vegetarier?

Wer oder was ist überhaupt ein Vegetarier?
Die Internationale Vegetarier-Union (IVU) definiert einen Vegetarier wie folgt:
»Vegetarier ist jeder, der keine Nahrungsmittel zu sich nimmt, die von getöteten Tieren stammen. Das schließt Fische, Weich- und Schalentiere genauso ein wie tierische Fette, zum Beispiel Speck, Rinder- und Schweinefett.«

Die Vegetarier-Union untergliedert die Vegetarier in
- Ovo-lacto-Vegetarier – essen kein Fleisch von getöteten Tieren, wohl aber Produkte vom lebenden Tier wie Milch, Milchprodukte und Eier,
- Lacto-Vegetarier – wie oben, verzichten aber auf Eier,
- Veganer – lehnen den Verzehr von sämtlichen vom Tier stammenden Lebensmitteln ab, sogar den Honig der Biene. Die Veganer leben die konsequenteste Form des Vegetarismus. Etwa 5 % der Vegetarier halten sich an diese strengen Regeln. Ein Veganer trägt auch keine Schuhe aus Leder. Einige essen sogar nur, was die Pflanze freiwillig hergibt, was von selbst herunter- oder herausfällt – die Frucht vom Baum, das Korn aus der Ähre. Sie ziehen nicht einmal einen Salatkopf oder eine Möhre aus dem Boden.

Ein Vorschlag: Nähern Sie sich der vegetarischen Ernährung behutsam. Nicht jedem liegt ein radikaler Umstieg. Oft bringen die berühmten kleinen Schritte mehr Erfolg als zu große Sprünge.

Vegetarier, die sind lustig, Vegetarier, die sind froh ...

Und tough sind sie auch.

Eine im Nachhinein amüsante Episode hat sich beim Europäischen Vegetarierkongress in Widnau/Schweiz zugetragen. Keiner der Teilnehmer wird sie wohl je vergessen.

Am vorletzten Tag des Kongresses servierte der Koch des Tagungsortes – selbst kein Vegetarier und auch nicht in vegetarischer Kochkunst ausgebildet – zum Büfett unter anderem mexikanische Bohnen. Diese hatte er zwar eingeweicht und gehackt, aber weder gekocht noch gekeimt. Das Ergebnis: Einige Stunden nach dem Mittagessen wanden sich immer mehr von den 300 TeilnehmerInnen mit Magenkrämpfen, Brechdurchfall und Kreislaufstörungen buchstäblich am Boden, 30 davon so schlimm, dass sie mit Rettungswagen und zwei Hubschraubern in die umliegenden Krankenhäuser eingeliefert werden mussten.

Dutzende von Sanitätern gaben den sich auf dem Boden wälzenden Grüngesichtigen Infusionen beim ohrenbetäubenden Tatütata der Einsatzfahrzeuge, dem Dröhnen der Hubschrauber, dem Gurgeln der sich Übergebenden, die sich mit letzter Kraft zu den Toiletten schleppten. Das Sportcenter glich einem Lazarett nach einem Giftgasangriff.

Sofort war natürlich auch die Polizei zur Stelle, sperrte alles ab und ermittelte. Gerüchte kursierten: War es gar die Fleischmafia, die den Vegetariern eins auswischen wollte? Ein Haufen Schaulustiger hatte sich draußen angesammelt.

Die haben sicher ganz schön gefeixt. Wir saßen fest wie Gefangene und kamen uns auch so vor. Mit der russischen Delegation versuchte ich, durch die im Keller liegenden Garagen ins Freie zu entkommen, vergeblich. Einem Teilnehmer gelang es durch eine unbewachte Hintertür, durch die er eine Stunde später mit einer Flasche Obstler wieder auftauchte, die wir paar Leute, die es noch nicht erwischt hatte, dann auch verputzten.

Der Abend nahte. Es wäre eigentlich Zeit gewesen zum Abendessen.

Daran dachte natürlich kein Mensch – außer Dagmar, Running Gag in all meinen Büchern. Die hatte nichts von den vertrackten Bohnen gegessen und verspürte Hunger. Sie stieg seelenruhig über die immer noch auf dem Fußboden gestapelten Elendsgestalten hinweg in Richtung Büfett, wo eine dampfende Linsensuppe – gekocht! – verheißungsvollen Duft verströmte. Doch auch hier: Abgesperrt von der Polizei! Nix Linsensuppe!

Um 11 Uhr abends gab es schließlich Entwarnung, die Übriggebliebenen durften das Kongresshaus verlassen, um ihre Hotels aufzusuchen.

Ich hatte zwar dann einen gehörigen Durchfall – aber weiter nichts. Am nächsten Tag Pressekonferenz, von der Polizei einberufen. Der leitende Arzt meinte erstaunt, er habe noch nie erlebt, dass nach einer derartigen Lebensmittelvergiftung die Leute so schnell wieder auf den Beinen waren – bis auf zwei, die erst gegen Mittag aus den Hospitälern eintrudelten, waren alle wieder pünktlich morgens beim Kongress!

Und das Untersuchungsergebnis bewies – wir GGB-GesundheitsberaterInnen triumphierten natürlich, hatten wir diese Diagnose doch sofort gestellt –, das Phasin in den rohen Bohnen war schuld! Was zunächst wie eine Katastrophe für die gesamte Vegetarier-Innung aussah, mauserte sich fast zu einem Triumph. Nach Muschel- oder Fischvergiftungen hätte sich niemand so schnell wieder aufgerappelt. Einer der massenhaft erschienenen Presseleute fragte, ob wir das Ganze als Werbegag inszeniert hätten!

Abends wurde ausgiebig und ausgelassen Abschied gefeiert und getanzt.

Über meine Kochbücher fand übrigens auch die Familie eines Fotografen, der mich porträtiert hatte, zur vegetarischen Vollwertkost. Seine Kinder wuchsen bereits vegetarisch auf. Der vierjährige Sohn fragte eines Tages ungläubig seinen Vater: »Papi, gibt es wirklich Menschen, die Fleisch essen?«

Eine Welt mit solchen Kindern wünsche ich mir …

Wie sagte doch Ben Gurion? »Wer nicht an Wunder glaubt, ist kein Realist!«

In der Bibel heißt es bei Jesaja: »... dann wird der Wolf bei dem Lamme wohnen und der Panther bei dem Böcklein liegen. Rind und Löwe gehen gemeinsam auf die Weide, Kuh und Bärin befreunden sich und lagern ihre Jungen zusammen. Der Löwe wird Stroh fressen wie das Rind und der Säugling wird am Loch der Otter spielen...«

So wird es sein. Eines Tages.

Vegetarisch leben zur Heilung der Erde

»Nichts wird die Chancen für ein Überleben auf der Erde so steigern wie der Schritt zur vegetarischen Ernährung.«

(Albert Einstein)

Noch vor knapp 200 Jahren machten pflanzliche Lebensmittel mit ihrem hohen Gehalt an Kohlenhydraten und Faserstoffen den Hauptbestandteil der menschlichen Ernährung aus, heute hingegen werden überwiegend tierische Produkte mit viel Eiweiß und Fett verzehrt. Der Fleischkonsum ist in den westlichen Industrieländern geradezu grotesk gestiegen, zum Schaden von Pflanze, Tier und Mensch.

Damit ein Kilo tierisches Eiweiß überhaupt entstehen kann, sind sieben bis zehn Kilo pflanzliches Eiweiß als Futtermittel nötig. Der Umweg über das Tier bedeutet also eine unverantwortliche Verschwendung. Täglich verhungern ca. 100 000 Menschen! Eine Senkung der weltweiten Fleischproduktion würde genug Getreide freisetzen, um alle zu ernähren.

Neben den ethischen sprechen aber auch ganz handfeste egoistische Gründe für die Annäherung an eine vegetarische Ernährungsform. In Deutschland zum Beispiel werden jährlich bereits ca. 80 Milliarden Euro für die Behandlung ernährungsbedingter Zivilisationskrankheiten ausgegeben, Krankheiten also, die Folge unserer zu tiereiweißreichen, industriell hergestellten Nahrungsmittel sind. Vegetarier leben gesünder, zahllose Langzeituntersuchungen beweisen es. Aus eigener Erfahrung kann ich hinzufügen: Vegetarier – in Deutschland zurzeit ungefähr 10 Prozent der Bevölkerung, Tendenz steigend – leben nicht nur gesünder, sondern auch genussvoller, und haben dadurch mehr vom Leben. Denn vegetarische Vollwertkost schmeckt nicht nur hervorragend, sondern sieht auch noch hinreißend aus, macht gute Laune und ist – richtig eingekauft und zubereitet – sogar billiger als die Normalkost.

Schweinepest, Salmonellen, Rinderwahn, Vogelgrippe und Gammelfleischskandale – »Die Rache der verspeisten Tiere«, konstatierte ein amerikanischer Arzt, »wir mästen und töten Tiere, und dann töten sie uns.«

Alle diese Lebensmittelskandale haben jedoch auch ihr Gutes. Immer mehr Menschen wachen auf, leben bewusster, auch und gerade, was die Ernährung betrifft.

Durch die Art, wie ich mich ernähre, trage ich dazu bei, ob diese Erde zugrunde geht oder doch noch zu retten ist. Auch mit dem Einkaufskorb betreibe ich also Politik!

Nicht alle LeserInnen werden sich nun gleich zu hundertprozentigen Vegetariern mausern. Aber es sind die kleinen Schritte, die zählen. Wenn jede/r von uns bewusster lebt, die Ernährung in Richtung einer vegetarischen Kost umstellt und den Verzehr von tierischen Produkten reduziert, ist schon viel gewonnen.

Natürlich meiden wir alles, was mit dem Quälen von Tieren verbunden ist, wie Gänseleberpastete und Froschschenkel. Für die Gewinnung der »Delikatesse« namens Gänseleberpastete werden die Gänse gemästet, bis ihre Leber krankhaft vergrößert ist, den Fröschen werden die Schenkel bei lebendigem Leibe ausgerissen, der noch lebende, zuckende Leib weggeworfen; wir kaufen (natürlich) keine Eier von in Legebatterien eingepferchten Hühnern, tragen keine Tierpelze – sie sind ein Relikt aus der Steinzeit. Wir verwenden nur Kosmetik, für die keine Tierversuche mehr gemacht werden (die Liste der entsprechenden Firmen kann über den Deutschen Tierschutzbund bezogen werden, Adresse im Anhang); wir achten auch im Haushalt auf umweltverträgliche Produkte, behandeln kleine Unpässlichkeiten nicht gleich mit der chemischen Keule, sondern mit Naturheilmitteln wie Homöopathie, Schüßler-Salzen, Ayurveda, Bachblüten etc.

»Die Menschen gehen lieber zugrunde, als dass sie ihre Gewohnheiten ändern« – dieser pessimistische Satz des russischen Dichters Tolstoi – übrigens ein radikaler Vegetarier – sollte doch endlich der Vergangenheit angehören.

Und für alle, die es noch nicht wissen:

»Die Erde hat genug für jedermanns Bedürfnisse, aber nicht für jedermanns Gier.«

(Mahatma Gandhi)

Vorschläge für genussvolles **vegetarisches** Essen

»Zum Vegetarier in 6 Tagen mit Barbara Rütting« – Unter diesem Motto hat der Hessische Rundfunk sechs morgendliche 2-Minuten-Interviews mit mir gesendet. Ich denke, dass die Fragen und Antworten auch für meine LeserInnen von Interesse sind.

Am Montag war das Frühstück dran, am Dienstag das Mittagessen, Mittwoch das Abendessen, Donnerstag Vegetarismus für Kinder, Freitag Romantisches Menü zu zweit, Samstag Essen für Gäste.

Es wurde ein sehr lustiges Interview. Der Hessische Rundfunk fragte, ich antwortete. Und so hörte sich das an:

H. R. *Das Frühstück.*

Wie fange ich den Weg zum Vegetarier an? Ab heute überhaupt kein Fleisch mehr oder langsam vorgehen? Was gibt es zum Frühstück?

B. R. Vor allem variieren. Ideal ist ein Frischkorngericht, also ein selbst gemachtes Müsli – mit geriebenem Apfel und Obst der Saison, Nüssen, Mandeln, etwas Zitronensaft und Sahne. Eine Energiebombe!

Sonntags backe ich Vollkornwaffeln. Lieben Kinder und auch erwachsene Gäste!

Frisch gemahlener Dinkel wird mit Wasser angerührt, kurz quellen lassen, dazu etwas Sahne – und ab ins Waffeleisen. Schmeckt super mit Butter, Honig, Zimt, Vanille oder Datteln.
Oder: warmer Hirsebrei mit Pflaumenmus. Gut fürs Bindegewebe, gegen Cellulitis.
Diese Gerichte schmecken toll, machen gute Laune und halten lange fit.
Als Tee eignet sich Rosmarintee, er regt den Kreislauf an.

H.R. *Das Mittagessen.*
Schnell muss es gehen, als Berufstätiger kann ich auch nicht stundenlang einkaufen gehen, um exotische Zutaten zu besorgen. Satt machen soll es auch und abwechslungsreich soll es sein. Was koche ich also?
B.R. Am Anfang sollte immer ein bunter Salat stehen mit einem feinen Dressing aus gutem Öl, Zitronensaft, mit vielen Kräutern gewürzt. Wenn es schnell gehen soll, stelle ich einfach verschiedene Gemüse auf den Tisch – les Crudités – und jeder stippt sich, was er oder sie mag, in einen herzhaften Dip. Als Hauptgericht kann es einen Auflauf geben, zum Beispiel einen Spinat-Hirse-Auflauf – den habe ich einmal in der Biolek-Sendung zubereitet, mit großem Erfolg! – oder etwas mit Kartoffeln – Pellkartoffeln mit Quark und Leinöl ist nach wie vor mein Lieblingsgericht.
Ein Nachtisch ist mir mittags zu viel, stattdessen esse ich lieber am Nachmittag irgendeinen feinen Snack, natürlich aus Vollkorn.

H.R. *Das Abendessen.*
Was geben statt Wurst? Muss ich eigentlich etwas komplett anders machen, um die Stoffe zu bekommen, die im Fleisch drin sind? Was serviere ich überzeugten Fleischfans (ich brauche meinen Schinken und das Steak!)? Wie sieht ein komplettes Abendessen aus?
B.R. Das Abendessen sollte leicht sein und möglichst nicht zu spät eingenommen werden. Ideal wäre gegen 18 Uhr, da ist die Verdauung am kräftigsten. Natürlich kommt man wunderbar ohne Fleisch bzw. Wurst, überhaupt ohne tierisches Eiweiß aus. Abends sollten Kohlenhydrate bevorzugt werden, also etwa Kartoffeln, im Ofen

gebacken mit einem rasanten Dip, Nudeln, Hirse, Gemüse als Suppe oder Auflauf.
Wenn Brot, dann Vollkornbrot mit vegetarischen Aufstrichen: Kräuterbutter, Tomatenbutter, Olivenbutter, Champignonbutter, Grünkernpaste – fein gewürzt mit Majoran und Knoblauch, schmeckt wie feine Leberwurst.
Oder einfach mal Tomatenscheiben und Schnittlauchröllchen auf Butterbrot, ein Butterbrot mit allerlei fein gehackten Kräutern quer durch den Garten plus Kräutersalz.
Als Getränk eignet sich ein Abendtee, also vielleicht Fenchel- oder Lavendeltee, Johanniskrauttee zum Beruhigen.
Ich trinke aber auch gern ein Bier oder ein Glas Rotwein – natürlich biologischen!

H. R. *Vegetarismus für Kinder.*
Auf was muss ich bei Jugendlichen achten? Wie kriege ich meinen Nachwuchs weg von Würstchenbuden und vor allem McDonald's?
B. R. Kinder essen gern Gemüse roh aus der Hand und natürlich alles, was mit Nudeln und Spaghetti zu tun hat. Die Ernährung sollte vollwertig sein, viel Rohkost, Frischkornbrei, Waffeln wie oben beschrieben lieben Kinder. Und wichtig ist: Nichts verbieten! Ich habe bei Kindern am meisten Erfolg, indem ich ihnen sage: Wenn du gesunde Sachen isst, bist du in der Schule nicht so müde, lernst schneller und kannst schneller spielen gehen. Das wirkt!
Alles in meinem »Koch- und Spielbuch für Kinder« nachzulesen.

H. R. *Romantisches Menü zu zweit.*
Vegetarisches Essen wird oft als freudlos empfunden. Tofuburger und ein paar Salatblättchen. Was kann ich bieten, wenn ich eine Frau/einen Mann bei Kerzenschein und gutem Essen rumkriegen will?
B. R. Als Aperitif serviere ich den indianischen Liebestrank aus Milch, Kakao, Vanille, Honig, Cayennepfeffer, Kräutersalz und Rum. Heiß oder kalt zu trinken!
Auf dem Salatteller darf ein Büschel Rucola nicht fehlen, ein Aphrodisiakum, das den Nonnen im Kloster angeblich verboten war!

Gerade unter den Gemüsen gibt es jede Menge Aphrodisiaka!
Z. B. den Sellerie – denken Sie an den Volksmund: Freu dich, Hänschen, freu dich, heute gibt's Selleriesalat! Weiter Spargel, Tomaten – die Tomate heißt nicht umsonst auch Liebesapfel! Auch die östrogenhaltigen gekeimten Mungbohnen regen die Libido an und natürlich die Artischocke – »Mein Artischockenherz« sagen Franzosen zu ihrer Liebsten. Auch der Ingwer-Cocktail macht scharf, eine Kürbissuppe mit gerösteten Kürbiskernen und Sahnehäubchen – Kürbiskerne stärken die Prostata!
Als Hauptgericht bieten sich Vollkornnudeln mit Sahne-Trüffel-Sauce an. Trüffeln sind ja ein berühmtes, wenn auch kostspieliges Aphrodisiakum.
Abschließend ein Bananeneis mit Ingwerpflaumen, dazu ein feiner Wein aus biologischem Anbau – eigentlich kann nichts mehr schiefgehen!

Im Notfall können Sie ja meine Telefonnummer weitergeben – sagte ich dann noch tollkühn zum Moderator und war selbst erschrocken. Zum Glück hat niemand angerufen – aber die Buchhandlungen im Hessischen konnten einen Run auf meine Kochbücher verzeichnen.

Erfreut hat mich natürlich die folgende Pressemeldung des Vegetarier-Bund Deutschlands e. V. vom Oktober 2001:
STARKER TREND
Jede Woche werden 4000 Menschen in Deutschland zu VegetarierInnen.
Durchschnittlich 4000 Menschen steigen pro Woche in der Bundesrepublik Deutschland auf die fleischlose Ernährung um.
Diese Entwicklung ist wesentlich durch die starke Erschütterung des Vertrauens in das Nahrungsmittel Fleisch, aber auch durch das immer vielfältigere Angebot vegetarischer Produkte und Gerichte in Supermärkten, Schnellimbissen und Restaurants bedingt.
Besonders die neue Generation der Schnellrestaurants, häufig an zentralen Orten wie Bahnhöfen oder in der Innenstadt gelegen, bietet attraktive und frische vegetarische Gerichte an. Auch der vegetarische Döner ist stark im Kommen …

»1994 brachte ich eine Getreidemühle für strahlengeschädigte Kinder in Michail Gorbatschows Kinderklinik nach Moskau.«
B. R. mit Michail Gorbatschow und zwei ayurvedischen Ärzten (Dr. Ernst Schrott und Dr. Willi Ellmann) 1994 in Moskau

Eine aktuelle Erhebung belegt ebenfalls den Trend weg vom Fleisch: Laut einer Befragung von über 2000 Jugendlichen im Auftrag der Zeitschrift »Eltern« wird in über 40 % der Familien »viel weniger Fleisch als früher« und in fast 12 % der Familien »überhaupt kein Fleisch mehr« gegessen.
Übrigens: Der Dichter Wilhelm Busch (1832–1908), selbst Vegetarier, reimte zum Westfälischen Schinken:
»Das Messer blitzt, die Schweine schrein, man muss sie halt benutzen. Denn jeder denkt: Wozu das Schwein, wenn wir es nicht verputzen?«

Keine Verkalkung – dank Knoblauch und Zitrone!

War es zum 100. Geburtstag von Johannes Heesters? Nadja Tiller überreichte dem Jubilar im Fernsehen einen ganzen Kranz Knoblauchzehen, in Anspielung auf dessen berühmtes Verjüngungselixier.

Und Heesters' Frau Simone wurde irgendwann gezeigt, wie sie den Knoblauchtrank zubereitet. Ob dieser aber derart geruchsneutral ist wie behauptet?

Ein Knoblauchfan hat mir folgendes Rezept geschickt:
30 geschälte Knoblauchzehen und 5 Zitronen mit Schale (beides natürlich aus biologischem Anbau) pürieren und mit 1 Liter Wasser auf Siedetemperatur erhitzen, einmal aufwallen lassen (nicht kochen!) und abseihen. Den abgekühlten Sud in eine saubere Flasche füllen, im Kühlschrank aufbewahren.
21 Tage lang ein Schnapsglas davon trinken. Sieben Tage Pause einlegen, dann das Ganze noch einmal von vorn. Bei Bedarf eine dritte Runde zelebrieren nach wiederum siebentägiger Pause.

Knoblauchesser sind sinnenfreudige Menschen. Als früher schauspielernde Genussmenschin hätte ich mir am liebsten meine Partner danach ausgesucht, ob sie Knoblauch lieben oder nicht. Meistens war es sowieso der Fall, so bei Dietmar Schönherr. Wir spielten Strindbergs Tragödie »Fräulein Julie«, und zwar auf Tournee. Mal in einem riesigen Theater mit über 1000 Plätzen, mal in einem eher kleinen, in dem die ersten Zuschauer gerade ein paar Meter von der Bühne entfernt sitzen.

Das Tourneeleben – in unserem Fall ein paar Hundert Aufführungen – frustriert enorm. »Wir sind 40 000 Kilometer gefahren, also einmal um den ganzen Globus – aber immer hin und her zwischen Castrop-Rauxel und Wanne-Eickel«, brachte es ein Bühnenarbeiter auf den Punkt. Tägliche stundenlange Busfahrten, mehr oder weniger angenehme Hotels und ebensolche Theater strapazieren Nerven und Gemüt, nicht einmal die Eintragung ins Goldene Buch der Stadt vermag da noch Glücksgefühle auszulösen. Wieder Vorstellung, vielleicht noch ein blödes Publikum (?), wieder Hotel, mieses Bett, schlecht geschlafen, wieder Busfahrt, und so weiter, Hunderte Male. Ein Schauspieler sagte mal: Wenn ich den Mantel von der Kollegin Soundso auch noch in Wuppertal um die Ecke biegen sehe, krieg ich die Krise!
Man tröstet sich mit Essen und Trinken, das ja, wenn überhaupt,

noch am ehesten Leib und Seele zusammenhalten soll, überwiegend mit Trinken, denn das Essen ist auch nicht immer vom Feinsten.
Im Örtchen XYZ jedenfalls, das ich ja nicht beleidigen will, war Alfons Schuhbeck damals offensichtlich noch unbekannt. Die diesmal kleine Truppe hatte sich also kurz vor der Vorstellung den langweiligen Restaurantstandardsalat – rote Rüben aus dem Glas, Kartoffel- und Krautsalat – mit frisch zerkleinerten Knoblauchzehen ein wenig aufzupeppen bemüht – in Unkenntnis des an diesem Abend sehr kleinen intimen Theaterchens.
Das Bühnenbild so naturalistisch, wie es das Publikum bekanntlich liebt. Der Vorhang geht auf, die Köchin Christin steht am gräflichen Herd und brutzelt etwas in einer Pfanne, was bei der mit dem Mops vom Gärtner (!) fremdgegangenen gräflichen Hündin die Fol-

240

Proteste vom Publikum:
Knoblauchwolken von
der Bühne
B. R. mit Dietmar
Schönherr in
»Play Strindberg«

gen beseitigen soll – nicht ahnend, dass auch dem gräflichen Fräulein Julie ein ähnlicher Abstieg widerfahren wird – mit dem Diener Jean.

Eine gewaltige Knoblauchwolke senkt sich auf die erste Reihe fein herausgeputzter Damen und Honoratioren des Ortes. Na gut, denken sich diese, wie mir später berichtet wurde, das Gebräu soll ja wirken. Endlich mal wieder Naturalismus auf der Bühne, wunderbar, nicht diese neumodischen Verfremdungen!

Auftritt Dietmar Schönherr als Diener Jean. Die nächste Knoblauchwolke schwappt von der Bühne nach unten. Gesinde halt, denkt sich mancher noch. Aber dann! Auftritt ich als gräfliches Fräulein Julie – wieder eine Knoblauchwolke!

Der Gestank sei nicht auszuhalten gewesen, so die Beschwerden an die Tourneeleitung, die uns nahelegte, unserer Knoblauchgier erst nach vollbrachter Vorstellung zu frönen.

Was ist denn das Tolle an dieser Knolle (lateinisch: *Allium sativum*)? Sie enthält Lauchöl, mit dem Hauptbestandteil Allicin, dem eine antibakterielle, lipidsenkende Wirkung bei erhöhten Blutfettwerten und Gefäßveränderungen bescheinigt wird. Das ebenfalls enthaltene Spurenelement Germanium spielt eine Rolle als Fänger freier Radikale und bei der Behandlung entzündlicher Erkrankungen des rheumatischen Formenkreises.

Die Zitrone wiederum steuert Vitamin C bei und wichtige Vitamine der B-Gruppe wie die Folsäure, die zahlreiche Stoffwechselreaktionen beeinflusst und an der es den meisten Menschen mangelt.

Das geschilderte Gebräu soll den ganzen Körper regenerieren und ganz speziell auch dem Altersschwindel vorbeugen, das Seh- und Hörvermögen verbessern und sogar vor Parodontose schützen. Der Knoblauchfan (s. oben) empfiehlt zwei Kuren pro Jahr vorbeugend. Da gerade Landtagsferien sind, habe ich mich soeben an die erste Portion herangewagt. Vonseiten meiner Hunde gab es noch keine Beschwerden wegen Geruchsbelästigung.

Versuchung – kann denn Essen Sünde sein?

Wetten, dass jede/r mal »rückfällig« wird? Vor allem dann, wenn die Latte der Ziele zu hoch gesteckt war.

Mein wichtigster Tipp: Keine Schuldgefühle entwickeln! Sondern sich den Rückfall in alte Gewohnheiten liebend verzeihen.

Mein Meister Osho sagte einmal, es ist besser, Fleisch zu essen als Fleisch zu denken. Ein guter Bekannter wurde während einer Fastenwoche im Traum qualvoll von Bildern knusprigen Gänsebratens heimgesucht. Ich selbst werde sogar heute noch, nach über 30 Jahren vegetarischer Ernährung, vom Duft gebratener Hähnchen angetörnt und habe vor allem an Meer oder See immer noch Gusto auf Fisch.

Meistens genügt es, sich das Tier – Huhn, Fisch – als Lebewesen vorzustellen, und die Gier vergeht. Beim Sporttauchen schwimmen die Fische neugierig neben dem Menschen her, sehen einem direkt in die Augen!

Kann ich essen, was mich mit solchen Augen ansieht?

Ich kann dich nicht essen, Fisch!
Obwohl angeblich kaltblütig,
schwimmst du neben mir her,
blinzelst mir zu
mit freundlichem Auge.
Neugierig folgst du mir,
wenn ich tauche.
Hältst mich für deinesgleichen vielleicht?
Ach, ich bin nur ein hässlicher Mensch
mit weißlicher Haut,
hab nicht deine grün schillernden Schuppen,
nicht deine rotgoldene Abendkleidschleppe,
nicht die silbernen Kiemen zum Atmen.
Nur einen Schnorchel aus Plastik,
gekauft bei Hertie.

Ein paar Tipps aus der **Volksheilkunde**

Zum *Entwässern* im Frühling eignet sich hervorragend roher Spargel. Vierzehn Tage lang täglich eine Stange Spargel, roh gegessen, ist eine Idealkur. Spargel besteht zwar zu 93 Prozent aus Wasser, aber die restlichen sieben Prozent haben es in sich – eine Fundgrube an Mineralsalzen.

Gegen *Bienen- und Insektenstiche* helfen Einreibungen mit durchgeschnittenen Zwiebeln oder Knoblauch; auch als heilende (antiseptische) Auflage bei beginnenden *Fieberbläschen (Herpes)*.

Zur *Blutdruckregulierung* und *Kreislaufanregung* eignen sich hervorragend Paprika und Chilis – sie steigern den Kreislauf und die Herztätigkeit.

Anregend auf Speichelfluss und *Verdauung* wirken Paprika, Pfeffer, Senf, Curry und Ingwer.

Ein frisches Eigelb mit etwas Rotwein verquirlt ist ein wunderbares *Stärkungsmittel* (auch für Katzenrekonvaleszenten).

In die Gänge von *Wühlmäusen* im Garten stecke ich Holunderzweige und -blätter, die ich zwischen den Händen etwas zerreibe. Die Mäuse mögen den Duft nicht und flüchten. Walnussblätter haben die gleiche Wirkung. Ich kenne eine Bäuerin, die sich Walnussblätter gegen lästige *Bremsen* in die Haare bindet, wenn sie »in die Himbeeren« geht.

Wenn Sie Holunderblätter in Wasser aufkochen, die Flüssigkeit erkalten lassen, abseihen und sich damit einreiben, hält das die *Mücken* fern.

Bei *Zahnschmerzen* beruhigt es den Zahn, wenn man eine Gewürznelke kaut. Ist der *Zahn entzündet*, kann unter Umständen sogar regelmäßiges Einreiben mit Schwedenbitter ihn retten. Auf einen Wattebausch träufeln, diesen an den schmerzenden Zahn legen und so lange wie möglich im Mund behalten, am besten über Nacht.

Die *Zähne* werden *weiß*, auch ohne Zahnpasta, durch Putzen mit einem selbstgemachten Zahnpulver aus Meersalz und Holzkohle. Ein Teil Meersalz, zehn Teile Holzkohle (in der Apotheke erhältlich).

Drei Kastanien in irgendeiner Kleider- oder Jackentasche getragen sollen gegen *Rheuma* schützen.

Heublumensäcke wirken bei *Verspannungen*. Die gleichen Säckchen, mit getrockneten Farnblättern gefüllt, bei *Hexenschuss* und *Rheuma*, mit Hopfenblüten gefüllt zum besseren *Schlafen*, mit im Wasserbad erhitzten, fein geschnittenen Zwiebeln wird das Säckchen bei *Ohrenschmerzen* der Kinder auf das schmerzende Ohr gebunden.

Eine Hundefreundin verriet mir das Rezept für ein naturbelassenes *Flohhalsband*:

Olivenöl erwärmen und mit Eukalyptusöl und Poleiminzöl mischen. Eine dicke Baumwollschnur von etwa 70 Zentimeter Länge in diese Mischung legen. Inzwischen etwas Bienenwachs erwärmen, die ölgetränkte Schnur hindurchziehen, herausnehmen und das Ganze erkalten und fest werden lassen.

Die Wirkung lässt natürlich nach einer gewissen Zeit nach, dann muss die Aktion wiederholt werden. Der lateinische Name der Poleiminze ist übrigens *Mentha pulegium* und soll mit pulex (= der Floh) zu tun haben. Ich habe dieses Flohhalsband allerdings noch nicht selbst ausprobiert.

Gegen *Motten* helfen getrocknete Orangenschalen oder Pfefferkörner unter den Teppich gelegt. Auch den Geruch von Zedernholz können Motten nicht leiden: Zedernöl kaufen und damit die Schränke etc. einreiben.

Was in den *Wechseljahren* guttut:
- Salbeitee gegen Hitzewallungen,
- Mungbohnen; das sind die grünen, möglichst roh gekeimt,

sie enthalten natürliches Östrogen, ebenso wie der Hopfen im Bier und das Moorbad,
- Sesam – sehr calciumreich. Aber alles Calciumschlucken hilft nichts, wenn nicht genügend Vitamin D vorhanden ist, um das Calcium verwertbar zu machen.

Ein reiner Frischkost-Tag gelegentlich oder ein Fastentag wirken Wunder, eventuell noch mit einem Einlauf kombiniert. *Vorbeugend* gegen alle möglichen Wehwehchen, auch bei *drohender Erkältung*. Der Tod sitzt im Darm!

Zur allgemeinen *Abhärtung* wichtig der wöchentliche Sauna- oder Dampfbad-Besuch oder ein Salzbad – anschließend den Körper mit Zitronensaft einreiben.
Wer gern ein Dampfbad zu Hause hätte, kann sich eine Dampfdusche in die ganz normale Dusche einbauen lassen.

Ein Handvoll Wildkräuter – je nach Jahreszeit – sichert Ihren Bedarf an Mineralstoffen und kann durch keine Pille ersetzt werden. Laben Sie sich an Bärlauch, Löwenzahnblättern, Brunnenkresse, der Wunderpflanze Brennnessel, an Sauerampfer, Spitzwegerich und Bärenklau.
100 Gramm Brennnesseln z. B. enthalten 200 bis 300 Milligramm Vitamin C (zum Vergleich: Orangen nur 12 Milligramm).

Aus Indien stammt der Tipp, vor dem Essen und während des Essens zu trinken, entgegen allen anderen Ernährungsempfehlungen, auf keinen Fall nach dem Essen. Denn: Wer vor dem Essen trinkt, vor allem warmes Wasser, nimmt ab – wer nach dem Essen trinkt, nimmt zu.

Sehr zu empfehlen: Nach dem Essen ein paar Fenchel- oder Kümmelsamen knabbern, beides wirkt *verdauungsfördernd*. In indischen Haushalten und in manchen Restaurants stehen Schälchen mit beiden Gewürzen auf dem Tisch.

Täglich Yoga oder Qi Gong oder zusätzlich gar eine Meditation sind von unschätzbarem Wert für das *Wohlbefinden*.

Kurieren Sie sich bei kleineren *Unpässlichkeiten* mit homöopathischen Mitteln oder mit Bachblüten. Die »Notfalltropfen« sollten in keiner Handtasche fehlen.

Galgant, als Pulver über den Salat oder über Gemüsegerichte gestreut (schmeckt scharf wie Curry), stärkt das Herz.

Zu Tabletten gepresstes Galgantpulver habe ich gegen *Herzschmerzen* jeder Art in der Handtasche.

Schlafen Sie in einem gesunden Bett, frei von Metall, nicht auf geopathischen Zonen, im richtigen Bettzeug, mit eingebautem Netzfreischalter, ohne Radiowecker oder Fernseher im Schlafzimmer (s. a. → *Schlafstörungen*).

Bei *Schlafproblemen* hilft Lavendelblütenöl oder -tee, Johanniskrauttee, ebenso eine kalte Dusche der Beine: Beine nur trockenschütteln und unabgetrocknet ins Bett gehen. Oder langsam rückwärts von 50 bis 0 zählen. Eventuell mehrmals.

Bei *Zahnfleischproblemen*: Täglich gurgeln und spülen mit Sesamöl oder Sonnenblumenöl. Das Öl 15 bis 20 Minuten im Mund behalten, durch die Zähne ziehen bzw. saugen, dann ausspucken und den Mund mit Wasser ausspülen. Das ausgespuckte Öl sollte weißlich sein. Nie hinunterschlucken, es ist hochgiftig!

Stimmungsaufheiternd – es heißt sogar, wie ein Aphrodisiakum – wirken Zimt und Vanille, auch Ingwer: Einige Späne frischen Ingwer in kochendes Wasser geben, ein paar Minuten ziehen lassen und dann das Ingwerwasser trinken.

Zur Stärkung von Herz und Kreislauf empfiehlt Hildegard von Bingen ihre Weine (Herzwein s. das Stichwort → *Herz-Kreislauf-Probleme*)

Wärmflasche – Trösterin in allen Lebenslagen

Bei Einschlafnöten und Traurigkeit unter den Nacken legen und/oder auf die Leber. Auch bei (Bauch-)Schmerzen und Verspannungen tut ihre Wärme gut…

Lernziel Waschbrettbauch?

Eine Annäherung an das weibliche Pendant zum männlichen Waschbrettbauch-Ideal habe ich leider immer noch nicht geschafft. Was soll's – der Weg ist bekanntlich das Ziel!
Yoga und die taoistischen Übungen haben immerhin geholfen, Schlimmeres zu verhüten…

Wasser und Salz – die Bausteine des Lebens

Wasser und Salz – zwei gleichberechtigte Partner – sind lebensnotwendig, die Bausteine allen Lebens.
Das Wort »Salz« stammt vom lateinischen Wort »Sal« ab, dies wiederum von »Sol«. Sol ist gleichbedeutend mit Sole, der Lösung aus Wasser und Salz, aber auch die Bezeichnung für die Sonne.

»Die Viecher kriegen ein besseres Salz als wir Menschen.« Mit diesem Ausspruch verblüffte mich vor Jahrzehnten ein Bauer, der mir die Salzlecksteine für meine Pferde verkaufte, schöne, weiß-rosarot geäderte Brocken. Heute verstehe ich, was er meinte.
Wie Meersalz enthält auch das aus dem Berg geschlagene Steinsalz alle natürlichen Elemente, aus denen auch unser Körper besteht. Unser Blut ist eine Sole, die in ihrer Zusammensetzung mit dem Urmeer identisch ist.
Im Zuge der Industrialisierung indessen wurde das natürliche Salz »chemisch gereinigt«, essenzielle Mineralien und Spurenelemente wurden entfernt. Von den ursprünglich 92 Elementen blieben ganze zwei übrig, nämlich Natrium und Chlorid, das unnatürlich isolierte Natriumchlorid, unser heutiges Kochsalz. Ähnlich wie beim weißen raffinierten Zucker wurde aus dem »weißen Gold« »weißes Gift«, das dem Körper schadet – ein gefährliches Zellgift, das vom Körper

Wasser und Salz – Spaziergang am Meer

unter großem Aufwand ausgeschieden oder unschädlich gemacht werden muss. Natürliches Salz hingegen ist lebensnotwendig, um vitale Funktionen aufrechtzuerhalten.

Besonders gesundheitsfördernd soll das Kristallsalz sein, das über Jahrmillionen enormem Druck ausgesetzt war. Das gewöhnlich billigere Steinsalz tut's aber auch.

Die meisten Menschen leiden nicht nur an einem Defizit von Wasser, sondern auch an Salzarmut, obwohl sie mit Natriumchlorid übersättigt sind.

Übrigens: Die Zugabe von Jod und Fluor erhöht die Aggressivität von Kochsalz noch!

Jodsalz unbedingt meiden – wir sind längst kein Jodmangelgebiet mehr!

(s. a. das Kapitel → *Trinken* Sie genug?)
(Literaturempfehlungen im Anhang)

Die **Wechseljahre** müssen keine Katastrophe sein

Die Krux ist wohl, dass diese gefürchtete Lebensphase in eine ohnehin schwierige Zeit fällt: Viele Ehen und Partnerschaften haben die »dreimal sieben Jahre« hinter sich, die Gefühle zum Partner sind abgenutzt oder zumindest arg strapaziert, die Kinder erwachsen und aus dem Haus. Wenn frau zu all dem dann auch noch von ihrer Regel und damit der Fortpflanzungsfähigkeit verlassen wird, ist das für viele mit einem großen Maß an Selbstwertverlust gekoppelt. Sie fühlen sich nur noch wie eine leere Hülse, zu nichts mehr nutze, ohne Perspektive …

Ich habe festgestellt, dass bei Frauen mit Kindern, vor allem wenn sie nicht berufstätig sind, dieser Einbruch in ihre Weiblichkeit eine größere Krise auslöst als bei (eventuell sogar noch kinderlosen) Frauen, die sich im Beruf durchkämpfen mussten und müssen. Irgendwie werden sie eher fertig mit Hitzewallungen, Stimmungsschwankungen und Depressionen. Schwer zu ermessen, wer in dieser

Phase mehr – oder nur anders? – leidet. Die Frauen, deren erwachsene Kinder sich nun ablösen – nichts anderes war Ziel der Erziehung, aber trotzdem ist die Trennung schmerzlich –, oder jene, die sich jetzt die Endgültigkeit ihrer gewollten oder ungewollten Kinderlosigkeit total vor Augen führen müssen.

Jede Lebensphase hat ihre bestimmte Aufgabe, in jeder ist etwas anderes dran, das weiß jeder, der die Natur aufmerksam beobachtet oder sich mit Astrologie beschäftigt. Neue Aufgaben müssen gelöst werden, und da ist es gut, wenn die vorher anstehenden bewältigt worden sind.

Selbstfindung ist in dieser Lebensphase (endlich) angezeigt. Wurde bisher im Allgemeinen vornehmlich die weibliche Seite gelebt, so muss/darf nun die in jeder Frau ebenso vorhandene, mehr oder weniger vernachlässigte, männliche Seite entwickelt und verwirklicht werden. Glücklich, wer das schafft.

Haarefärben, Gesicht-liften-Lassen oder der berühmte neue Hut bringen höchstens kurzfristige Erleichterung, aber nicht die erhoffte Rettung. Bei der Suche nach Selbstfindung hilft Meditation – aber auch eine befriedigende Aufgabe in einer Gemeinschaft; außerdem eine ausgewogene Mischung zwischen Produzieren und Konsumieren. Das gilt übrigens nicht nur für die Wechseljahre. Weitere Hilfen in dieser schwierigen Zeit sind auch sportliche Betätigungen jeder Art, Heilfasten, Kneipp-Anwendungen und Sauna sowie Umstellung auf vitalstoffreiche Ernährung. Jetzt ist auch eine gute Gelegenheit, endlich das Rauchen aufzugeben und den Kaffee- und Schwarzteegenuss zu streichen oder zumindest einzuschränken.

Gegen Wallungen hilft übrigens Salbeitee, bei Calciummangel, der sich in dieser Zeit aufgrund geringerer Östrogenproduktion z.B. in nächtlichen Wadenkrämpfen äußern kann, verstärkt calciumreiche Nahrung. Calcium benötigt allerdings zur Verwertung Vitamin D – also viel in der Sonne und an der frischen Luft bewegen. Dieser Umstand erklärt vielleicht, weshalb sportliche Frauen unter den Folgen der Wechseljahre weniger leiden.

Schließlich gibt es auch pflanzliche Arzneien, die bei allen Störungen der weiblichen Funktionen, nicht nur im Klimakterium, sondern z.B. auch bei Menstruationsbeschwerden wirksam eingesetzt werden können, z. B. Extrakte der Traubensilberkerze. Ihr hoffentlich ganzheitlich denkender Gynäkologe wird Sie da beraten.

Auch hier sei wieder und noch einmal Yoga erwähnt. Spezielle Yogaübungen helfen, sexuelle Energie zu sublimieren, wichtig auch für alle Menschen, die ohne Partner leben wollen oder müssen. Eine der wichtigsten Übungen ist die Beherrschung des Atems, wichtig sind ferner alle, die das Blut aus den Beinen und dem Unterkörper in den Kopf, in die Gehirnzentren, in Hals und Schultern hineinbringen, wie die Kerzenstellung, der Schulterstand, der Kopfstand. Die sexuelle Energie, die Kundalini, Quell allen Lebens, wird so von den Geschlechtsorganen weggelenkt und in geistige Kraft umgewandelt.

»Denken wir (also) beim Yogaüben an Gesundheit, an Ruhe, an Gleichgewicht, besonders aber versuchen wir in uns das Gefühl der GANZHEIT zu erwecken, zu erleben und zu verwirklichen … das Gefühl der vollkommenen Selbstständigkeit. Erwecken wir in uns die Sicherheit, dass wir in keiner Hinsicht eine Ergänzung brauchen, keine Hilfe von außen her benötigen, keine Liebe von anderen erwarten, sondern geben, dass wir alles – alles – in uns selbst haben und selbst sind. Ich bin ein GANZES!«

Dieses Zitat stammt aus dem Buch »Sexuelle Kraft und Yoga« von Elisabeth Haich, das allen zu empfehlen ist, die sich mit diesem Problem auseinandersetzen wollen oder müssen.
(s. Literatur)

Y

(Über-)Lebenshilfe **Yoga**

Ohne Yoga wäre ich längst tot. Yoga ist die (Über-)Lebenshilfe schlechthin – zumindest für mich. Ich mache meine Übungen seit meiner Jugend, Morgen für Morgen.

Mit 17 lebte ich als Fremdsprachenkorrespondentin in Kopenhagen und lernte Marussja Berg kennen, eine Russin und ehemalige Tänzerin, die nun Unterricht in Hatha-Yoga gab. Marussja war die erste Vegetarierin, die ich traf. Ich vergesse nie, wie sie auf die Frage einer Schülerin, ob denn der Duft einer gebratenen Gans zu Weihnachten nicht doch fleischliche Gelüste in ihr aufkommen ließe, mit einem entschiedenen gutturalen »Njet!« antwortete.

Falls Sie sich für Yoga interessieren und es lernen wollen, rate ich, zunächst Unterricht bei einem autorisierten Lehrer zu nehmen. Später können Sie dann mithilfe eines Buches weiterarbeiten. Zu leicht schleichen sich gleich zu Anfang Fehler ein.

Hatha-Yoga, die im Westen wohl bekannteste Yoga-Praktik, beschäftigt sich mit den körperlichen Übungen, Asanas genannt. Sie machen den Körper biegsam, geschmeidig und widerstandsfähig, sodass die Lebensenergie, das Prana, ungehindert fließen und alle Organe und Nerven durchdringen kann. Ergänzend kommen Atemübungen und Meditationen hinzu. Yogaübungen, richtig durchgeführt, helfen das Gewicht zu normalisieren – Dicke nehmen ab, Dünne nehmen zu. Nicht zu unterschätzen ist auch die Stärkung der Wirbelsäule. Mit 30 Jahren war mein Rücken so gut wie irreparabel geschädigt, lädiert durch Stürze vom Pferd und Fehlernährung. Ich schleppte mich von einem Chiropraktiker zum anderen.

Mit den Yogaübungen trainiere ich nun schon seit Langem täglich meine Wirbelsäule und kann häufig sogar einen verschobenen Wirbel selbst wieder einrenken – das hätte ich mir früher nie träumen lassen.

Yoga ist aber viel mehr als bloßes Körpertraining. Das Wort Yoga leitet sich aus dem Sanskrit-Wort Yui ab, was so viel bedeutet wie Vereinigung – oder auch Joch. Wer Yoga ausübt, versucht sich zu vereinen.

Der Grundgedanke des Yoga ist, dass das gesamte Universum aus ein und derselben Energie besteht, die man Bewusstsein oder Gott nennen kann, und die sich nur unterschiedlich manifestiert – in einer Ameise, in einem Baum, in einem Menschen. Und dass diese kosmische Energie, dieses höchste Bewusstsein, den gesamten Kosmos aus seinem eigenen Wesen heraus erschaffen hat.

Das individuelle und das kosmische Bewusstsein wären also letzten Endes ein und dasselbe, nur durch Subjektivität scheinbar getrennt. Wenn das individuelle Bewusstsein aufhört und das »Selbst« gefunden ist, kann Vereinigung stattfinden.

Es gilt, einen Zustand der Einheit mit dem »Selbst« zu erreichen. Hatha-Yoga-Übungen sind Übungen, die zu diesem Zustand führen, Übungen, um die Funktionen des ruhelosen Geistes zu kontrollieren, Frieden zu erlangen und sich so weit wie möglich frei zu fühlen von Unglück und Leid. Wer Yoga regelmäßig ausübt, ist imstande, die geistigen Funktionen zu erhöhen. Genauso stark ist aber der moralische Aspekt, denn die fünf Lebensregeln sind Gewaltlosigkeit, Wahrheit, Aufrichtigkeit, Enthaltsamkeit (Enthaltsamkeit bedeutet für einen Yogi totale sexuelle Enthaltsamkeit, für den Normalmenschen Konzentration auf einen Partner) und die Enthaltung von Gier und Habsucht.

Der Glaubenssatz des Yoga heißt:	
Sarve bhavantu sukhina sarve sant niramaya.	Alle sollen glücklich sein, alle sollen in Frieden leben.

Yoga ist der Weg zur Versöhnung – auch mit sich selbst, mit dem eigenen Körper.

Ich habe mir im Laufe der Jahre ein ganz persönliches Sammelsurium von Körperübungen zusammengestellt – einige für den Tag mit wenig, andere für den Tag mit etwas mehr Zeit.
Nicht zu viel vornehmen, sonst halten Sie nicht durch und geben auf. Im Yoga wird nichts mit Gewalt versucht.

Mein Bett-Yoga
Noch im Bett Räkeln, Strecken, Dehnen und Gähnen – überall möglich, also auch im Hotel. Dabei nacheinander bewusst alle Muskeln anspannen – an Beinen, Gesäß, Rücken, Schultern, Armen und Bauch – und wieder loslassen. Dabei tief atmen – das bringt Sauerstoff und damit Lebenskraft in den Organismus, hebt den über Nacht abgesackten Blutdruck auf »Betriebshöhe«.
Kräftige Rücken- und Bauchmuskeln entlasten die Wirbelsäule. Also: Aufrichten des Oberkörpers bei aufgestellten, abgewinkelten Beinen – das stärkt die Bauchmuskulatur; Hochdrücken des Beckens bei aufgestellten Beinen – die Rücken- und Gesäßmuskeln werden es Ihnen danken. Abschließend noch Radfahren im Liegen, wobei die Knie möglichst fest angezogen werden.

Das tut morgens ebenfalls gut:
- Trockenbürsten: Mit einem groben Frottier-Handschuh oder einer kräftigen Bürste den ganzen Körper – immer zum Herzen hin – tüchtig abbürsten.
- Zur Anregung der Flüssigkeitsausscheidung ein Glas lauwarmes Wasser trinken oder ein Glas Wasser mit einem Schuss Apfelessig und einem Teelöffel Honig.
- Auf der Stelle laufen, z. B. auf einem groben Fußabstreifer oder – noch besser – auf einer speziellen Fußreflexzonen-Noppenmatte. Das Ganze möglichst bei offenem Fenster.

Das kleine Programm
Weiter geht's im »kleinen Programm« mit dem Gruß an die Sonne.

Wenn Sie sehr wenig Zeit haben, kann diese Übung sogar genügen – denn sie kräftigt den ganzen Körper, stärkt die Muskulatur, die Atmung und das Herz; gleichzeitig werden die Eingeweide massiert – damit der Verstopfung entgegengewirkt –, die Schilddrüse angeregt, sodass es zu Fettabbau an Problemstellen kommt, und die Wirbelsäule gekräftigt. Der ganze Körper wird gelockert, gestärkt und bei regelmäßiger Übung besser proportioniert.
Mit dem Gruß an die Sonne (s. Zeichnungen S. 258) beginnt der Yogi seinen Tag. Im Gegensatz zu den übrigen Asanas (Übungen) wird diese zügig durchgeführt, sobald Sie sie beherrschen. Am besten langsam vortasten. Wichtig ist, dass dabei richtig geatmet wird. Wer perfekt ist, braucht für die 12 Bewegungsabläufe etwa 20 Sekunden. Den Gruß an die Sonne einmal morgens und einmal abends vor dem Schlafengehen durchführen.

Sechs weitere wichtige Übungen für die Wirbelsäule:
- Die Katze,
- der Bogen,
- der Drehsitz,
- die Jathara-Übung,
- die Kuh und
- der Schulterstand (s. Beschreibung und Abbildungen auf den folgenden Seiten).

Im Anschluss Kneten der Bauchdecke, und zwar in Uhrzeigerrichtung, bis alle Organe sich locker und weich anfühlen. Der ganze Körper wird massiert, geknetet, beginnend mit dem Kopf, Kopfhaut, Gesicht, Ohren, Nacken – immer dem Herzen zu, das bringt die Lymphe zum Fließen. Besonders wichtig sind die Ohren. Richtig knautschen, damit akupressieren Sie gleichzeitig alle Körperorgane. Kleine Kinder knautschen ihre Ohren ganz automatisch, zum Beispiel wenn sie müde werden.
Es folgen die Arme, bei den Händen beginnend, bis zur Achselhöhle, dann kommen die Beine dran, bis zu den Leisten. Nicht die Füße und die Zehen vergessen. Die Vorderseite des Körpers wird von unten nach oben geknetet, die Rückseite von oben nach unten.

Ein paar leichte Klapse mit dem Handrücken auf die Nieren regen diese an.

Diese morgendliche Selbstmassage sollte in Fleisch und Blut übergehen – dauert kaum mehr als fünf Minuten.

Nun noch einige Minuten entspannt hinsetzen, im Schneidersitz oder später im Lotossitz, und bei offenem Fenster tief atmen. Die meisten Menschen atmen zu flach und hauptsächlich in den unteren Brustraum hinein.

Die Yoga-Atmung

Da die meisten Menschen, wie gesagt, zu flach und hauptsächlich in den unteren Brustraum hineinatmen, empfiehlt es sich, bei einem guten Lehrer die volle Yoga-Atmung zu erlernen. Sie werden staunen, wie wenig Sie die Kapazität Ihrer Lungen bisher ausgenutzt haben und wie viel Energie und Wohlbefinden Ihnen das richtige Atmen schenken wird. Durch die Yoga-Atmung werden die Lungen stärker mit Sauerstoff versorgt, ihre Fähigkeit, sich auszudehnen und zusammenzuziehen, dadurch gesteigert.

Die Yoga-Atmung besteht aus drei Phasen, die zuerst getrennt voneinander geübt und erst dann zu einem Atemvorgang zusammengefügt werden sollten. Es wird immer durch die Nase geatmet, bei geschlossenem Mund. Am besten liegt man währenddessen auf dem Rücken.

1. Phase zum Üben der Bauchatmung
- Vollständig ausatmen,
- auf den Bauch konzentrieren,
- einatmen, sodass der Bauch sich nach außen wölbt
(zur Kontrolle die Hand auf den Bauchnabel legen),
- ausatmen, sodass der Bauch wieder nach innen gezogen wird.

2. Phase zum Üben der Brustatmung
- Vollständig ausatmen,
- einatmen, sodass sich der Brustraum nach außen wölbt
(zur Kontrolle die Fingerspitzen an die Rippen legen),
- ausatmen, sodass sich der Brustraum wieder zusammenzieht.

3. Phase zum Üben der verstärkten Brustatmung
- Vollständig ausatmen,
- einatmen, bis hoch in die Schlüsselbeingegend
(zur Kontrolle die Hand auf die Gegend unter den Schlüsselbeinen legen),
- ausatmen, sodass sich der ganze Brustbereich wieder senkt.

Wenn jede der drei Phasen für sich gut eingeübt ist, werden sie zur vollen Yoga-Atmung zusammengesetzt:
Vollständig ausatmen, langsam einatmen, zuerst wölbt sich der Bauch, dann dehnt sich der Brustkorb im Rippenbereich, schließlich der obere Brustkorb bis hinauf zu den Schlüsselbeinen. Sie werden die Luft jetzt deutlich auch rückwärts bis in die Lungenspitzen fühlen.
Bei zunehmender Praxis vollziehen sich die drei Phasen übergangslos miteinander verbunden. Die Belohnung ist eine fühlbare Steigerung des gesamten Wohlbefindens.

Das große Programm
Das »große Programm« für mehr Zeit beinhaltet das gesamte »kleine Programm«. Das Sonnengebet wird 10-, 20- oder 30-mal oder noch öfter durchgeführt, dazu kommen die restlichen Übungen.
Ideal ist es, wenn Sie danach 10 Minuten oder auch länger meditieren.
Aber bitte, nicht zu viel auf einmal vornehmen, sonst verlieren Sie womöglich den Mut und geben auf. Der Weg ist das Ziel!

Gruß an die Sonne

Wichtig ist das richtige Atmen.

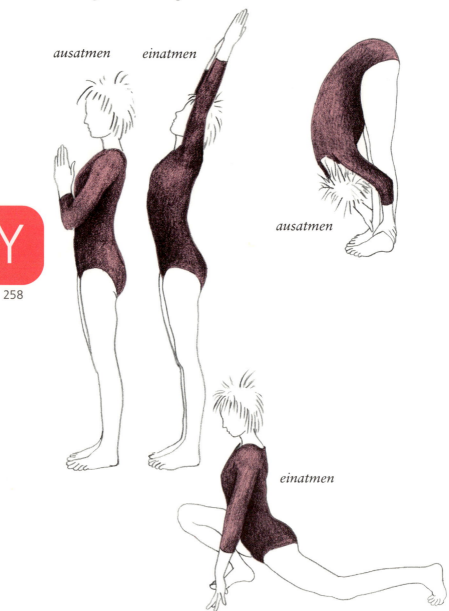

ausatmen

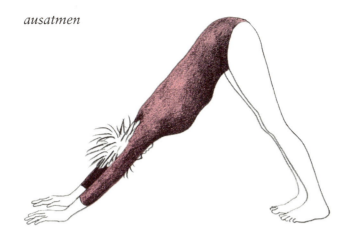

den Atem anhalten

einatmen

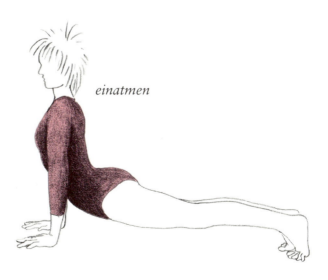

ausatmen

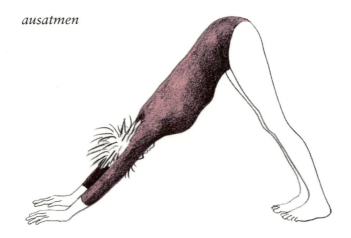

einatmen

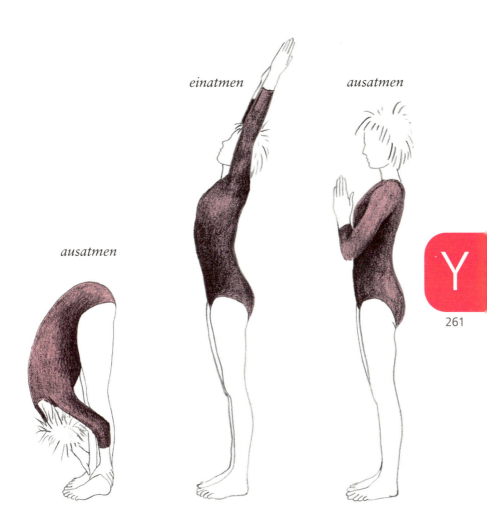

Wenn Sie alle Bewegungsabläufe durchgeführt haben, folgt dieselbe Serie noch einmal – diesmal strecken Sie das andere Bein nach hinten.

Die Katze

Abwechselnd wie eine Katze einen extremen Rundrücken machen und ein extremes Hohlkreuz.

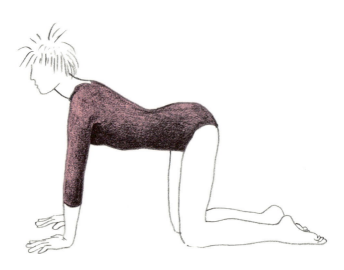

Der **Bogen** kräftigt die Rückenmuskulatur und massiert die Eingeweide, besonders wenn Sie auch noch sanft schaukeln wie ein Schaukelpferd.

Der **Drehsitz** korrigiert Fehlhaltungen der Wirbelsäule, beugt Hexenschuss vor, regt Verdauung, Leber- und Nierentätigkeit an, stärkt die Nerven.

Die Jathara-Übung

Mit der **Jathara-Übung** habe ich mir schon manchen verschobenen Wirbel wieder eingerenkt, führe sie deshalb morgens und abends aus.

Auf dem Rücken liegend, beide Arme seitlich auf dem Boden ausstrecken. Die gestreckten Beine zunächst auf die eine Seite des Körpers schwenken, sodass die Füße auf dem Boden zu liegen kommen, anschließend auf die andere Seite. Schultern bleiben am Boden. Mehrmals wiederholen.

Eine Variante der Jathara-Übung finden Sie auf der nächsten Seite …

Hier die **Variante** der **Jathara-Übung**:
Ein Bein bleibt ausgestreckt am Boden, das andere Bein (auf der Abb. ist es das rechte) wird angewinkelt, die Fußsohle etwas oberhalb des linken Knies auf das gestreckte Bein aufgesetzt, das rechte Knie nach links auf den Boden gedrückt. Dabei können die Hände zu Hilfe genommen werden. Dasselbe mit dem anderen Bein wiederholen.
Wichtig ist, dass die Schultern bei beiden Übungen auf dem Boden bleiben.

Die **Kuh** lockert Schulter- und Halsmuskulatur, stärkt die Brustmuskeln. Anfangs kann man ein Tuch als Verbindungsstück zu Hilfe nehmen, bis man es schafft, die Hände hinter dem Rücken zusammenzubringen.

Der **Schulterstand** heißt im Sanskrit Sarwangasana, was so viel wie »alle Glieder« bedeutet. Der ganze Körper wird sozusagen auf den Kopf gestellt, der Nacken gedehnt, die Schilddrüse angeregt, ebenso wie sämtliche innersekretorischen Drüsen, Wirbelsäule, Nerven und Gehirn gestärkt, Kopf- und Gesichtshaut besser durchblutet werden. Die Übung hat eine verjüngende Wirkung und beruhigt überdies den ruhelosen Geist. Swami Muktananda zieht sie dem Kopfstand sogar vor.

Diese Übung, **Embryo-Haltung** genannt, vertreibt Winde aus dem Körper. Sie massiert die Eingeweide, streckt den Rücken.

Die **Triangel-Haltung** bewirkt eine Streckung des gesamten Körpers, ein Sichöffnen von Brustraum und Hüften und eine Kräftigung der Beinmuskulatur.

Diese Übung kräftigt Bein- und Armmuskulatur.

Eine hervorragende Entspannungsübung.

Der **Pflug** wird Menschen mit hohem Blutdruck statt des Schulterstandes empfohlen. Sonst übt der Pflug ähnliche Wirkungen aus wie der Schulterstand.

Der **Baum** ist die Übung zur Stärkung der Willenskraft. Die Baumstellung kräftigt die Beinmuskeln, beruhigt den Geist und fördert die Konzentrationsfähigkeit.

Vorbereitung zum **Lotossitz**, fördert die Beweglichkeit von Hüften und Knien.

Vorbereitung zum **Lotossitz**, streckt die Oberschenkel, lockert Hüften und Knie. Hervorragende Übung während der Schwangerschaft.

Der perfekte **Lotossitz**, die ideale Stellung zum Meditieren.

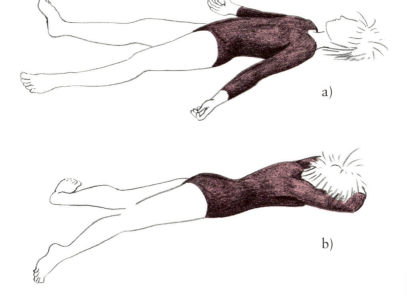

a)

b)

Zwei Übungen zum Entspannen:
die **Totenstellung** (Abb. a),
die **Krokodilstellung** (Abb. b).

Wer lieber auf dem Rücken liegt, wird die erste wählen, wer lieber auf dem Bauch liegt, die zweite.
Im Gegensatz zu den dynamischen Übungen wird hier die vollkommene Entspannung durch Bewusstmachen jedes einzelnen Körperteils angestrebt. Man löst jeden einzelnen Körperteil, indem man ihn zunächst anspannt und dann entspannt, bei den Zehen beginnend. Man löst die Füße, Beine folgen bis zu den Hüften, dann kommen Finger, Hände, Arme und Schultern dran. Danach wird die Konzentration auf den Leib gerichtet, schließlich werden die Muskeln von Hals und Nacken, im ganzen Kopfbereich und im Gesicht entspannt. Diese Entspannungsübung bildet den Abschluss der »Asanas« (Körperhaltungen) und empfiehlt sich auch abends zum besseren Einschlafen.

Z

Zähne gut, alles gut

Zähne gezeigt auch als Mutter Courage
B. R. als »Mutter Courage« in Salzburg, mit Judith Estermann und Susanne Szamait

Prof. Dr. Frederic Vester erzählte mir vor Jahren, seit er seine Zähne nicht mehr mit Zahnpasta putze, sondern nur mit der Zahnbürste, habe sich die Gesundheit seiner Zähne gebessert.
In meiner Umgebung höre ich immer wieder von ähnlichen Erfahrungen.

Sehr gut für die Zahnpflege ist die Munddusche! Morgens und abends angewandt, stärkt sie das Zahnfleisch. Auch gegen Zahnseide ist nichts einzuwenden.

Warum ist Amalgam ein Problem?
Wie die meisten, hatte ich früher auch Amalgam-Füllungen in den Zähnen, diese Mischung aus Quecksilber, Zinn, Zink und Kupfer. Inzwischen weiß ich, wie brisant sie ist, die »Zeitbombe Plombe«. Unsere Zähne sind mit hochgiftigen Amalgam-Plomben gefüllt.
Was ist denn nun so schlimm am Amalgam?
Neugierig geworden, fand ich hochinteressante Einzelheiten in einem ausführlichen Artikel von Dr. med. dent. Wolfgang H. Koch im »Gesundheitsberater«:
1. Es entsteht eine sogenannte Mundbatterie, die zu einer elektrostatischen Aufladung des umliegenden Gewebes führt und (vor allem bei mehreren Füllungen) zu Entgleisungen im Stoffwechsel, zu Störungen im vegetativen Nervensystem und auch zu psychischen Störungen führen kann, wie z.B. Nervosität, Gedächtnisschwäche, Depressionen, Schlaflosigkeit.
2. Atomare Kleinstteilchen des giftigen Quecksilbers lösen sich und wandern in die Kieferknochen (unmittelbar), Magen und Darm (geschluckt) und das Gehirn (eingeatmet). Der Speichel verliert seine entgiftende Wirkung, Abwehrkräfte werden geringer, es können so ziemlich alle (häufig unklaren) Störungen auftreten, die von Kopfschmerz über Herz-, Kreislauf-, Blutdruck- bis zu Verdauungsbeschwerden, Hautausschlägen, Bronchialasthma und allgemeiner Erkältungsanfälligkeit reichen.
3. Schon kleinste Spuren der verwendeten Metalle können durch ungewollte homöopathische Wirkung allergische Reaktionen hervorrufen.

Sie haben doch hoffentlich kein Amalgam mehr in den Zähnen? Wenn ja, sofort raus damit!

Zappelphilipp oder »Restless legs«

Nicht nur junge Menschen sind zappelig, auch ältere Menschen können an einer bestimmten Form des Zappelphilipp-Syndroms leiden: den »Restless legs«, auch das »Syndrom der unruhigen Beine« genannt.

Besonders unangenehm, wenn man sich in Vorträgen langweilt und noch dazu in der ersten Reihe sitzt. Passiert mir leider auch gelegentlich.

Hier hilft Magnesium phosphoricum (s. a. → *Schüßler-Salze*).
Phosphathaltige Speisen meiden (auch Softdrinks wie Fanta und Cola)!

Zitrone → Verkalkung

Der Zungenschaber – gut für die Mundhygiene

Der Zungenschaber gehört in asiatischen Ländern zur selbstverständlichen Mundhygiene wie das Zähneputzen und ist auch für mich selbstverständlich geworden.

Er besteht aus nichts weiter als einem schmalen biegsamen Metallband, möglichst aus Silber. Man fasst ihn an beiden Enden und schabt damit gleich nach dem Aufstehen den Belag von der Zunge, der besonders morgens von Myriaden Bakterien besiedelt ist.

Blick zurück, Blick nach vorn – ein Nachwort

Wann ist ein Mensch alt?

Wenn er graue oder weiße Haare bekommen hat? Nein, die kann er färben.

Wenn das Gesicht faltig geworden ist? Nein, kann man liften und da gibt es Botox, kann man spritzen.

Wenn die Frau einen Witwenbuckel kriegt, der Mann einen Bauch? Nein, die Ursache ist ernährungsbedingtes Fehlverhalten.

Wenn jemand verbittert, depressiv geworden ist, lebensmüde? Nein, passiert auch jungen Menschen, man denke nur an die Leiden des jungen Werther.

Wann jemand alt ist, hängt also offensichtlich von den Augen des Betrachters ab.

Als ich 16 war, kam mir ein 42-jähriger Verehrer vor wie ein Greis. Aus einem Seniorenheim wird berichtet, eine 96-jährige Bewohnerin jammerte, das junge Ding von 75 habe ihr den Freund weggeschnappt!

Für sechsjährige Erstklässler bin ich natürlich uralt. Beim Waffeln-backen mit diesen Knirpsen stellte einer die Frage: Wie alt bist du? Ich darauf: Na, rate mal! Er: 36?

36 war für ihn uralt. 36 war sein Vater.

Alle wollen alt werden, aber keiner will alt sein. Und offensichtlich findet mensch, wenn schon ein Haar, dann doch lieber ein blondes, braunes, rotes oder schwarzes als ein graues Haar in seiner Suppe.

Noch vor einigen Jahren lautete das Alten-Klischee: Sie fahren in Bussen zu Kaffeefahrten und lassen sich da abzocken, alle in beige gekleidet, die Männer alle die gleichen beigen Schirmmützen auf dem Kopf. Beige ist bekanntlich die Farbe derjenigen, die sich an-gepasst haben, die nicht (mehr) auffallen wollen. Diese Alten tragen orthopädische Schuhe, humpeln oder gehen am Stock und schimp-fen auf die Jungen. Heute triumphiert das neue Alten-Klischee. Diese neuen Alten sind topfit, joggen, zanken sich mit der Enkelin um die lila Strumpfhose, genießen ihr Leben auf Deibel-komm-raus, verprassen ihre Rente auf Mallorca und auf Kreuzfahrten – nach uns die Sintflut.

Zwischen den beiden Gruppen gibt es aber eine dritte: Menschen, die sich, schon bevor sie alt sind, Gedanken machen, wie sie ihr Altwerden oder Altsein anders gestalten können, mit mehr Lebensqualität nicht nur für sich selbst, sondern auch für andere.

Tatsache ist, wir werden immer älter. Ein Radiokommentator vor Kurzem: Die Medizin hat solche Fortschritte gemacht, dass immer mehr Menschen Pflegefälle werden.

Vor etwa 30 Jahren besuchte ich eine alte Frau in einem sozialen Altersheim und schwor mir, alles dafür zu tun, dass Menschen anders alt werden können müssen als dahinvegetierend einsam auf ihren Tod zu warten. Ende der Achtzigerjahre versuchte ich deshalb, in Österreich eine Lebensgemeinschaft zu schaffen von Wahlverwandten, Jungen und Alten, Menschen und Tieren im Einklang mit der Natur. Vielleicht zur falschen Zeit, vielleicht am falschen Ort – inzwischen existieren viele solcher Lebensgemeinschaften.

Viele Menschen leben heute als Singles, frei- oder unfreiwillig, immer mehr Patchwork-Familien scheinen darauf hinzudeuten, dass die Kleinfamilie nicht mehr genügt. Zurück zur Großfamilie, die man sich selbst aussucht?.

Neue Wohn- und Lebensgemeinschaften nicht nur für die Alt-Werdenden sind gefragt, der »neue Mensch« ist gefragt, der sich als verantwortungsbewusstes Teil eines großen Ganzen sieht. In diesem Sinne oute ich mich also als ein »neuer Mensch«.

Mai 2007

Und wie geht es bei mir weiter?

Obwohl die nächste Landtagswahl erst 2008 statt findet, hat der Wahlkampf bereits begonnen, jedenfalls inoffiziell.

Gestern rief die DPA an, ob ich denn doch noch einmal kandidieren würde.

Soll ich – oder soll ich nicht?

Leider ist zurzeit unter den jungen Grünen noch niemand, der/die in meine Fußstapfen treten und sich für meine Themen Ernährung,

Verbraucher- und Tierschutz so einsetzen würde, wie ich das seit nun ca. 30 Jahren tue und wie es nötig ist.

Lauwarm ist da nicht genug … Du musst kochen, nur dann kannst du verdampfen …

Wenn es also sein soll und wenn die Menschen es wollen, dann werde ich. Aber ohne zu kämpfen. Denn: If you forgot, take it easy …

Wäre eigentlich auch schade, aufzuhören, wo ich endlich mit der U-Bahnfahrerei einigermaßen klar komme. Ostbahnhof-Landtag und zurück kann ich jetzt, sogar Landtag – Umweltministerium und zurück. Wäre eigentlich schade.

Eine tolle Zeit, in der wir leben dürfen.

Alles, was morsch ist, scheint zusammen zu krachen. Jahrhundertelang unterdrückte Wahrheiten drängen ans Licht und sind plötzlich »in«.

Das öffentliche Rauchen wird anerkannt als das, was es ist, nämlich Körperverletzung derjenigen, die den Rauch aushalten müssen. Was wird bloß aus all den Nikotinsüchtigen, die uns regieren?

Neuester Gag: Die CSU will Ganztagsschulen – nachdem sie unsere diesbezüglichen Anträge jahrelang bekämpft hat!

Ein bayerischer Umweltminister fordert regionalen und saisonalen Anbau, schlägt gar öffentlich einen fleischfreien Tag pro Woche vor! Und in meinem konservativen Blättchen finde ich und denke ich träume eine Meldung, auch die weltweite Rinderzucht sei mitschuldig an der drohenden Klimakatastrophe. Ein ganz Mutiger verlangt sogar das weltweite Verbot der Rinderzucht und den Verzicht auf Milchprodukte!

Ist Halleluja angesagt oder droht der Weltuntergang?

Eine Epidemie scheint im Anmarsch; nein nicht die Vogelgrippe oder all die anderen immer wieder angekündigten Epidemien, die nie eintreffen, sondern ein globales Vernunft – Virus scheint zu grassieren.

Ist doch endlich das Wassermannzeitalter ausgebrochen?

Überall gehen die Samen auf, die Maulwurfsarbeit hat sich gelohnt.

Das letzte Jahr wurde so zu einem der glücklichsten meines Lebens. Dafür danke ich allen, die dazu beigetragen haben, auch meinen nicht immer geliebten Grünen. Große Dankbarkeit erfüllt mich, dass mir diese Aufgabe, im Landtag Abgeordnete zu sein, anvertraut wurde. Ich kann nur sagen: Noch nie habe ich so gern gelebt. Allerdings: Meinen Ausspruch vor langer langer Zeit, »aufs Sterben freu ich mich« möchte ich heute ganz gern revidieren. Es kann ruhig noch ein Weilchen dauern bis dahin. Es gibt noch so viel zu lernen – und noch so viel zu tun.

Da geht's lang!

Literatur

Bachler, Käthe: »Erfahrungen einer Rutengängerin«, Veritas Verlag, A-Linz

Bahr, Frank R.: »Akupressur – erfolgreiche Selbstbehandlung bei Schmerzen und Beschwerden«, Goldmann Verlag, München

Bodenstein, Katharina, und Jutta Schneider: »Urlaubsküche – die besten Rezepte für Wohnmobil, Camping, Hütte und Boot«, AT Verlag, CH-Baden

Bruker, Dr. med. Max Otto: »Cholesterin – der lebensnotwendige Stoff«, EMU-Verlag, Lahnstein

Bruker, Dr. med. Max Otto: »Unsere Nahrung, unser Schicksal«, EMU-Verlag, Lahnstein (u. a. Bücher)

Cantieni, Benita: »Faceforming – das Anti-Falten-Programm für Ihr Gesicht« (mit Video), Südwest Verlag, München

Dahlke, Dr. Rüdiger: »Lebenskrisen als Entwicklungschancen«, C. Bertelsmann Verlag, München

Egli, René: »Das LOLA-Prinzip«, EDITIONS D'OLT

»Europäisches Medizin-Journal«, Nr. 2/1 Mai/Juni 1993

Ferreira, Peter: »Wasser und Salz – die Essenz des Lebens«, zu beziehen über: Firma Lichtkraft, Vachendorfer Straße 3, D-83313 Siegsdorf

Föllmi, Danielle und Olivier: »Die Weisheit des Buddhismus Tag für Tag, Knesebeck, München

Haich, Elisabeth: »Sexuelle Kraft und Yoga«, Drei-Eichen-Verlag, München

Hay, Louise L.: »Heile deinen Körper«, Lüchow Verlag, Freiburg

Heepen, Günter H.: »Schüßler-Salze – 12 Mineralstoffe für die Gesundheit«, Gräfe & Unzer Verlag, München

Herer, Jack: »Die Wiederentdeckung der Nutzpflanze Hanf«, Zweitausendeins Versand, Postfach, Ferdinand-Porsche-Straße 37–39, 60348 Frankfurt/M.

Hertzka, Dr. Gottfried, und Dr. Wighard Strehlow: »Die Edelsteinmedizin der heiligen Hildegard«, Bauer Verlag, Freiburg

Jentschura, Peter, und Lohkämper, Josef: »Gesundheit durch Entschlackung«, Verlag Peter Jentschura, Münster

Koeppen-Weber, Divo: »Alta major nur Energie – Du bist die Haltung, die Du einnimmst«, Peter Erd Verlag, München, zu bestellen beim Alta-major-Versand, Tel.: 089-1 23 85 80

Maharishi Mahesh Yogi: »Die Wissenschaft vom Sein und die Kunst des Lebens«, International SRM Publications, Stuttgart

Maury, Dr. E. A.: »Homöopathie von A–Z für die Familie«, Hippokrates Verlag, Stuttgart

Osho (u. a.): »Buch der Heilung«, Heyne Verlag, München

Pohl, Gustav: »Erdstrahlen als Krankheits- und Krebserreger«, Lebenskunde Verlag, Düsseldorf

Rütting, Barbara: »Essen wir uns gesund«, Herbig Verlag, München
(u. a. Bücher)

Scheffer, Dr. Mechthild: »Bach-Blütentherapie. Theorie und Praxis«,
Hugendubel Verlag, München

Schnelle, Dr. Martin: »Cannabis als Heilpflanze«, in: Schneider et. al.:
»Cannabis – eine Pflanze mit vielen Facetten«, VWB Verlag für Wissenschaft
und Bildung, Berlin

Wendt, Prof. Dr. med. Lothar: »Die Eiweißspeicherkrankheiten«, EMU-Verlag,
Lahnstein

Wieck, Wilfried: »Männer lassen lieben. Die Sucht nach der Frau«, Kreuz
Verlag, Stuttgart

»Wundermittel gegen Speck – schlank wird nur der Geldbeutel – krank statt
schlank«, Geld & Markt 25.1.06

Zehentbauer, Josef: »Melancholie – Die traurige Leichtigkeit des Seins, Kreuz
Verlag, Stuttgart

Adressen

Bachblüten-Seminare: Dr.-Edward-Bach-Centre, German Office,
Mechthild Scheffer, Eppendorfer Landstr. 32, 20249 Hamburg,
Tel.: 040-461041, Fax: 040-435253

BBU – Bundesverband Bürgerinitiativen Umweltschutz e.V.,
Prinz-Albert-Str. 73, 53113 Bonn, Tel.: 0228-214032,
Fax: 0228-214033, Internet: www.bbu-online.de

BUND-Bundesgeschäftsstelle, Am Köllnischen Park 1, 10179 Berlin,
Tel.: 030-275 86-40, Fax: 030-275 86-440, Internet: www.bund.net

David gegen Goliath e.V., Neuhauser Str. 3, 80331 München,
Tel.: 089-23662050, Fax: 089-23662060, Internet: www.davidgegengoliath.de

DEUTSCHER TIERSCHUTZBUND e.V., Baumschulallee 15,
53115 Bonn, Tel.: 0228-604960, Fax: 0228-6049640,
Internet: www.tierschutzbund.de

EMU-Verlags- und Vertriebs-GmbH (über GGB – Gesellschaft für Gesundheitsberatung e.V.), Dr.-Max-Otto-Bruker-Str. 3, 56112 Lahnstein,
Tel.: 02621-917010, Fax: 02621-917033, Internet: www.emu-Verlag.de

Beratungsbüro für ErnährungsÖkologie (BfEÖ), Dr. Karl von Koerber,
Entenbachstr. 37, 81541 München, Tel.: 089-65102131,
Fax: 089-65102132, Internet: www.bfeoe.de

EVU – European Vegetarian Union, Bahnhofstr. 52,
CH-9315 Neukirch (Egnach), Tel.: +41-714773377,
Fax: +41-714773378, Internet: www.european-vegetarian.org

Fastenwanderungen: Naturheilpraxis Herbert Huber,
Traunsteiner Str. 9, 83093 Bad Endorf, Tel.: 08053-795088

Gesellschaft für Gesundheitsberatung GGB e.V., Dr.-Max-Otto-Bruker-Str. 3,
56112 Lahnstein, Tel.: 02621-917017 + 18, Internet: www.ggb-lahnstein.de

Hanfapotheke, Internet: www.hanfapotheke.org

HG Naturklinik Michelrieth GmbH, Löwensteinstr. 15,
D-97828 Marktheidenfeld-Michelrieth, Tel.: 09394-801-0,
Fax: 09394-801-310, Internet: www.naturklinik.com

IVU – International Vegetarian Union, E-Mail: secretary@ivu.org

Internationaler Bund der Tierversuchsgegner (IBT), Ein Recht für Tiere,
Radetzkystr. 21, A-1030 Wien, Tel.: +43-1-7130823,
Fax: +43-1-7130824, Internet: www.tierversuchsgegner.at

Internationale Gesellschaft für Ganzheitliche Zahn-Medizin e.V. (GZM),
Geschäftsstelle Kloppenheimer Str. 10, 68239 Mannheim,
Tel.: 0621-4817 9730, Fax: 0621-473949

Lach-Links in alle Welt, Internet: www.worldlaughtertour.com

Osho UTA Institut GmbH (Informationen zum Thema Meditationen),
Venloer Str. 5–7, 50672 Köln, Tel.: 0221-57407-0, Fax: 0221-57407-36,
Internet: www.oshouta.de

Osho Leela Förderkreis e.V., Albert-Roßhaupter-Str. 104, 81369 München,
Tel.: 089-65115547, Internet: www.osho-leela-muenchen.de

PETA – People für the ethical Treatment of Animals, Deutschland e.V.,
Dieselstr. 21, D-70839 Gerlingen, Tel.: 07156-178-280,
Fax: 07156-178-2810, Internet: www.peta.de

Privatstiftung für Tierrechte, Michael Aufhauser, Gut Aiderbichl, Postfach 139,
A-5020 Salzburg, Tel.: +43-662-625395, Fax: +43-662-625395-120,
Internet: www.tierrechte-privatstiftung.com

Pro Animale e.V., Heugasse 1, 96231 Uetzing,
Internet: www.pro-animale.de

Pro Animale Austria, Hadermarkt 41, A-5121 St. Radegund,
Tel.: +43-6278-20307, Fax: +43-6278-203074,
Internet: www.pro-animale.at

Tierschutz im Unterricht, Neupauerweg 29b, A-8052 Graz,
Tel.: +43-316-581320, Fax: +43-316-581284,
Internet: www.tierschutzimunterricht.org

Ärzte gegen Tierversuche e.V., Landsberger Str. 103,
80339 München, Tel.: 089-3599349, Fax: 089-35652127,
Internet: www.aerzte-gegen-tierversuche.de

INFOCENTER FÜR TRANSZENDENTALE MEDITATION,
c/o MAHARISHI VEDA GMBH, Sophienstr. 7, 30159 Hannover,
Info-Tel.: 0180-5216421, Internet: www.transzendentale.meditation.de

Vegetarier-Bund Deutschlands e.V. (VEBU), Blumenstr. 3, 30159 Hannover,
Tel.: 0511-3632050, Fax: 0511-3632007, Internet: www.vegetarierbund.de

Register

A

Abhärtung 183, 245
Abwehrkräfte 17 f.
Abwehrkräfte,
  körpereigene 70, 96,
  108, 118
Aconitum 108
Akupressur 19 ff.
Akupressurstab 19
Alkohol(ismus) 88 f.,
  176, 183
Allergien 46, 176
Alter 26 ff.
Altersschwindel 241
Amalgam 273
Ängste 21, 22, 35,
  52 f., 193, 202
Angstzustände 19
Ansata Niespulver 97
Antibiotika,
  natürliche 70
Apfel-Maske 136
Aphrodisiaka 236 f.,
  246

Apis mellifica 97
Ärger 202
Arnika 97
Aromastoffe 73
Arterienverkalkung 99
Arthritis 73
Arthrose 73
Asanas 255 ff.
Asthma 23, 205
Atmung 30 f., 202, 205,
  255
Aufregung 31
Augen(übungen) 32 f.,
  98
Avocado-Maske 136
Ayurveda 33 f., 222

B

Bachblüten 35, 97,
  245
Bäder, basische 224
Badezusätze 36 f.
Barbara-Rütting-Brot
  41 ff.

Bärenklau, Bärentatzen
  160, 246
Bärlauch 160, 161, 245
Basilikum 160
Bauchatmung 30, 256
Bauchmuskeln 205
Beinwell(tee) 159, 160
Beruhigung 97, 99, 164
Berührung 38
Bett 186, 246
Bettnässen 100
Bettwäsche 186
Bewegungsapparates,
  Erkrankungen des
  180
Bewegungstherapie 118
Bienengift 97
Bingen, Hildegard von
  58 f., 74, 88, 102,
  149 f., 246
Bio-Produkte 38 ff.
Birkenblättertee 98
Blähungen 98, 99, 162,
  163

Blasenstärkung 162
Blutdruck 159, 177, 243
Blutdruck, niedriger 89
Blutfettwerte, erhöhte 241
Blutreinigung 98, 159, 161, 163
Bohnenkraut 161
Brennnessel(tee) 87, 98, 159, 160, 245
Bronchitis 99, 160, 163
Bruker, Dr. Max Otto 45, 51, 69 f., 72, 84, 154, 181, 228
Brunnenkresse 160, 245
Brustatmung 256
Brustatmung, verstärkte 257
Butter 44 f., 83 f.
B-Vitamine 241

C

Calcium 46 ff., 154 f.
Calciumreiche Nahrungsmittel 48
Cantieni, Benita 91 ff.
Cellulitis 49, 177, 224
Chili 243
Chi-Maschine 50 f.
Chiropraktik 127
Cholesterin 45, 51, 83 f., 205
Coffea 108
Crataegus 108
Curry 243

D

Darmreinigung 61 ff., 78 f.
Depression 22, 52 f., 141 f., 202

Deutsche Gesellschaft für Humanes Sterben DGHS 193 ff.
Diäten 54 f.
Dillkraut 161
Dinkel 84
Duftstoffe 73
Durchblutung 88, 205, 206, 208
Durchfall 162
Dusche, kalte 246

E

Echinacea 70
Edelsteine, Edelsteinmedizin 56 ff.
Eigelb-Olivenöl-Zitronensaft-Maske 135
Eingeschlafene Hände oder Beine 99
Einlauf 61 ff.
Einschlafen 37
Eisenhut 108
Eiweiß 46 ff.
Entgiftung 183, 202
Entschlackung 98, 160
Entschleunigen 63 ff.
Entspannungsübungen (Yoga) 268, 271
Entwässerung 160, 161, 163, 164, 243
Entzündung 108, 162, 205
Entzündungen von Mund, Rachen, Zahnfleisch 100
Enzyme 73
Erdstrahlen 65 ff., 186, 187
Erkältung 37, 46, 62, 69 ff., 96, 98, 148, 183, 244 f.

Ernährung 38 ff., 72 ff., 114 ff., 118, 148, 149 ff., 156, 226 ff.
Ernährungsformen, vegetarische 229
Ernährungsumstellung 125, 181
Erschöpfung 36, 74, 193
Estragon 161

F

F.X.-Mayr-Kur 79
Falten 192
Farbberatung 77
Faserstoffe 73
Fasten 77 ff., 80 ff., 126, 244
Fastenwandern 80 ff.
FDH-Diät 55
Federbetten 186
Fehlernährung 72, 223
Fenchel(samen, -tee) 98, 161, 245
Fett 83 f., 205
Fettabbau 255
Fette, naturbelassene 84, 228
Fettsäuren, ungesättigte 73
Fieberbläschen (Herpes) 243
Fisch 151
Flohhalsband, naturbelassenes 244
Folsäure 241
Frauenmantel(tee) 98, 161
Freie Radikale 241
Frischkorngericht 84 f.
Frischkost 40, 181, 182, 228, 244

Frühjahrsmüdigkeit 98
Furunkel 100
Fußbad, heißes 71, 183, 184
Füße, kalte 206
Fußreflexzonen-(massage) 85 f.

G

Galgant 31, 102, 164, 246
Gallenkolik 23
Gänseblümchen-Maske 135
Gefäßerkrankungen 73
Gefäßveränderungen 241
Gelbwurz (Kurkuma) 164
Gelenke 87, 164, 206
Gemütsverstimmung 35
Gentechnik 148, 167
Genussmittel 87 ff.
Germanium 241
Gerste 84
Gerstenbad 74
Gesichtsmasken 135 f.
Gesichtspackung 100
Gesichtsstraffung 91 ff., 191
Getreide 84 f.
Getreide, rohes 228
Gewicht normalisieren 252
Gewürznelke 243
Giraffen-Übung 191
Glückshormone 131
Gruß an die Sonne 254, 255, 257 ff.
Gürtelrose 108
Güsse 118, 183

H

Hafer 84
Hagebuttentee 98
Hahnemann, Dr. Samuel 105 f.
Hals, steifer 97
Hals-Rachen-Beschwerden 160
Halsschmerzen 99, 163
Haltung, königliche 94 f.
Handakupressur-Punkte 21 ff.
Hanf(medizin) 95 f.
Harnsäure 103, 223
Harte-Eier-Diät 55
Hatha-Yoga 252 f.
Hausapotheke 96 ff.
Haut 37
Haut, fette 135 f.
Haut, trockene 136
Haut, unreine 100, 135 f.
Hautallergien 100
Hautausschlag 205
Hautdurchblutung 136
Hautleiden 205
Hautstraffung 37, 136
Hay, Louise L. 125, 174 ff.
Heidelbeeren(tee) 162
Heilerde 97, 100
Heilerde-Maske 136
Heilfasten 62
Heilpflanzen 158 ff.
Herz 21, 31, 97, 99, 163, 202, 246, 255
Herzinfarkt 72, 88
Herz-Kreislauf-Probleme 101 f.
Herzmuskelschwäche 108

Herzschmerzen 23, 246
Herzwein 102
Heublumensäcke 244
Hexenschuss 102 ff., 244
Hirsch-Übung 202 ff.
Hirse 99
Hitzewallungen 99, 163
Hollywood-Diät 55
Holunder(blüten, -tee) 98, 162, 243
Holzkohle 243
Homöopathie 71, 90, 104 ff., 245
Homöopathische Arzneien, Anwendung 107 f.
Hopfenblüten 244
Hopfenblütenbad 37
Hopfentee 183
Hörvermögen 241
Husten 98, 99, 160, 161, 163
Hydrotherapie 117 ff.

I

Immunsystem 17 f.
Infektabwehr, mangelnde 73
Infludo 70
Ingwer 164, 243
Ingwerwasser 246
Inkontinenz 110
Insektenstiche 97, 100, 243

J

Jodsalz 249
Jogging 112 f.
Johanniskraut(tee) 100, 246
Jugendwahn 112 f.

K

Kaffee 89 f.
Kalkmangel 58
Kartoffelsaft-Maske 136
Kieselsäure 58, 99
Kleidung 75 ff., 187
Klimaschutz 114 ff.
Kneipp, Sebastian 117
Kneipp'sche Grund-regeln 118
Kneipp-Therapie 117 ff.
Knoblauch 239 ff., 243
Knoblauchtrank 239
Kochsalz 248
Kockelskörner (Cocculus) 97
Komplexe 120 ff.
Kontaktfreudigkeit 19
Kopfschmerzen 22, 125 f.
Koriander 162
Krafttrunk 74
Krampfadern 206
Krämpfe 160, 192, 206
Kranich-Übung 205 ff.
Kränkung 126 ff.
Kräutertees 98 ff., 183
Kreativität 138, 142
Krebs 72, 73, 174 ff.
Kreislauf 37, 97, 99, 102, 160, 163, 202, 205, 243, 246
Kreuzkümmel 164
Küchenkräuter 160 ff.
Kümmel(samen, -tee) 98, 162, 245
Kunststoffe 187
Kürbiskerne 162

L

Lachen 130 ff., 169
Landbau, ökologischer 39
Lauchöl 241
Laune, schlechte 223
Lavendel(tee) 97, 246
Lavendelöl 97
Lebensfreude 138
Leber 202
Leinöl 151
Leinsamen 162
Lider, geschwollene 97
Liebstöckel 160, 163
Löwenzahn 160, 163, 245
Lunge 202, 205
Lymphe 255

M

Magen 99, 163, 164, 202
Magen-Darm-Schleim-hautreizung 162
Magen-Darm-Störung 98, 99, 100, 161, 162, 163
Magnesium 58
Magnet(stör)felder 65 ff., 187
Majoran(tee) 98, 160
Mandelentzündung 46, 97
Mantra 137 f.
Margarine 44 f., 83 f.
Matratze 186
Meditation 34, 136 ff., 245
Meersalz 243
Melancholie 58, 140 ff.
Melissentee 183
Migräne 22, 125 f.

Milchprodukte 47 f., 154 f., 158
Milch-und-Honig-Bad 37
Mineralstoffe 73
Mobbing 193
Mondstein 58
Motten 244
Mücken 243
Müdigkeit 108, 138
Munddusche 273
Mundhygiene 274
Mundspülung mit Öl 246
Muskelschmerzen 97
Mystic Rose 131, 144 ff.

N

Nackenverspannungen 207
Nägel 99, 192
Nagelbettentzündung 100
Nahrung, tiereiweiß-reiche 232
Nahrungsergänzungs-mittel 148
Nase 97, 148
Nasendusche 148
Negatives Denken 173
Nerven 202
Nervenerkrankungen 73
Nervenkekse 149 f.
Nervenstärkung 99, 163, 164
Nervensystem 206
Nervosität 23, 193
Netzfreischalter 188
Neuralgien 186
Neurodermitis 46
Nieren 202

Nierenkolik 24
Nikotin 90 f.
Notfallakupressur 23 f.
Notfalltropfen 35, 97, 245
Nux vomica 108

O
Obstessigbad 37
Ohrakupressur-Punkte 21 ff.
Ohren 210
Ohrenschmerzen 244
Omega-3-Fettsäuren 151
Osteoporose 47 f., 154 ff., 192
Östrogenbildung 202
Ovo-lacto-Vegetarier 157, 229

P
Packungen 118
Pancha-Karma-Kur 34
Pareto-Gesetz 157
Parodontose 241
Passivrauchen 90
Pendeln 65 ff.
Pfeffer 243
Pfefferminz(tee) 99, 163
Pflanzenöle, kalt-gepresste 84
Phytohormone 48
Phytotherapie 87, 118, 158 ff.
Pimpinelle 160
Pollenallergie 148
Positives Denken 173 ff.
Prellung 162
Prostata 162
Punkte-Diät 55

Q
Qi Gong (Übungen) 178 f., 245
Quetschung 97

R
Radioaktivität 66
Rauwolfia serpentina 159
Reaktionen, über-schießende 36
Reisekrankheit 97, 108
Reizbarkeit 36
Reserpin 159
Restless legs 274
Rheuma 72, 73, 87, 98, 159, 161, 180 ff., 241, 244
Ringelblumenbad 37
Roggen 84
Rosenblütenbad 37
Rosmarin(tee) 99, 160, 163
Rosmarinbad 37
Rücken 252
Rückenstärkung 182
Rutengehen 65 ff.

S
Salbei(tee) 99, 163
Salicin 159
Salz 247 ff.
Sauerampfer 160, 245
Sauna 183 f.
Schachtelhalmtee 99
Schilddrüse 208, 255
Schlacken 223 f.
Schlaf(störung) 23, 97, 99, 184 ff., 244, 246
Schlaflosigkeit 108
Schlafplatz, gesunder 188

Schlaftee 189
Schmerzen 192
Schock 35
Schönheit 190 f.
Schuldgefühle 36
Schulter-Nacken-Muskulatur 202
Schüßler-Salze 97, 192 f.
Schwarzkümmel 164
Schwarztee 89 f.
Schwedenbitter 243
Schwellungen 100
Schwerhörigkeit 210
Schwermetalle 151
Schwindel 108
Schwitzen 99, 163
Sehvermögen 241
Seidelbast 108
Selbstakupressur 91, 126
Selbstheilungskräfte 18, 105, 192
Selbstmassage 255 f.
Selbstvorwürfe 36
Silicea 99, 193
Smaragd 57
Sonnenbrand 100
Spannungskrank-heiten 90
Spiritualität 202
Spitzwegerich 160, 245
Spurenelemente 73
Stärkungsmittel (auch für Katzen) 243
Sterbehilfe 194 ff.
Sterben, humanes 193 ff.
Stimmgabel 184 f.
Stimmung 98, 161, 246
Stoffwechsel 21, 208

Stoffwechselkrank-
heiten 73
Störfeld-Diagnose
188
Störfelder, elektrische
187
Störung, psycho-
somatische 35
Stottern 100
Stress 130, 138
Stressfolgen 126
Synthetik 187

T

Taoistische Übungen
201 ff., 210
Teufelskralletee 87
Thymian(tee) 37, 99,
160, 163
Thymianbad 37
Thymianöl 96
Tierhaltung, art-
gerechte 39
Tierschutz 168, 170
Tierversuche 159 f.,
167, 170, 171
Tinnitus 209 f.
Tod 211 ff.
Trauer 35
Trinken 184, 222
Trockenbürsten 254
Trösten 38
Tschernobyl 66

U

Übelkeit 108
Überbein 192
Übersäuerung 223 f.
Umweltschutz 168
Ungeduld 36
Unpässlichkeiten
behandeln 245

V

Veganer 157, 225 f.,
229
Vegetarier 46 ff., 157,
229 ff.
Vegetarisch leben
232 ff.
Vegetarismus für
Kinder 236
Verdauung 98, 160,
161, 202, 205, 243,
245
Verkalkung 238 ff.
Verspannungen 244
Verstauchung 97
Vitalstoffe 73
Vitalstoffräuber 149
Vitamine 73
Volksheilkunde,
Tipps aus der 243 ff.
Vollkornprodukte 228
Vollwertkost,
vegetarische 118,
156, 226 ff.

W

Wacholderbeeren 164
Wadenkrämpfe 192
Walking 112 f.
Wärmflasche 186,
247
Waschbrettbauch 247
Wasser 247 ff.
Wasseradern 187
Wasserheilkunst 117
Wassertreten 117
Wechseljahre 49, 161,
163, 202, 244,
249 ff.
Weidenrinde 159
Weinkonsum,
maßvoller 88

W

Weißdorn(tee) 31, 97,
99, 102
Weizen 84
Wetterfühligkeit 125
Wickel 118
Wildkräuter 160 ff.,
245
Wirbelsäule 50, 202,
252 f., 255
Wirbelsäulenübungen
255, 258 ff.
Wohlbefinden 245,
257

Y

Yin und Yang 30
Yoga 245, 252 ff.
Yoga 251
Yoga-Atmung 256 f.
Yogaübungen 91
Yogi 253

Z

Zähne 243, 272 f.
Zahnentzündung 243
Zahnfleisch 99, 163,
246, 273
Zahnschmerzen 24,
243
Zappelphilipp 192,
274
Zinnkrauttee 99
Zitrone 241
Zitronenmelisse(tee)
164
Zivilisations-
erkrankungen 72 f.,
232
Zone, geopathische
66 ff.
Zungenschaber 274
Zwiebeln 243, 244

416 Seiten
ISBN 978-3-7766-2364-2
Herbig

Mitreißend, ehrlich und mit viel Humor präsentiert Barbara Rütting in ihrer Biografie Bekenntnisse einer Aufmüpfigen.

Weitere Bücher von Barbara Rütting:

Bleiben wir schön gesund
352 Seiten, ISBN 978-3-7766-2210-2, Herbig

Essen wir uns gesund
320 Seiten, ISBN 978-3-7766-2293-5, Herbig

Lachen wir uns gesund!
160 Seiten, ISBN 978-3-7766-2236-2, Herbig

Lach dich gesund
64 Seiten, ISBN 978-3-485-01077-1, nymphenburger

Barbara Rüttings Koch- und Spielbuch für Kinder
72 Seiten, ISBN 978-3-87287-509-9, Mary Hahn

Lesetipp

BUCHVERLAGE
LANGENMÜLLER HERBIG NYMPHENBURGER
WWW.HERBIG.NET